순례길에서 가장 큰 행복은 하루의 걷기가 끝날 때,
전날보다 더 나아진 자신을 느낄 때이다.

내가 걷는 길이 나를 더 행복하게 만들어 주었으면 좋겠다.

– 조대현 –

최근에는 지도를 구글 지도로 사용하는 순례자가 대부분이라서 산티아고 순례길 가이드북의 지도는
단순하게 필요한 부분만 보여주도록 제작 되었습니다.

산티아고 데
콤포스델라

아르수아

팔라스 데 레이

트리아카스텔라

멜리데

포르토마린

사리아

비야프랑카
델 비에르소

오세브레이로

마사리페

라바날 델 카미노

레온

폰페라다

아스토르가

만시야

엘 부르고 라너

생장피드포트

론세스바예스

수비리

팜플로나

에스테야

푸엔테 라 레이나

산토 도밍고
데 라 칼사다

로스아르코스

온타나스

로그로뇨

벨로라도

나헤라

...스

부르고스

카리온 데
...로스 콘데스

산 후안 데 오르테가

보아디야 델 카미노

욕심의 무게

순례길에서 가지고 있는

짐의 무게가 자기의 욕심의 무게라고 이야기 한다.

대부분 처음에 짐을 잔뜩 들고 출발하지만

그러고 나서 어느정도 지나면 깨닫게 된다.

짐이 너무 무거워서 줄여야 한다는 걸,

그러고 나서 줄이면 좀 줄어들고,

2~3번정도 줄이면 현명한 짐이 나타난다.

Contents

산티아고 순례길 지도   **2~3**
욕심의 무게   **4**
Intro 산티아고 순례길에서 배운 나   **10**
산티아고 순례길 사계절   **12**
왜 산티아고 순례길을 걷는가?   **18**

〉〉 산티아고 순례길을 위한 Teaching   22~49

산티아고 순례길 밑그림 그리기
산티아고 순례길에서 프랑스 길을 걷는 다고 하는데, 프랑스 길은 어디인가요?
1년 중에서 언제 가장 걷기가 좋을까요?
약 800km를 걷는 데, 얼마나 시간이 걸릴까요?
산티아고 순례길을 걸으면서 길을 잃어버리거나 위험할까요?
무엇을 준비해야 할까요?
걸을 때 가장 문제가 되는 몸의 이상은 무엇일까요?
식사는 어떻게 하나요?
산티아고 순례길에서 듣는 용어가 따로 있나요?
순례자들은 어디에서 머무나요?
알베르게에서는 누구나 취침이 가능한가요?
산티아고 순례길을 걷는 이유는 무엇일까요?

스페인 음식
순례자의 하루
인간 승리 미셸
산티아고 순례길을 걸으며 만나는 표시들
파리에서 생장피드포트로 이동하는 방법

>> 드디어 떠나는 산티아고 순례길　50~332

1일차 | 생 장 피드포트에서 론세스바예스까지　52
2일차 | 론세스바예스부터 수비리까지　60
3일차 | 수비리부터 팜플로나까지　68
4일차 | 팜플로나에서 푸엔테 라 레이나까지　78
5일차 | 푸엔테 라 레이나에서 에스테야까지　90
6일차 | 에스테야에서 로스 아르코스까지　102
7일차 | 로스 아르코스에서 로그로뇨까지　112
8일차 | 로그로뇨에서 나헤라까지　122
9일차 | 나헤라에서 산토 도밍고 데 라 칼사다까지　132
10일차 | 산토 도밍고 데 라 칼사다에서 벨로라도까지　142
11일차 | 벨로라도에서 아헤스까지　152

12일차 | 아헤스부터 부르고스까지 162

13일차 | 부르고스에서 오르니요스까지 176

14일차 | 론오르니요스부터 카스트로해리스까지 186

15일차 | 카스트로해리스부터 프로미스타까지 198

16일차 | 프로미스타부터 카리온 데 로스 콘데스까지 208

17일차 | 카리온 데 로스 콘데스부터 테라디요스 데 로스 템플라리오스까지 218

18일차 | 테라디요스 데 로스 템플라리오스부터 베르시아노스 델 레알 카미노까지 228

19일차 | 베르시아노스 델 레알 카미노부터 만시야 데 라스 물라스까지 236

20일차 | 만시야 데 라스 물라스부터 레온까지 242

21일차 | 레온부터 비야르 데 마사리페까지 252

22일차 | 비야르 데 마사리페부터 아스토르가까지 262

23일차 | 아스토르가부터 폰세바돈까지   272

24일차 | 폰세바돈부터 폰페라다까지   282

25일차 | 폰 페라다에서 비야프랑카 델 비에르소까지   294

26일차 | 비야프랑카 델 비에르소에서 오 세브레이로까지   302

27일차 | 오 세브로이로에서 트라야카스텔라까지   310

28일차 | 트라야카스텔라에서 사리아까지   318

29일차 | 사리아부터 포르토마린까지   326

30일차 | 포르토마린부터 팔라스 데 레이까지   338

31일차 | 팔라스 데 레이부터 아르수아까지   348

32일차 | 아르수아부터 오 페드로우소까지   358

33일차 | 오 페드로우소부터 산티아고 데 콤포스텔라까지   364

스페인어   374

Intro

산티아고 순례길에서 배운 나

저자는 이 길에서 누구나 인생이 끝날 때까지 살아간다면 성공한 인생이라고 판단하게 되었다. 산티아고 순례길은 경쟁을 하면서 걸어가는 길이 아니다. 가끔 남들보다 더 빨리 걸었다고 자랑을 하는 순례자도 있다. 그는 걷기만 했지 누구와 대화를 나누면서 인생을 배우려고 했는지 의문이다.

빨리 걷든 느리게 걷든 개인마다 체력이 다르고 걷고 있는 날씨의 상황도 다르다. 우리는 산티아고 데 콤포스텔라에 도착하면 된다. 도착만 하면 누구나 순례자 완주증을 받는다. 완주증에는 어떤 내용도 적혀 있지 않다. 적을 필요가 없기 때문이다. 완주증을 받으면서 받는 희열과 감동이 산티아고 순례길의 매력이다. 전 세계에서 온 순례자와 함께 교감을 나누면서 지내고 서로 도와주면서 받는 감동은 말

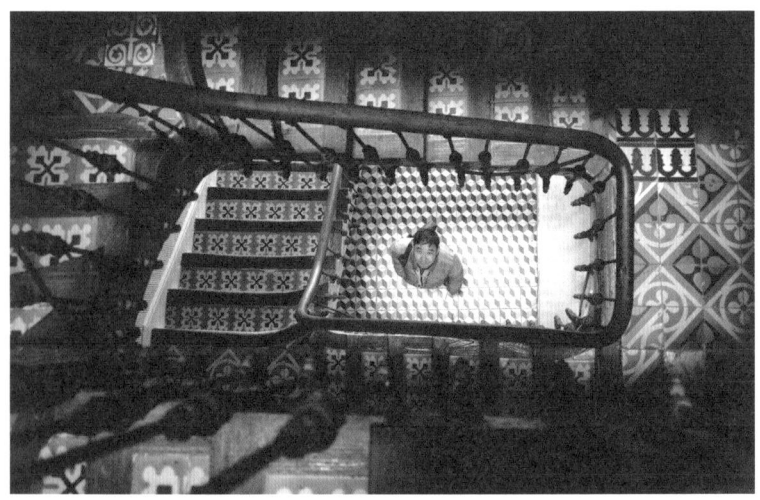

로는 표현할 수 없다. 어디에서도 쉽게 받을 수 있는 곳이 없게 된 지금의 세상에서 순례길의 감동을 받아가길 바란다.

인생도 마찬가지일 것이다. 어떤 이는 성공을 하고 어떤 이는 실패를 하지만 누가 행복한 인생을 살지는 모른다. 실패를 했지만 행복한 인생을 살았던 이가 더 좋을 수도 있다. 신이 인간에게 생명을 주었다면 누구나 죽을 때까지 살아가기만 한다면 신이 인간에게 준 책임을 다한 것이니 '성공'한 인생이다. 성공만을 위해 다른 사람들을 제치고 살아가는 것에 희열을 느낀다면 인생의 후반기에 누구에게 보복을 당할 수도 있고 불행이 찾아올 수도 있으므로 인생은 누구나 모르는 상황에서 살아간다.

특히 2021년 2년 만에 개방된 산티아고 순례길에서 나는 전 세계의 사람들과 만나고 이야기하면서 힘든 산티아고 순례길에서 매일 행복하게 걸었고 그들에게 배웠다. 그들은 완전히 나를 바꾸어 놓았다. 사진작가인 파울로 카르도네Paolo Cardone가 시작하여 르네Rene가 나아게 감동을 주었고 노엘리아Noelia가 마지막을 장식했다. 그 외에도 알프레도Alfredo, 하비에르Javier, 앙헬Angel, 엠마누엘Emmanuel, 프란체스코Francesco는 평생 내가 잊을 수 없는 이름일 것이다

자신의 인생을 공정하게 살아가고 정직하게 살아가면서 세상을 도울 수 있다면 도우면서 행복하게 살아야 하지 않을까?

스페인 북부, 산티아고 순례길 사계절

유럽의 서쪽에 있는 이베리아 반도에 위치한 스페인은 지브롤터 해협을 사이에 두고 아프리카와 마주하고 있고, 피레네 산맥이 남북으로 가로막아 자연스럽게 프랑스와 국경을 형성하고 있다.

유럽에서 3번째로 땅덩이가 큰 스페인은 그에 걸맞게 다양한 기후가 나타난다. 대서양과 맞닿아 있는 서북 지방은 일 년 내내 습한 해양성 기후이고, 동남부 해안지대는 여름에는 덥고 건조하며 겨울에는 따뜻하고 비가 오는 지중해성 기후이다. 또 중부 내륙은 스텝 기후 지역으로 비가 적게 내린다. 이베리아 반도의 80%이상을 차지하는 스페인은 국토의 대부분이 해발 1,000m 안팎의 고원지대로 이루어져 있다.

산티아고 순례길을 걷는 대부분의 지역은 스페인 북부 지대로 더운 여름과 추운 겨울이 있는 날씨로 건조한 스페인과 다르다는 점을 빼고 대한민국의 사계절과 비슷할 수 있다. 스페인 북부도 봄과 가을에 일교차가 커지고 겨울에는 눈도 많이 오기 때문에 산티아고 순례길을 걷는 동안 날씨에 대한 대비도 해야 한다.

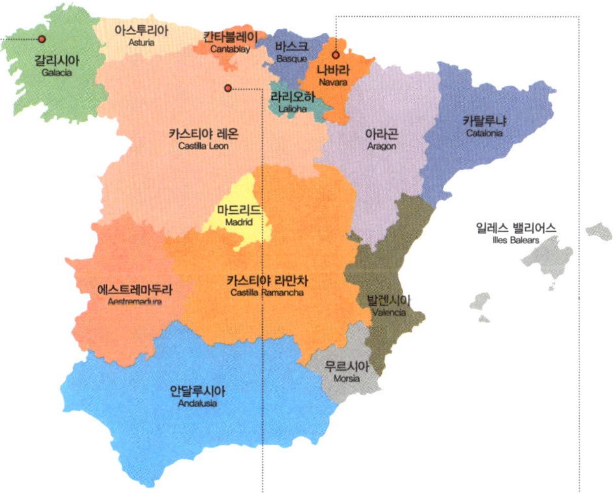

아스투리아스
Asturia
칸타브레이
Cantabley
바스크
Basque
갈리시아
Galicia
나바라
Navara
라리오하
Lalioha
카탈루냐
Catalonia
카스티야 레온
Castilla Leon
아라곤
Aragon
마드리드
Madrid
일레스 밸리어스
Iles Balears
에스트레마두라
Airetremark.ira
카스티야 라만차
Castilla Ramancha
발렌시아
Valencia
무르시아
Morsia
안달루시아
Andalusia

■산티아고 데 콤포스텔라 지역 강수량&기온

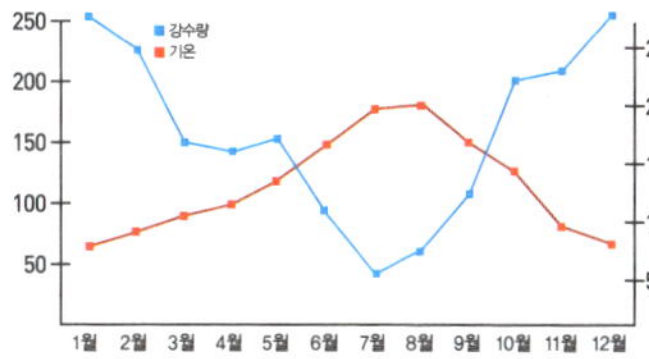

■팜플로나 – 나바라 지역 강수량&기온

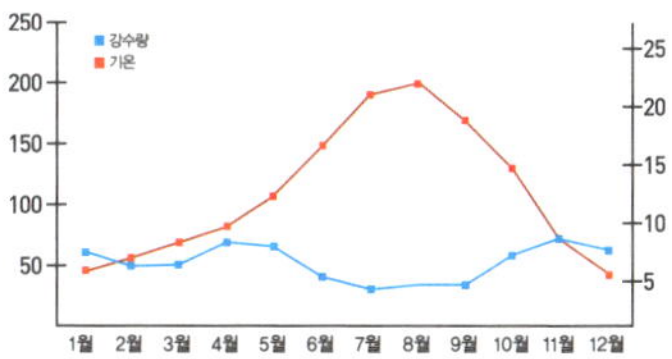

● 부르고스 지역 강수량&기온

Tip

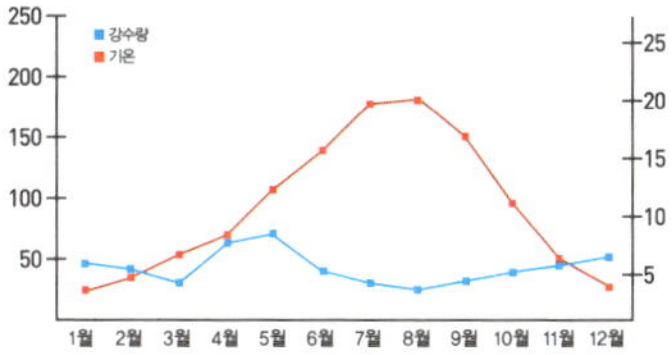

스페인 전체 날씨

남부는 반도와 섬이 많아 해안선이 복잡하고 북부는 고원으로 형성되어 있다. 스페인은 대체로 여름에는 덥고 건조하며, 겨울에는 비교적 따뜻하고 비가 지주 내리는 지중해성 기후가 나타난다. 하지만 땅이 넓어 지역에 따라 다양한 기후가 나타나고 있다. 지중해 연안인 스페인의 남동부는 일 년 내내 따뜻하지만 마드리드 위쪽의 중부지방은 더운 여름과 추운 겨울의 기온 차이가 크다.

봄 | 4월 중순~5월 말

4월에는 스페인 북부는 건조한 날씨가 시작되지만 피레네 산맥과 갈리시아 지방에는 비가 많이 내린다. 출발하기 전에 날씨를 확인하고 순례길을 걸어야 비가 오는 날 체온유지를 할 수 있다.

여름 | 6~9월 중순

휴가를 맞은 전 세계의 순례자들이 가장 많이 순례를 시작하는 계절이다. 하지만 날씨가 너무 덥고 뜨거워 12시 이후에는 걷기가 힘들다. 열사병이나 일사병에 대한 대비를 하면서 걷고, 수분 섭취를 적절하게 하여 체온이 급격하게 상승하는 것을 막아야 한다.

 Tip

많은 전 세계의 순례자들이 몰리기 때문에 알베르게에서 숙박하는 것이 쉽지 않다. 예약을 할 수 없고 선착순으로 알베르게에 머물 수 있어서 많은 순례자들은 7시 전부터 출발하는 순례자들도 상당히 많아진다.

가을 │ 9월 말~11월 중순

산티아고 순례길을 가장 걷기 좋은 계절이라고 말한다. 라 리오하 지방은 와인을 위한 포도를 수확하고, 메세타 지역은 농작물을 수확한다. 온도도 25도를 유지하고 건조한 날씨가 상당기간 지속되므로 걷기가 수월하다. 하지만 갈리시아 지방으로 다가갈수록 점점 비가 오는 날씨는 많아진다.

겨울 | 11월 말~다음해 4월 초

피레네 산맥에는 겨울에 눈이 상당히 많이 오는 데, 녹지 않고 얼어있는 구간이 많아서 걷기가 힘들다. 이후에는 평지가 계속 되므로 걸을 수는 있지만 눈이 오거나 비가 오는 날씨가 순례자들을 힘들게 만든다. 그러나 도시 레온 이후(오 세브로이로 제외)에는 영상의 날씨가 대부분이어서 짧은 300km이내에는 걷는 것이 나쁘지 않다. 갈리시아 지방에는 눈보다는 비가 오는 날이 많으므로 우비를 준비하고 체온 유지에 신경을 쓴다면 걸을 수 있다.

직은 숫사의 순례자들이 오기 때문에 서로간의 끈끈한 정으로 걸어가는 경우가 많아서 추억은 더 많아지는 계절이다. 침낭과 방수 보온 등산 의류를 준비하면 도움이 된다.

왜 산티아고 순례길을 걷는가?

성 야곱이 잠들어 있는 가톨릭 3대 성지 산티아고 데 콤포스텔라

스페인의 북서부인 갈리시아 지방에 있는 도시 산티아고 데 콤포스텔라Santiago de Compostela는 예루살렘, 로마 바티칸과 함께 가톨릭 3대 성지에 속한다. 예수를 따르는 12명의 제자 가운데 한명인 성 야곱은 포교활동을 한 뒤에 예루살렘에 돌아가는 길에서 순교하였다. 제자들은 그의 유해를 배에 싣고 스페인으로 옮겨 매장했지만 이슬람교도가 스페인을 침입하여 기독교를 박해하면서 성 야곱의 무덤이 어디에 있는지 알 수가 없었다.

양치기에 의해 순례길이 만들어지고 잊혀졌다.

9세기 초, 한 양치기가 별에 인도되어 성 야곱의 무덤을 발견하고 그 자리에 조그만 성당을 지었다. 후에 성 야곱의 무덤이 산티아고에서 발견되었다는 소문이 유럽전역에 퍼지면서 많은 순례자들이 산티아고를 방문하게 되었다. 11세기에 많은 순례자들에 의해 순례길이 정비되면서 성당과 수도원에는 숙소들이 들어섰다. 그러다가 중세가 지나면서 산티아고 순례길은 잊혀져갔다.

프랑코정권이 찾아내다.

이 잊혀진 순례길은 스페인의 독재자 프랑코장군이 정치적인 이유로 정권을 합리화하는 과정에서 찾아내면서 대중에게 알려지기 시작했다. 프랑코장군이 죽고 정권이 붕괴되었지만 산티아고 순례길은 오히려 더 활성화되었다.

현재에도 꾸준히 걷는 순례길

스페인은 가톨릭 국가이다. 그런 스페인도 설문에 의하면 가톨릭 신자가 20%에도 못 미친다는 설문 결과가 나오기도 했다. 하지만 아이러니하게도 산티아고 순례길을 찾는 순례자들의 숫자는 기하급수적으로 늘었고 가장 많이 걷던 때는 50만 명이 순례길을 찾았다. 매해 약 40만 명 정도의 전 세계인들이 순례길을 걷기 위해 찾고 있다.

지금도 많은 순례자들이 방문하는 이유는 뭘까?
종교적인 경험을 얻고자하는 이유가 전부일까?

단순한 그 이유만으로는 설명할 수 없다.

나는 왜 걷는가?

현재의 산티아고는 관광지이자 순례지로 유명하
다. 순례길은 상업화의 영향을 덜 받는다. 오랜 시
간 잠들어 있던 산티아고 순례길은 지금이 시작
일 뿐이다. 나는 가톨릭 신자가 아니지만 순례길
에서 걸을 때마다 긍정적인 기운을 받아 감동한
다. 특히 코로나 바이러스로 2020년에 닫혔던 산
티아고 순례길이 2021년 다시 열리면서 정말로 걷고 싶었던 순례자들이 2021년 여
름 이후부터 걷고 있고 그들은 서로 순례자가 되어 코로나 바이러스로 인한 아픔
을 서로 치료하고 도움을 받으면서 걷고 있다.

성 야곱의 영혼이 살아 숨 쉬면서 순례길을 걷는 순례자들에 한명, 한명에게 인생
의 새롭고 긍정적인 미래를 만들 수 있는 힘을 전해주고 있다. 이 길을 걸은 후에
당신의 미래는 과거에 경험한 인생과 다르게 될 것이다.

산티아고 순례길의 덤은 옛 순례자들의 발자취를 더듬어 가면서 스페인의 또 다른
매력에 빠지게 된다는 점이다.

순례자의 시간

산티아고 순례길에서
나는 순례자의 시간으
로 들어간다. 여행자에
서 순례자로 바뀐 나,
중세의 다리가 보이고
이제는 단순한 길에서
순례의 시간이 시작되
었다. 명망 높은 신자들
이 걸었고 파울로 코엘

로는 이곳에서 새로운 인기작가로 거듭난 산티아고 순례길, 이 길은 나에게 인생
을 바꾼 대 변혁이었다.

산티아고 순례길은 어떤 이에게는 삶의 터전인 곳일 것이다. 이곳에서 사람들은
순례자로 옷을 갈아입고 각자의 인생에서 힘든 순간을, 즐거웠던 시간을, 서로 대
화를 나누면서 자신을 찾는 기회를 얻는다. 이 기회는 자신들이 선택했다. 그러므
로 기회를 잡아야 한다. 머뭇거린다면 기회는 없어지고 단순히 걸어간 길이 되어
버릴 것이다. 나 또한 그랬다. 6번의 산티아고 순례길을 걸었지만 단순히 좋은 길
정도로만 느껴졌다. 사업을 실패하고 걸었을 때에 힘들게 걷고 난 후 나에게 오는
꿀 같은 잠이 보약이 된 정도기 나에게 그나마 축복이었다.

7번째의 산티아고 순례길에서 나는 행운의 '7'이란 숫자가 나에게 행운이 다가올
지 궁금했다. 산티아고 순례길은 2020년 코로나 바이러스가 전 세계로 확산하면서
닫혔다가 2021년 백신의 보급으로 다시 열렸다. 각국에서 백신을 맞고 떠나온 순례
자들이 정말 간절한 마음을 가지고 이곳에 모였다.

다들 처음에는 몰랐을 것이다. 그런데 하루를 걷고 이야기하고, 점차 마음을 열고
대화를 나눈다. 점점 서로에게 빠져 대화를 나누면서 이 길이 걸어가는 길이 아닌
순례길로 바뀌고 있었다. 그렇게 걸었던 순례길은 우리의 순례길로 바뀌어 추억을
공유하고 각자의 기억으로 남아 지금도 서로 그때를 이야기한다.

산티아고로 가는 길에서 산티아고 순례길로 바뀌어 느낀 감동을 나는 마드리드로
돌아오는 기차에서 알 수 있었다. 그들을 생각하면서 나는 눈물을 흘렸다. 더 같이
있지 못하는 시간이 안타깝다.

산티아고 순례길을 위한
Teaching

산티아고 순례길 준비 밑그림 그리기

먼저 산티아고 순례길을 준비하는 밑그림을 그려보자. 산티아고 순례길에 대해 알고 있는 것을 적고나서 준비를 어떻게 할지 생각해보자. 밑의 표는 산티아고 순례길 준비에 대한 생각의 밑그림을 그리도록 정리한 것이다.

일단 갈 수 있는 일정을 정하자. 처음 산티아고 순례길을 떠나려면 복잡하

기만 하고 머리만 아플 수 있다. 욕심을 버리고 준비하는 게 좋다. 산티아고 순례여행은 가는 것도 중요하지만 같이 가는 여행의 일원과 같이 순례길에서 평생 잊지 못할 깨달음과 추억을 만드는 것이 여행의 포인트이다.

다음을 보고 전체적인 여행의 밑그림을 그려보자.

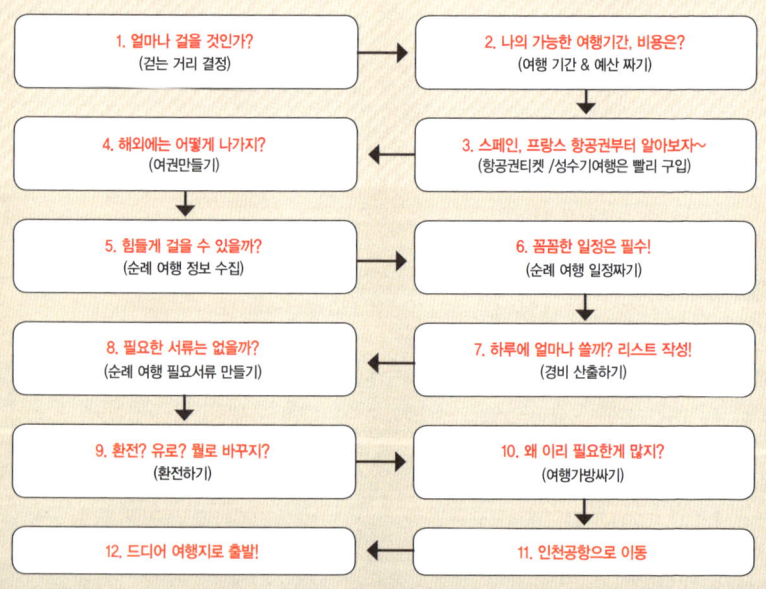

1. 얼마나 걸을 것인가? (걷는 거리 결정)	→	2. 나의 가능한 여행기간, 비용은? (여행 기간 & 예산 짜기)
4. 해외에는 어떻게 나가지? (여권만들기)	←	3. 스페인, 프랑스 항공권부터 알아보자~ (항공권티켓 /성수기여행은 빨리 구입)
5. 힘들게 걸을 수 있을까? (순례 여행 정보 수집)	→	6. 꼼꼼한 일정은 필수! (순례 여행 일정짜기)
8. 필요한 서류는 없을까? (순례 여행 필요서류 만들기)	←	7. 하루에 얼마나 쓸까? 리스트 작성! (경비 산출하기)
9. 환전? 유로? 뭘로 바꾸지? (환전하기)	→	10. 왜 이리 필요한게 많지? (여행가방싸기)
12. 드디어 여행지로 출발!	←	11. 인천공항으로 이동

산티아고 순례길에서 프랑스 길을 걷는 다고 하는데, 프랑스 길은 어디인가요?

산티아고 순례길에서 걸어가는 최종 목적지는 산티아고 데 콤포스텔라Santigo de Compostela이다. 예수의 12제자 중 한 명인 야곱(산티아고)의 무덤이 있다고 알려져 있다. 야곱의 무덤이 있는 곳으로 향하는 길(카미노) 중에 프랑스 길이 있는 것이다.

프랑스 길 외에도 포르투갈 길, 은의 길, 북부 길, 미드리드 길, 레반테 길 등 많다. 그 중에서 순례자가 되기 위해 가장 많이 찾는 길은 프랑스 길이다. 현재 프랑스 길이 가장 정비가 잘 되어 있고 숙소체계도 안전하게 운영되고 있다.

프랑스 길은 프랑스의 생장피드포트St. Jean Pied-de-Port 에서 갈리시아 지방의 산티아고 데 콤포스텔라 Santigo de Compostela까지 약 800㎞를 걷는다. 스페인 북부의 17개의 자치주 중에서 4개의 자치주인 나바라, 라 리오하, 카스티야 이 레온, 갈리시아를 걸어간다.

파리
(파리 길)

베즐래
(베즐래 길)

르퓌
(루퓌 길)

바욘
(북부 길)

산티아고 데 콤포스텔라

생장피드포트
(프랑소 길)

솜포르트

아를로
(아를로 길)

사모라

바로셀로나

리스본
(포르투갈 길)

알리칸테
(레반테 길)

세비야
(은의 길)

1년 중에서 언제 가장 걷기가 좋을까요?

스페인 북부는 대한민국과 날씨가 비슷하다. 스페인 남부는 따뜻하여 겨울에도 반팔을 입고 다닐 수 있지만 스페인 북부는 겨울에 눈도 오고 춥다. 반대로 여름에는 매우 덥다. 그러므로 대한민국의 날씨를 생각하면 쉽게 연상이 된다.

5~6월의 봄, 9~10월의 가을이 걷기가 좋은 계절이라고 판단할 수 있다. 그런데 더운 여름에 가장 순례자들이 많이 찾는다. 그 이유는 휴가기간과 겹치기 때문이다. 겨울에는 비와 눈이 오기 때문에 걷기가 힘들지만 순례자가 적기 때문에 서로 이야기를 많이 나누면서 친구가 될 가능성이 높기도 하다.

약 800km를 걷는 데, 얼마나 시간이 걸릴까요?

산티아고 순례길의 프랑스 길은 약 800㎞로 하루에 25㎞를 걷는다면 약 32일 정도 소요된다. 그런데 개인마다 체력이 차이가 나고, 발에 물집이 잡히면 걷기가 힘들어진다. 또한 날씨가 비나 눈이 와서 걷는 거리가 짧아지면 더 오랜 기간이 소요된디.

순례길을 걸으면서 만나는 도시들이 아름다워 더 보고 싶다면 추가로 시간이 필요하다. 그러므로 개인이 걸을 수 있는 기간과 체력을 고려하여 산티아고 순례길을 걷는 기간을 결정해야 한다. 무작정 남들이 만들어놓은 계획으로 걷는다면 문제가 발생할 수 있다.

산티아고 순례길을 걸으면서 길을 잃어버리거나 위험할까요?

산티아고 순례길은 평지부터 오르막길, 차량 도로 옆, 숲길 등 여러 가지 형태의 길을 걷게 된다. 그런데 걸을 때 혼동되는 구간은 노란색 화살표나 인도에 마크를 표시하여 길을 잃을 가능성을 덜어주고 있다. 그래서 길을 걷다보면 나무나 집의 담장, 전신주, 도로 바닥 등에 노란색 화살표가 표시되어 있고 각 지방의 도시들은 큰 도시에 카미노 표지판을 설치해 놓았다.

오랜 시간 동안 많은 순례자들이 걷고 문제점이 있다면 개신을 해 놓있기 때문에 걱정을 할 필요가 없다. 로그로뇨, 부르고스와 레온 같은 대도시들은 노란색 화살표를 칠하기 힘들기 때문에 바닥에 조개모양으로 표시해 놓은 경우가 많다. 가끔 대도시에는 공사로 인해 순례길 표시를 찾는 것이 힘들 수도 있다.

무엇을 준비해야 할까요?

우리가 등산을 갈 때, 무엇을 준비할지 생각하면 쉽게 답이 나온다. 계절에 따라 입는 옷이 달라질 수 있지만 대부분의 준비물은 비슷하다. 너무 심각하게 고민할 필요는 없다. 순례길을 걷는 방식은 사람마다 다르기 때문에 준비물 또한 사람마다 다를 수 있다. 밑의 준비물은 최소한의 준비물에 대해 설명해 보았다.

1. 등산화

걸을 때 가장 중요한 준비물이 등산화이다. 구입하는 기준은 무게가 중요하다. 등산화의 무게가 무겁다면 반드시 발에 무리가 오게 된다. 여름에는 운동화를 신고 걷는 순례자들도 있지만 겨울에는 특히 산티아고 순례길인 갈리시아 지방에는 비가 자주 오기 때문에 방수가 되는 등산화를 신고 걸어야 한다. 여  름에도 통풍이 되는 등산화가 좋다. 가끔 중등산화냐 경등산화냐를 질문하지만 무겁지만 않다면 상관없다.

2. 배낭

배낭은 45ℓ를 가장 많이 사용한다. 그런데 여기에 침낭을 비롯해 물품을 준비하면 무겁다는 사실을 알게 된다. 배낭이 무거우면 걷는 순례자 자신만 고생을 한다. 미리 구입을 하고 자신에게 맞는지 직접 매고 확인을 하고 산에 직접 짊어 매고 걸어보는 것이 좋다.

 Tip

저자는 겨울이 아니라면 23ℓ 배낭을 선호한다. 최소한의 짐만 들고 걷는 것이다. 무릎에 무리가 간다고 등산용 스틱을 가지고 가려고 하지 말고 배낭의 짐을 줄이는 것이 무릎에 무리가 가지 않게 만드는 방법이다.

3. 등산용 스틱(지팡이)

예전에는 지팡이를 많이 가지고 걸었지만 요즈음은 등산용 스틱의 사용빈도가 많이 늘었다. 스틱을 사용하면 편하지만 식사를 하다가 아침에 일찍 출발하다가 알베르게나 레스토랑에 두고 오는 경우가 많다. 저자는 배낭의 무게를 줄이는 데, 신경을 쓰지 등산용 스틱을 가지고 가려고 하지는 않는다. 반드시 가지고 가야하는 품목은 아니다.

4. 침낭
계절에 상관없이 반드시 필요한 준비물이다. 침낭도 여름에는 천으로만 만들어진 침낭이 필요하다. 베드버그(빈대) 때문이다. 베드버그에 물리면 상당히 고생을 한다. 여름을 제외하면 가벼운 오리털 침낭을 가지고 걸으면 도움을 받는다. 난방이 안 되는 알베르게가 많아서 체온유지에 침낭은 효율적이다.

5. 판초 우비
여름에는 필요하지만 겨울에는 우비보다 방수가 되는 외투가 더 효과적이다. 우비를 가지고 가도 외투에 끼어 입는 것이 쉽지 않고 비가 오다, 안 오다를 반복하기 때문에 겨울보다 여름에 필요하다.

6. 점퍼

여름에는 어떤 외투나 상관없다. 보통은 반팔을 입고 다니다가 비가 올 때나 추울 때 입기 때문에 무게가 덜 나가고 방한기능이 있는 점퍼가 좋고 겨울에는 방한대책으로 따뜻하지만 가벼운 점퍼가 좋다. 그렇다고 캐나다구스를 입고 갈 필요는 없다.

7. 상, 하의, 속옷

개인적으로 상, 하의 옷은 3벌 정도가 좋다. 여름에는 땀이 나서 세탁을 해야 하고 겨울에는 비가 와서 세탁을 해야 하는 경우가 많다. 속옷도 상하의와 같은 숫자로 준비하면 된다.

8. 양말

4켤레는 가지고 있자. 반드시 등산양말을 신고 가야 한다. 등산 양말도 두꺼운 것이 좋다. 등산양말은 물집이 잡히지 않도록 마찰을 줄여주기 때문에 두꺼운 양말이 효과가 좋다. 비가 오면 갈아 신는 것까지 생각하고 준비해야 한다. 무게도 많이 나가지 않아 고민이 할 필요가 없다.

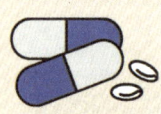

9. 의약품

감기약, 소화제, 항히스타민제(베드버그 대비용)가 필요하다. 풋 크림이나 바세린까지 가지고 가면 더욱 좋다.

10. 세면도구

여행용세면도구를 2개 정도를 가지고 가면 된다. 세면도구는 알 베르게에 두고 오는 경우도 많아 2개 정도를 준비해 가면 효과 적이다.

11. 수건

3개정도를 준비하고 여름에는 손수건을 가지고 가서 열기를 식 힐 때 사용하면 효과적이다.

12. 선크림

스페인은 햇빛이 강해 자주 발라줘야 한다. 간단하게 바를 수 있는 선 스틱도 유용하게 사용할 수 있다.

13. 스마트폰

많은 순례자들이 스마트폰을 사진을 찍고 메모를 하는데 사용을 많이 한다. 입국을 하면 공항에서 데이터를 구입하여 이용하면 효과적이다. 사설 알베르게는 와이파이 사용이 대부분 가능하지만 공립 알베르게는 와이파이 이용이 안 되는 곳도 많다.

걸을 때 가장 문제가 되는 몸의 이상은 무엇일까요?

계절에 상관없이 감기에 걸릴 때를 대비해 감기약 정도는 준비해야 한다. 그런데 걸으면서 가장 문제가 되는 것은 발에 물집이 잡히는 것이다. 피부마찰을 줄이는 방법과 물집이 잡혔을 때 대처법(바세린, 풋 크림)이 필요하다. 산티아고 가는 길에서는 오랜 시간을 걷기 때문에 물집이 잡히는 것은 피할 수 없을 수도 있다. 하지만 잘 모르고 걷다가, 처음에 무리를 해서 물집이 너무 일찍 잡혀서 걷기를 중단하는 경우도 봤다.

바세린이나 풋 크림은 전날에 바르고 양말을 신고자면 아침에 코팅 막 같은 것이 형성되어 오래 걸을 때 물집이 잘 잡히지 않는다. 저자가 여러 방법을 사용해 봤지만 이것만큼 좋은 방법은 없었다. 오랜 시간을 걸으면 물집이 잡히기 쉽다. 물집이 잡히면 걷는 자세가 흐트러져서 걷는 것이 더 힘들어 지고, 신경도 많이 쓰여서 심지어 걷는 것을 포기하기도 한다.

발에 물집이 잡혔다면 어떻게 치료를 해야 할까요?

물집이 잡혔을 때, 그냥 두는 거보다 터뜨리는 것이 좋다고 알고 있는 분들이 많다. 심하지 않고 터뜨리기 힘든 초기에는 그냥 놔두어야 한다. 쓸데없이 터뜨리다가 더 심해지는 경우가 많다. 일단 반창고로 최대한 양말과의 마찰이 없도록 해주어야 한다. 발이 아프지만 참을 수밖에 없다.

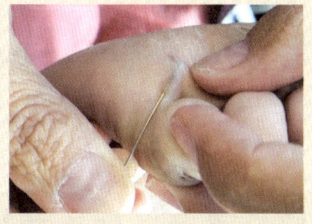

일단 물집이 잡혔을 때 최선의 방법은 바늘에 실을 꿰어서 물집을 바늘은 통과시키고 실은 물집속 안에 그대로 두는 것이 좋다. 바늘을 라이터로 소독하고 실은 살짝만 소독한 뒤 사용한다.

이때 바늘로 가장 약한 부위의 살을 찌르고 물집의 물이 나오면 다시 그 부분에 실을 다시 넣으면서 나오는 실은 일정부분 잘라시 놔두면 취침을 하는 밤에 실을 따라 물이 흘러나와서 2일 정도 후면 물이 빠지면서 살이 붙게 된다. 다음날에도 아프지만 걷다보면 통증이 덜해질 것이다. 물이 다나왔다면 실을 당겨서 빼면 물집이 낳게 된다.

식사는 어떻게 하나요?

산티아고 순례길은 스페인 북부지방을 걸어서 여행을 하는 것과 같다. 스페인 사람들이 어떻게 식사를 하는지 알면 도움이 된다. 아침에 6~7시 사이에 일어나서 세수를 하고 출발준비를 하고 나서 알베르게나 바Bar에서 에스프레소나 우유를 넣은 커피인 카페 콘 레체Cafe con leche를 주문하고 나서 생 오렌지 주스, 크로아상이나 달걀과 감자로 만든 오믈렛인 토르티야Tortilla를 주로 먹는다. 전 날 슈퍼에서 구입한 재료로 직접 샌드위치를 만들어 먹기도 한다.

점심은 시간에 맞춰 레스토랑이나 바Bar가 있다면 먹게 되지만 없으면 먹지 않고 계속 걸어갈 때도 많다. 산티아고 순례길에서는 12시 30분 이후부터 점심식사가 가능하기 때문에 식사시간을 맞춰서 주문을 해야 한다. 커피나 맥주에 샌드위치 빵의 가운데를 잘라 그 안에 하몽이나 고기, 초리소 등을 넣어 만드는 보카디요Bocadillo를 먹기도 한다. 점심 식사를 거르고 머물고자 하는 알베르게에 도착하여 레스토랑에서 정식 점심식사를 하는 경우도 상당히 많다. 스페인에서는 오후 2시 정

도부터 레스토랑의 문을 여는 경우가 많기 때문이다.

저녁식사는 마트에서 요리 재료를 사다가 만들어 먹기도 하지만 레스토랑에서 10~15€의 식사가 전채 요리, 주 요리, 디저트로 먹을 때가 많다. 식사를 하면서 대화를 나누기 때문에 유럽이나 미국의 순례자들과 대화를 하기 위해서는 같이 레스토랑에서 식사를 하는 것도 친해지는 방법이다.

 Tip

스페인 식사

스페인의 레스토랑은 9~10시에 저녁 식사를 하지만 산티아고 순례길의 레스토랑에서는 6시 30분 이후부터 식사를 할 수 있다. 전채 요리, 주 요리, 디저트로 이루어진 식사가 10~15€로 제공되는 데, 와인이나 맥주, 음료수를 마신다면 추가적인 비용이 소요된다.

- ■ **전채 요리** : 샐러드, 파스타, 스프, 리조또
- ■ **주 요리** : 고기요리나 찜, 아니면 생선요리에 감자튀김이 같이 제공된다.
- ■ **디저트** : 케이크, 아이스크림, 요구르트, 플란, 콘레체 등

전채 요리

메인 요리

디저트

산티아고 순례길에서 듣는 용어가 따로 있나요?

산티아고 순례길을 걷는 사
람들을 '순례자'라고 부른다.
배낭에 조개껍데기와 지팡이
를 보면 순례자인지 쉽게 알
수 있다. 길을 걸으면서 듣는
용어에 대해 알고 갈 필요가
있다.

크레덴시알(Credensial)
순례자 여권을 부르는 용어로 산티아고 순례길을 시작하는 사람들은 생장 피드포
트의 순례자 사무소나 알베르게에서 순례자 여권을 구입할 수 있다. 순례자 여권
에 알베르게나 바Bar에서 도장을 찍어서 산티아고 데 콤포스텔라에 있는 순례자 사
무소에서 완주증을 받을 때 제시해야 한다.

부엔카미노(buen camino)
"좋은 길"이라는 뜻의 카미노 길 위에서 가장 많이 듣게 되는 용어이다.

하코 트랜스(Jacotrans/짐 이동 서비스)
최근에 많은 순례자가 무거운 짐을 다음 알베르게까지 이동시키고 순례자는 가벼
운 짐을 들고 이동하는 경우가 늘어났다. 하코 트랜드 봉투에 목적지, 알베르게 이
름, 자신의 이름, 연락처를 적어서 봉투 내부에 요금(5~7€)를 넣어서 배낭에 붙여
두면 알베르게에서 출근을 한 업체 업체 직원이 이동시키게 된다. 비가 올 때 서비
스를 이용하면 편리하다.

짐을 매고 오르막길이 급한, 이동하기에 힘든 구간에서만 사용하기도 한다. 생장피
드포트에서 론세스바예스, 팜플로나에서 푸엔테 라 레이나, 아스트로가에서 폰세
바돈, 폰세바돈에서 폰페라다. 비야프랑카 델 비에르소에서 오 세브로이로 구간에
서 자주 사용한다.

순례자들은 어디에서 머무나요?

순례자를 위한 숙소를 '알베르게Albergue'라고 부른다. 프랑스 길의 약 800km에 알베르게가 있어서 저렴하게 순례자들을 위해 제공되고 있다. 알베르게는 공립과 사립으로 나뉘는데 공립이 보통 5€에 시트비 1€로 6€로 사용이 가능하고 사립은 10~22€(시트비 1€가 포함된 곳도 가끔 있음)에 시트비 1~2€로 책정된다.

알베르게는 시설마다 달라서 한 방에 4인실부터 20인실까지 다양하다. 보통 2층 침대로 구성되어 있지만 가끔은 1층 침대만으로 만들어져 있는 경우도 있다. 남녀의 구분이 없이 배정이 되고, 화장실과 샤워 시설은 남녀 공용인 곳도 남녀 구분된 곳도 있다.

알베르게는 밤 10시면 문을 닫고 아침 8시에 비워줘야 한다. 또한 1일만 머물러야 하지만 사립 알베르게는 규제가 덜 엄격하다.

알베르게^{Albergue}에서는 누구나 취침이 가능한가요?

알베르게^{Albergue}는 순례자를 위한 숙소이기 때문에 순례자만 숙박이 가능하다. 순례자라는 사실은 순례자 여권인 크레덴시알^{Credencial}이 있으면 해당 알베르게^{Albergue}에서 도장을 찍어 일정 개수 이상을 확인하고 완주증을 받을 수 있기 때문에 따로 순례자인지 확인을 하지는 않는다.

크레덴시알^{Credencial}은 자신이 출발한 곳에 있는 순례자협회에서 발급을 하기 때문에 발급받는 장소마다 조금씩 디자인이 다르다. 알베르게^{Albergue}에서 여권과 크레덴시알^{Credencial}을 보여주면 여권 번호를 적고, 크레덴시알^{Credencial}에 도장을 찍고 나면 침대 번호를 알려주어 배정을 해준다.

크레덴시알^{Credencial}에 순례자가 걷는 도시나 마을의 알베르게^{Albergue}에서 받은 도장은 산티아고 데 콤포스텔라^{Santigo de Compostela}까지 최소 110㎞를 걸은 순례자는 완주증을 받을 수 있다.

 ## Tip

산티아고 순례길 중간 지점 증명서

많은 대한민국의 순례자들이 중간 지점의 증명서를 3€를 증명서 비용으로 내고 받을 수 있다. 생장 피드포트에서 걷기 시작해 산티아고 데 콤포스텔라까지 중간 지점으로 의미가 있는 곳이 사아군(Sahagun)이다. 중간 지점까지 걸었다는 증명서는 산티아고 순례길을 절반을 걸었다는 사실을 축하하는 의미로 받는다.

사아군 도서관(Sahagun Library)에서 산티아고 순례길 중간 지점을 지났다는 증명서를 제공한다. 사아군 도서관의 1층으로 들어가면 오른쪽에 입구가 있다. 따로 증명서를 제공한다는 표지판은 없지만 입구로 들어가면 도서관에서 어디로 가야하는지 설명을 해주기 때문에 받는 데 어려움은 없다. 순례길을 나누어서 걷는 순례자들은 중간 지점에서 받는 완주 증명서도 희열을 느낄 수 있다.

 ## 산티아고 순례길을 걷는 이유는 무엇일까요?

산티아고 순례길은 이제 전 세계에서 찾는 길의 대명사가 되었다. 2022년 코로나 바이러스가 전 세계를 휩쓰는 상황에서 1년 동안 닫혔지만 2021년 다시 산티아고 순례길을 열었다. 이 길을 걷기 위해 매년 다양한 사람들이 찾아온다. 아무 이해관례도 없이 걸으면서 서로 도와주고 대화를 통해 자신을 찾아갈 수 있는 장소이다.

길을 걸을 때는 자신의 체력에 따라 걷는 거리가 다르지만 일정 기간이 지나면 같이 걷는 사람들이 정해지면서 이들과 더욱 많은 대화를 통해 전 세계의 세상에 대해 알 수 있고 삶을 찾아가는 원동력을 배울 수 있다.

스페인 음식

스페인 사람들은 후추, 마늘, 고추, 생강 등 향이 강한 향신료를 음식에 많이 사용한다. 특히 다른 유럽인들과 다르게 마늘을 매우 좋아해서 요리에 자주 사용한다. 남유럽에서 국토가 가장 넓은 스페인은 각 지역마다 기후나 풍토, 문화가 조금씩 다르다. 그런 만큼 지역마다 특색 있는 요리들이 발달했다. 목축을 많이 하는 카스티야 지역은 양고기나 돼지고기를 이용한 육류 요리가 발달했다.
또한 스페인은 유럽 최대의 쌀 생산지이자, 지중해 연안에 있어서 다양한 해산물을 쉽게 구할 수 있는 발렌시아 지역은 쌀과 해산물을 주재료로 하는 파에야Paella가 발달했다. 날씨가 더운 안달루시아 지역은 차갑게 해서 먹는 수프인 가스파초를 많이 먹는다.

하몽Jamón

돼지 뒷다리를 통째로 소금에 절여 훈연하거나 건조시킨 스페인의 전통 햄이다. 날 것을 소금에 재워 말린 고기로 쫄깃쫄깃하고 씹을수록 고소한 맛이 난다. 스페인 타베르나 문화에서 빼놓을 수 없는 별미이다. 하몽 중에서도 18개월 이상 도토리만 먹여 키운 흑돼지로 만든 이베리코 하몽Ibérico Jamón이 고급이다.

보카디요BocadilloJamón

절반 크기의 바게트 사이에 하몽이나 초리소, 치즈, 야채 등을 넣은 스페인식의 샌드위치이다. 이름은 한 입에 먹을 수 있는 양을 의미하는 'Bocado'에서 유래하였다.

플란Flan

계란의 노른자와 우유, 설탕을 섞어 만든 단맛이 나는 후식이다.

토르티야^{Tortilla}

계란에 감자, 양파, 구운 피망, 햄 등을 넣어 만든
음식이다. 옥수수 가루로 만든 멕시코의 토르티
야와는 다른 음식이다.

가스파초^{Gapacho}

토마토, 피망, 오이, 양파, 빵, 올리브유 등으로 만
든 안달루시아의 대표음식으로 태양이 강한 안
달루시아에서 더운 여름을 이기기 위해 만든 차
가운 스프이다.

코치니요^{Cochinillo}

세고비아 지방의 대표적인 요리로 태어난 지 20
일 정도 된 새끼 돼지를 오븐에 구운 음식이다.

초리소^{Chorizo}

다진 돼지고기, 소금, 빨간 피망을 다져 만든 것을
순대처럼 넣어 만든다. 후추를 첨가하기도 한다.

살치차^{Salchidcha}

초리소와 비슷한 이탈리아의 살라미^{Salami}와도 비
슷하다. 햄과 돼지비계에 후추 열매를 섞어 창자
에 채워 넣어 만든다. 소금에 어느 정도 올려놓아
간이 베게 한 다음, 건조시키기 위해 야외에 그냥
두거나 연기를 쏘여 보관한다.

파에야^{Paella}

쌀에 해물이나 고기, 야채, 샤프란을 넣어 만든 스페인식 볶음밥으로 발렌치아 지
방의 대표적인 요리이다. 해물이나 닭고기를 넣어 만든 걸쭉한 볶음밥으로 만들어

먹기도 하여 지역에 따라 약간씩 다른 맛을 낸다.
사프란을 넣어 노란빛이 나기도 하고 오징어 먹
물을 넣어 검은 빛이 나기도 한다.

피바다Fabada

콩을 이용한 일종의 전골 요리로 스페인의 북동
쪽에 위치한 아스푸리아스 지방의 요리이다.

바칼라오 알 라 비스카이나Bacalao a la vizcaina

바스크식의 대구 요리로 대구, 마른 후추, 양파만
으로 만든 바스크 지방의 대표요리이다.

사르수엘라Zarzuela

생선과 해물을 주재료로 해 한 가지 소스만 넣어
만든 요리로 나중에는 과일과 고기, 가금류 등을
넣어 만드는 바르셀로나 지역의 대표적인 요리
이다.

소파 데 아호Sopa de ajo

빵, 마늘, 올리브기름, 피망만을 가지고 만드는
마늘 수프로 스페인 중앙에 위치한 카스티야 라
만차 지방의 대표적인 요리이다.

추로스Churros

밀가루에 베이킹 파우더를 넣어 반죽해 막대 모
양으로 튀겨낸 음식을 초콜릿에 찍어 먹는다. 이
를 추로스 콘 초콜라테Churros con chocolate라고 한다.
우리나라의 추로스보다 더 부드러우며, 초콜라테

는 진하고 무겁다. 갓 구운 추로스를 초콜라테에 찍어 먹으면 간식으로 훌륭하다. 스페인 사람들은 아침식사로 먹는 경우가 많다.

타파스^{Tapas}

뚜껑이나 책 표지를 의미하는 단어인 타파스^{Tapas}는 저렴한 가격에 다양한 음식을 맛볼 수 있는 스페인 대표 음식으로 사실은 와인이나 맥주와 함께 먹는 안주가 발전한 요리라 보면 된다.

끼니를 간단히 때우기에 제격으로, 대부분 카페나 바^{Bar}에서는 스페인 사람들의 일상이 되어 버린 타파스^{Tapas}를 판매한다. 치즈, 생선, 계란, 야채 요리, 카나페 등의 간단한 것에서 복잡한 요리까지 포함된다. 바스크 지방에서는 핀초스^{Pinchos}라고 한다.

순례자의 하루

2~3일을 걸어보면 순례자의 하루가 짐작이 된다. 아침 6~7시 사이에 일어나 8시 전에 알베르게Albergue에서 나와 하루 일정을 시작하게 된다. 알베르게Albergue는 8시 전에 나와야 하고 1일만 숙박이 된다.

아침에는 커피와 빵으로 간단히 아침을 먹고 나서 물을 챙겨 걷다보면 배고픔에

싸온 간식을 순례길 중간에 먹으며 걷다가 점심을 먹는다. 이어서 쉬었다가 걸었다가를 반복하면서 하루에 20~30㎞의 일정을 마치게 된다. 하루에 대략 6~8시간을 걷게 된다.

걸을 때는 반드시 물집이 잡히지 않도록 발을 보호하면서 걸어야 한다. 물집이 잡히면 어느 누구도 제대로 걷기가 힘들다.

43

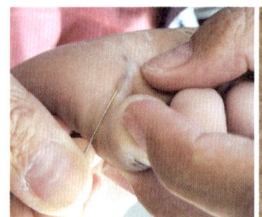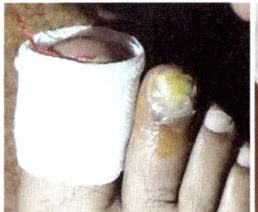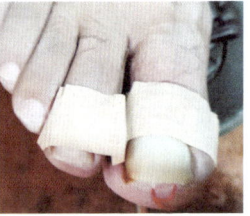

또한 물집이 잡히면 걸을 때 균형이 무너지기 때문에 또 다른 물집이 잡혀 제대로 걷지 못하는 악순환이 시작된다.

여름에 걸을 때는 물을 항상 배낭에 준비를 잘하고 걸어야 하고 추운 날씨나 겨울에는 얼마 안 되는 양의 물로도 충분히 걸을 수 있다. 마을을 지나갈 때마다 마을에는 식수대가 있으므로 물이 부족하다면 채워서 이동하도록 하자.

걷는 곳은 다양하다. 단순한 시골길부터 도로를 걷기도, 건너가기도 하고 교차로를 지나가기도 한다. 도로 옆 소로길도 걷고, 다리 밑으로 건너가고, 터널을 통과하기도 하면서 한걸음 한걸음 산티아고 데 콤포스텔라로 다가간다. 약 33일 정도 걸으면 마지막 지점에 도착할 수 있다.

만약 너무 일찍 오전 12시~오후 1시에 다음 도시에 도착하면 알베르게^{Albergue}로 가서 기다리며 점심을 먹고 쉬게 된다. 알베르게^{Albergue}에서 사람들과 이야기하면서 놀고, 저녁 시간에는 저녁식사를 하고, 10시 전에 잠에 들게 된다. 알베르게^{Albergue}에서는 늦어도 10시에 문을 잠그고 10시에 소등을 시키는 알베르게도 있다.

인간 승리 미셸^{Michel}

내가 처음 보았을 때. 그는 배낭이 한쪽으로 기울어 옆으로 엎어질 것 같았다. 다음날도 같은 자세였다. 그렇게 걷는 것이 신기했다. 걷다가도 발목과 다리가 아파 한참을 쉬었다가 출발했다. 우리가 할 수 있었던 유일한 행동은 '파이팅!'을 외쳐 주는 것뿐이었다.

사랑하는 아내를 잃고 한참을 방황하다가 산티아고 순례길을 알고 출발하였다는 그는 하루도 쉬지 않았다.

그는 남들보다 늦게 오래 걸어서 알베르게^{Albergue}에 도착하면 녹초가 되어 있었다. 한참을 쉬었다가 샤워를 하고 저녁에는 항상 발목에 근육 완화제를 바르고 마사지를 홀로 했다. 그렇지만 그는 항상 친절하고 웃으면서 대화를 나누었다. 결국 그는 산티아고 데 콤포스텔라에 도착했다. 우리는 그에게 최고로 멋진 사진을 선물했다.

산티아고 순례길로 이동하는 방법

파리에서 생장피드포트로 이동하는 방법

▶ TGV 8537 파리 몽파르나스 역 출발

	출발	도착	열차편도
	06:29	13:29	TGV / TER
	08:29	13:56	iTGV, TGV
	10:29	14:33	TGV
파리 (몽빠르나스역) 에서 바욘까지	12:29	18:30	TGV
	14:29	19:42	TGV / TER
	17:29	22:40	TGV PREM'S
	19:29	00:40	TGV
	22:12	08:41	
		직행	LUNEA
	22:53	10:39	LUNEA

※ LUNEA는 파리의 오스텔리츠역에서 출발하니 조심할 것!
※ 파리 → 바욘(Bayonne) → 생장 피에드 포트(St Jean Pied Port)   ※ 바욘에서 갈아타야하니 주의!

▶ 바욘(Bayonne) 도착후 기차 환승
▶ 바욘(Bayonne) 출발
▶ 생장 피드포트 도착후 휴식
▶ 테르(TER)를 타고 약 1시간 20분 정도 소요

	출발시간	요일
	07:45	월
	08:24	매일
	11:24	매일
욘에서 생장 피에드 포트 (St Jean Pied Port) 까지	12:00	월~토
	14:37	매일
	15:06	매일
	18:13	월~토
	19:58	매일
	21:06	금, 일, 휴일

마드리드에서 팜플로나로 이동하는 방법

프랑스 길의 3일 차에 도착하는 팜플로나는 스페인 내에서만 산티아고 순례길을 걷고자 하는 순례자들이 자주 이용한다. 팜플로나는 큰 도시이므로 마드리드에서 하루에 5번 이동하는 열차가 있다. 시간은 계절에 따라 조금씩 달라지므로 사전에 확인해야 한다.

Tip

렌페

스페인은 렌페(http://www.renfe.es/)라고 하는 기차 예약서비스가 있다. 렌페 어플이나 인터넷으로 직접 예약할 수 있다. 우리나라의 코레일과 비슷한 서비스이지만 대한민국처럼 빠른 인터넷 사용이 잘 안되니 조바심을 내면 안 된다.

마드리드에서 레온Leon, 폰페라다Ponferrada, 사리아Sarria로 이동하는 방법

산티아고 순례길 300km, 220km, 110km 갈 때는 스페인 마드리드 북쪽에 있는 차마르틴 역, 12시 20분에 출발하는 기차를 타면 레온Leon을 거쳐 폰페라다Ponferrada, 사리아Sarria로 이동한다. 마드리드Madrid에서 갈 때는 기차가 점심 12시 정도에 가서 레온Leon을 거쳐 폰페라다Ponferrada, 사리아Sarria에 저녁에 도착해 알베르게에서 준비를 하고 다음날부터 출발하는 것이 좋다.
야간버스는 피곤이 누적되어 걸을 때 힘들 수 있다.

마드리드 차르마틴역	출발	도착
	주간 12시 21분	레온 16시 20분, 폰페라다 17시 35분, 사리아 18시 32분

버스도 있지만 기차를 추천한다. 버스는 오전부터 야간 버스까지 있다. 한다. 루고Lugo에서 내려 다시 사리아Sarria까지 갈아타고 가야 한다. 마드리드 남부터미널에서 루고까지 7시간정도가 소요되며 루고에서 사리아까지는 넉넉히 1시간도 잡으면 된다. (Alsa버스)

마드리드 남부터미널	출발 → 도착	루고 (Lugo)	출발 → 도착	사리아 (Sarria)
	오전 10시(7시간 소요)		30분~1시간 소요	

Camino de Santiago

드디어 떠나는

산티아고 순례길

1일차 생 장 피드포트에서 론세스바예스까지 - 26.3km

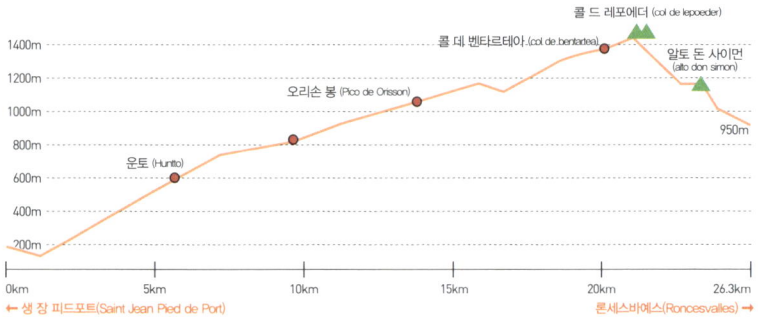

이동경로 / 26.3km

생 장 피드포트(Saint Jean Pied de Port) – 운토(Huntto) – 오리손 봉(Pico de Orisson) – 십자가(Crudeiro) – 뢰푀더 언덕(Col de Lepoeder) – 론세스바예스 (Roncesvalles)

대부분의 오르막길 (첫날부터 어렵다.)

프랑스에서 스페인 국경을 넘는 이 구간은 피레네 산맥이 자리잡고 있는 요새 같은 곳이다. 산티아고 순례길이 익숙하지도 않지만 가장 힘든 구간에서 시작한다. 장거리를 이동하여 쉬고 싶었겠지만 바로 출발하면서 걱정부터 앞서게 된다.

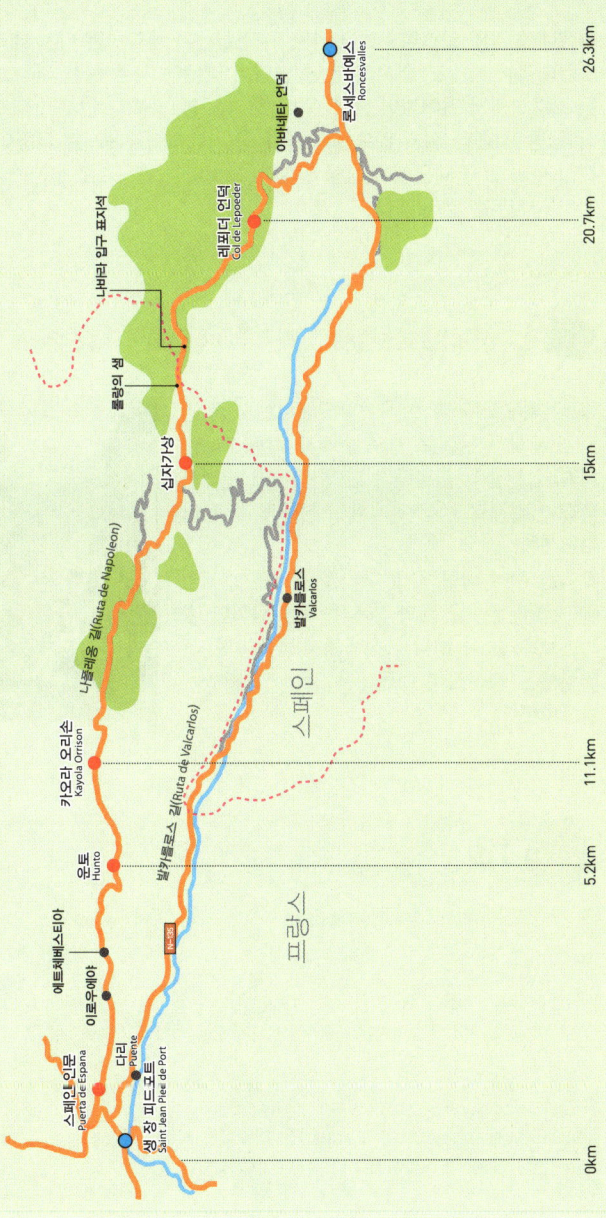

26.3km

론세스바예스
Roncesvalles

20.7km

아베네토 언덕

레포더 언덕
Col de Lepoeder

나버라 입구 표지석

15km

롤랑의 샘

십자가상

나폴레옹 길(Ruta de Napoleon)

발카를로스
Valcarlos

스페인

11.1km

카요라 오리손
Kayola Orrison

발카를로스 길(Ruta de Valcarlos)

온토
Hunto

5.2km

에트체베스티아

이룬우레아

스페인의 문
Puerta de España

다리
Puente

생 장 피드 포트
Saint Jean Piee de Port

프랑스

0km

피레네 산맥의 오르막길을 올라가 이제 끝인가 생각하면 다시 내리막길이 나온다. 그런데 내리막길도 쉽지 않다. 첫날이기 때문에 자주 물을 마시고 간식으로 체력을 보충하면서 걸어가야 한다. 운토, 오리송 봉, 레푀더 안부가 대표적인 쉬는 장소이다. 중간 중간 쉬지 않으면 경사가 심한 내리막길에서는 무릎이 아프면서 미끄러질 수도 있기 때문에 조심해야 한다. 그늘이 부족하므로 모자, 물, 선글라스 등을 미리 챙겨두는 것이 좋다.

생 장 피드포트^{Saint Jean Pied de Port} ➡ 운토^{Huntto} | 5.2km

생 장 피드포트^{Saint Jean Pied de Port}에서는 가장 먼저 순례자 사무실로 가서 순례자 여권(크레덴시알)을 만들고 출발해야 한다. 이곳에 순례자 숙소인 알베르게^{Albergue}에서 도장을 받고 걸어가야 한다.

교회를 지나 니브 강의 다리를 건너면 스페인문^{Puerta de Espana}을 통과 해 나폴레옹 길이나 발까를로스 길 중 하나를 선택해 이동해야 한다. 대부분은 직진하여 나폴레옹 길^{Route de Napolean}을 걸어간다.

Tip

무거운 짐이라면 다시 생각해보자.

친구는 버킷리스트로 항상 산티아고 순례길을 걷겠다고 이야기한다. 단 은퇴 후에 그런데, 은퇴 후에 체력도 떨어지고, 걱정은 많다. 그 준비로 많은 짐을 배낭에 넣어온다. 그렇게 걷는 순간 1시간이면 후회가 시작된다. 아무리 짐이 많으면 중간에 다음 지점으로 운반시키면 된다지만 그것은 그 지점에 도착했을 때이다. 그 전에 짐을 자신의 어깨를 누를 것이다. 심하게~~~

여러 번 걸은 경험이 있는 저자는 25리터의 배낭에 바지와 티셔츠(3벌), 풋크림, 등산 양말(5), 여름용 침낭(천으로 만들어져 있음), 경량 패딩 등으로 배낭에 넣을 수 있는 짐만 들고 온다. 짐이 가벼우면 무릎에 무리를 주지 않기 때문에 등산용 스틱도 별로 필요가 없다. 앞부분에 있는 준비물을 참고해서 출발하기를 바란다.

포장도로를 따라가면 카미노 안내 표지판이 있어서 어렵지 않다. 하지만 차량들이 있는 도로이므로 조심하는 것이 좋다. 에체스테아^{Etchebestea}부터 오르막길이 심해지는 데 운토까지 이어진다. 운토에 도착하면 바^{Bar}에서 휴식을 취하면 된다.

Tip

아침 식사

트레스 델 리오(Torres del Rio) 마을까지 약 10㎞가 넘기 때문에 아침식사를 해야 한다. 하지만 여름을 제외하면 카페가 문을 열지 않는다. 그러나 마을 곳곳에 쉴 곳은 많다. 그 전에 보이는 카페에서 잠시 쉬면서 아침을 먹고 오르막길을 넘어 트레스 델 리오(Torres del Rio) 마을로 진입하는 것이 가장 좋은 방법이다.

운토^{Huntto} ➡ 오리손 봉^{Pico de Orisson} | 5.9km

운토에 도착해 계속 걸어가면 시골길을 걸어 오르막길을 올라가야 한다. 이후에는 포장도로가 나오고 전망대가 보인다. 오리손에 도착하면 알베르게가 보인다. 알베르게를 지나 1,060m의 오르손 봉에 도착하면 언덕 위에 돌무더기가 있고 성모 마리아상이 보일 것이다.

 오리손 봉^{Pico de Orisson} ➡ 십자가^{Crudeiro} | 3.9km

포장 도로를 걸어가면 아르네기 방향의 D-128번 길로 계솔 올라가야 한다. 오르막길을 계속 직진해 걸어가는 것은 매우 힘들다. 십자가가 있는 갈림길에 도착하면 안개가 산을 휘감고 있는 경우가 많다. 어떨 때는 차라리 모르는 길을 걷는 것이 더 편할 수도 있다. 명심할 사항은 오른쪽의 도보 표지판을 확인하면서 걸어가야 한다.

십자가^{Crudeiro} ➡ **뢰푀더 안부**^{Col de Lepoeder} | 5.7km

오른쪽에는 시골길의 오르막으로 브라질 순례자 묘지가 있다. 레이자 아테카 봉을 둘러싸고 더 걸어가면 스페인 국경이다. 사실 프랑스에서 언제 스페인으로 들어갈까 기대를 하지만 스페인 나바라 주 안내 표지판이 스페인으로 입국했음을 알려주는 것이다.

국경 초소는 다 허물어질 것 같지만 오래전에는 사용되던 곳이라고 한다. 아직도 오르막길을 더 걸어가야 한다. 1,450m의 뢰푀더 안부^{Col de Lepoeder}에 있는 무인대피소에서 쉬면서 오르막길이 끝났음을 기뻐하자.

 뢰푀더 안부^{Col de Lepoeder} ➡ **론세스바예스**^{Roncesvalles} | 4.1/5.6km

론세스바예스^{Roncesvalles}과 부르구에테^{Burguete}마을이 보이면 내리막길이다. 오르막길
이 끝나면 힘들지는 않지만 내리막길의 경사는 심하고 작은 돌에 미끄러져 다칠
수 있다. 특히 무릎에 힘을 주고 천천히 걸어가야 한다. 무릎이 좋지 않다면 미리
압박보호대를 착용하는 것도 좋은 방법이다.

경사가 심한 흙길과 오른쪽의 포장도로가 있는데, 안전하게 포장도로로 걷는 것을
추천한다. 샤를마뉴 대제와 롤랑의 전설이 있는 예배당이 나오면 거의 끝나는 지
점이다.

2일차 론세스바예스부터 수비리까지 – 21.9km

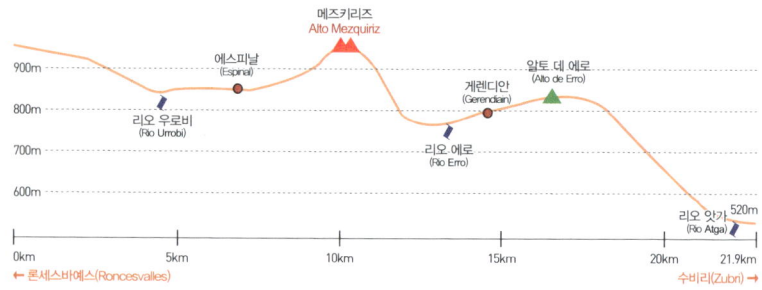

← 론세스바예스(Roncesvalles)

수비리(Zubri) →

이동경로 / 21.9km

론세스바예스(Roncesvalles) – 부르게테(Burguete) – 헤렌디아인(Gerendiain)
– 에로 고개(Alto de Erro) – 수비리(Zubri)

완만한 오르막길+내리막길

첫날은 힘들었지만 대신 자신감
을 얻었다. 가끔은 "매일 이렇게
힘들게 걸어야 하나?" 걱정하기
도 한다. 또한 알베르게 생활을
하면서 적응하는 것도 쉬운 일은
아니라는 것도 판단해야 한다.

산티아고 순례길은 자신의 걷는
방법에 맞춰서 걸어가고 중간 중
간 휴식을 취해야 한다. 단거리로
빠르게 걷는다고 해결되지 않는
다.

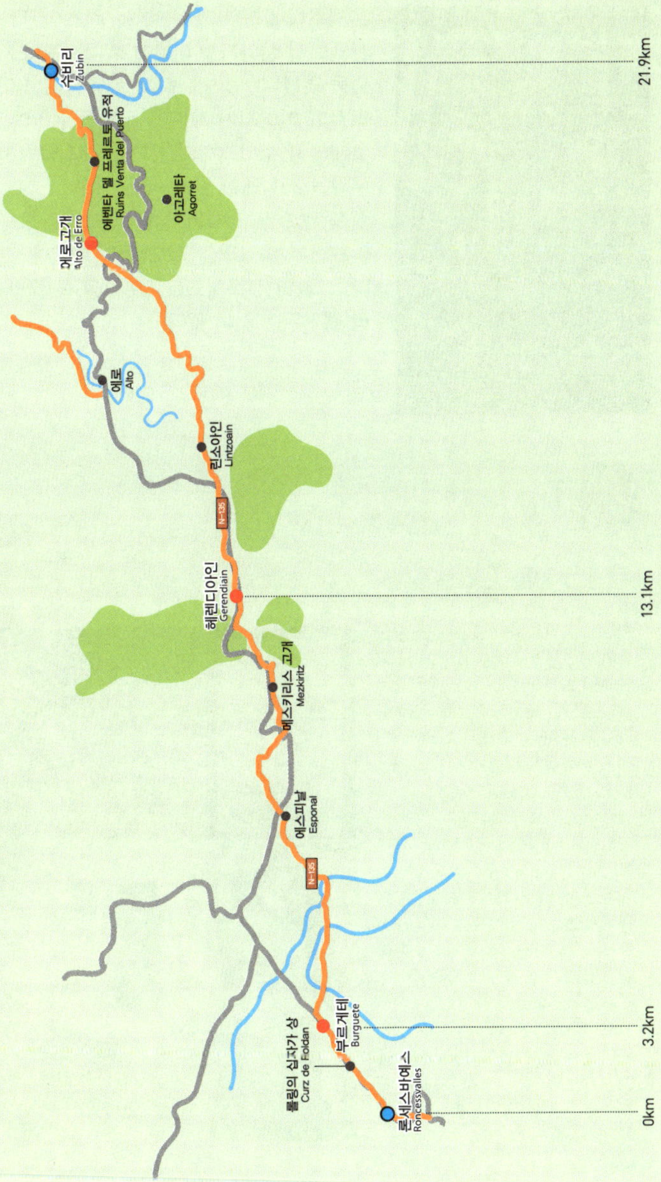

수비리
Zubiri

21.9km

에벤타 델 프레레토 유적
Ruins Venta del Puerto

아고레타
Agorret

에로 고개
Alto de Erro

에로
Alto

린쏘아인
Lintzoain

헤렌디아인
Gerendiain

메스키리스 고개
Mezkiritz

에스피날
Esponal

13.1km

3.2km

부르게테
Burguete

롤랑의 십자가 상
Cuiz de Roldan

론세스바예스
Roncesvalles

0km

론세스바예스^{Roncesvalles}부터 린소아인까지 피레네 산맥에서 살아가는 마을을 지나가면서 사람들의 생활을 엿볼 수 있기도 하다. 완만한 오르막길과 내리막길이 이어지기 때문에 적절히 쉬어야 한다. 에로 고개에서 수비리까지만 다소 내리막길이 심하므로 무릎을 조심해야 한다.

쉬지 않으면 경사가 심한 내리막길에서는 무릎이 아프면서 미끄러질 수도 있기 때문에 조심해야 한다. 그늘이 부족하므로 모자, 물, 선글라스 등을 미리 챙겨두는 것이 좋다.

Tip

무거운 짐을 옮기는 방법

처음 산티아고 순례길을 걷는 사람들이 대부분일 것이다. 2번 이상 오는 경우는 흔하지는 않다. 처음으로 오면 불안감 때문에 무거운 짐을 들고 고생을 한다. 그래서 이곳에서만 생긴 서비스가 다음 목적지로 배낭을 옮겨 주는 것이다.

가장 먼저, 사전에 알베르게 측에 예약을 하여 전화를 하도록 이야기해야 한다. 하루에 약 25㎞정도를 걸어가므로 약 5€를 주면 다음 알베르게로 옮겨주는 데 서비스 업체에서 알베르게를 돌면서 짐을 수거해 다음 알베르게로 옮긴다.

15㎏ 이하일 때 비치된 봉투로 된 종이에 목적지(알베르게 이름), 발송자 정보인 성명, 전화번호를 적으면 된다. 봉투 안에 운송비를 넣어야 한다.

론세스바예스^{Roncesvalles} → 부르게테^{Burguete} | 3.2km

론세스바예스^{Roncesvalles}는 페레네 산맥이 아름다운 마을로 알려져 있다. 라 포사다^{La Posada}를 따라가면 N-135 도로 옆으로 지나가게 된다.
산맥의 숲길은 거리가 짧아서 부르게테 마을^{Burguete}에 도착하게 된다. 여기서 잠시 쉬면서 아침식사를 해도 좋다.

 ## 부르게테^{Burguete} → 헤렌디아인^{Gerendiain} | 8.9km

산탄데르 은행을 끼고 오른쪽으로 돌아 우로비 강의 다리를 건너면 시골길이 나타난다. 우로비 강을 건너 오르막길을 따라가면 포장도로가 나온다. 에스피날 입구의 식수대가 있으니 여기서 물을 채워가자.

오르막길이 나오면 밤나무 숲이 나오
는 데 따라가면 메스키리스 고개^{Alto de}
Mezquiriz를 볼 수 있다. N−135도로가 나
올 때까지 내리막길이 이어지고 징검
다리를 건너 헤렌디아인에 도착하게
된다. 여기서는 반드시 쉬어가면서 오
르막길 오를 준비를 해야 한다.

 Tip

식수대

산티아고 순례길을 걸으면 빠르게 알아야 할 사실이 있다. '물이 없을 때 어떻게 할 것인가?'이
다. 어디를 가도 마을에 가면 식수대가 있다. 가끔 식수대에서 물이 나오지 않고 잠겨 있는 경
우도 있지만 대부분의 마을에는 식수대가 광장에 있다. 여기에서 부족한 물을 채워 가면 된다.

유럽의 마을들은 마을의 중앙에 광장이 있고 그 옆에 성당이나 식수대와 분수를 겸한 장소가
있다. 때로는 마셔도 되냐고 걱정하기도 하지만 사람들이 마시는 곳이니 걱정하지 않아도 된
다. 걱정이 된다면 물론 매일 생수를 사 마셔야 한다.

헤렌디아인^{Gerendiain} ➡ 에로 고개^{Alto de Erro} ➡ 수비리^{Zubri} | 9.8km

N-135번 도로를 건너 린소아인으로 이어진 길을 걸어가면 경기장이 나온다. 여기를 지나면 오르막길이 올라가야 한다. 롤단 고개^{Paso de Roldan}의 오르막길은 930m 높이까지 올라야 하므로 지칠 수 있다. 힘들면 쉬어가면서 천천히 올라가도록 하자.

에로 고개^{Alto de Erro}를 올라 쉬었다가 내리막길을 지나가야 한다. 겨울의 초입이나 봄에는 자주 비가 내리는 데, 비가 오면 미끄러워 조심해야 한다. 아르가 강^{Rio Arga}이 나타나면 오늘은 쉬어갈 수 있다. 광견병의 다리^{Puente de ra Rabia}를 건너 알베르게로 들어가자.

리오 아르가(Rio Arga) 알베르게

수비리^{Zubri}에서 대부분의 순례자들이 지내는 가장 유명한 알베르게이다. 주인이 친절하여 순례자들의 호평이 이어지고 있다. 10인실부터 2인실까지 다양한 숙박형태를 가지고 있어서 선택을 하면 된다. 화장실이나 샤워실 상태도 좋아서 관리가 잘 된 인상을 받는다. 현재 코로나 바이러스 상황으로 인해 조리를 해 먹는 거보다 이야기를 나누는 정도로만 사용한다.

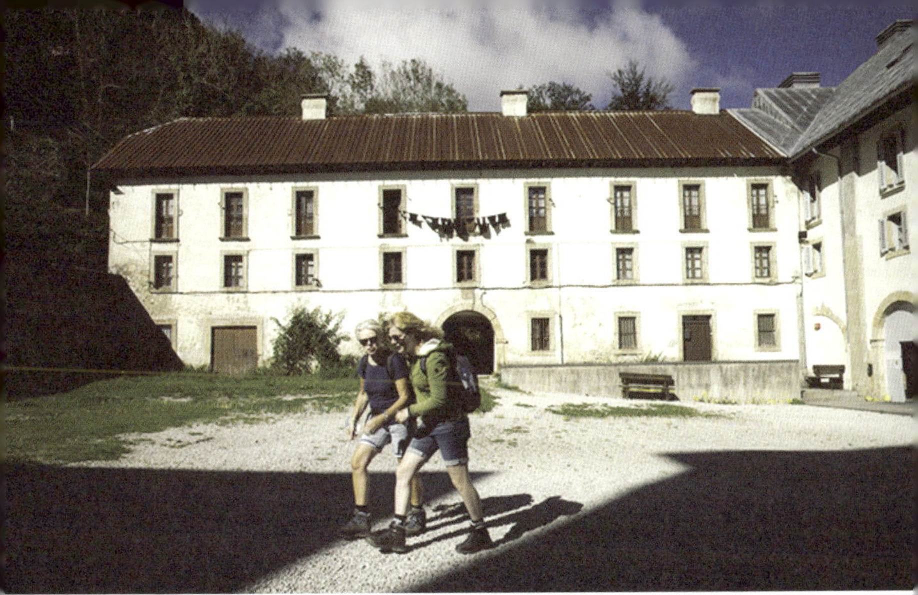
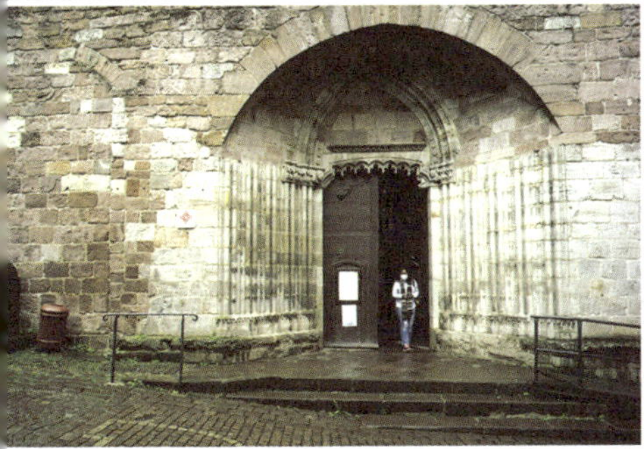
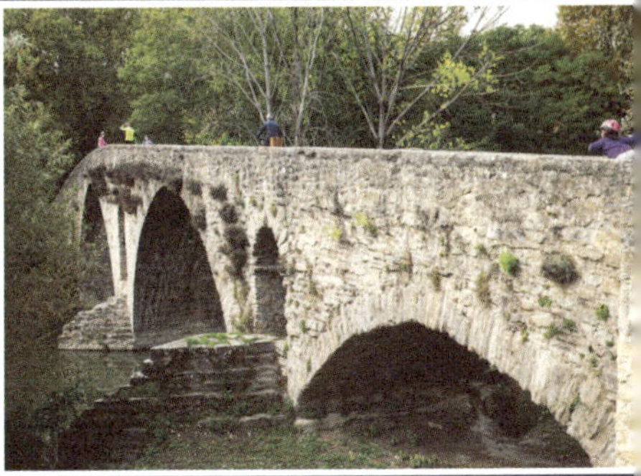
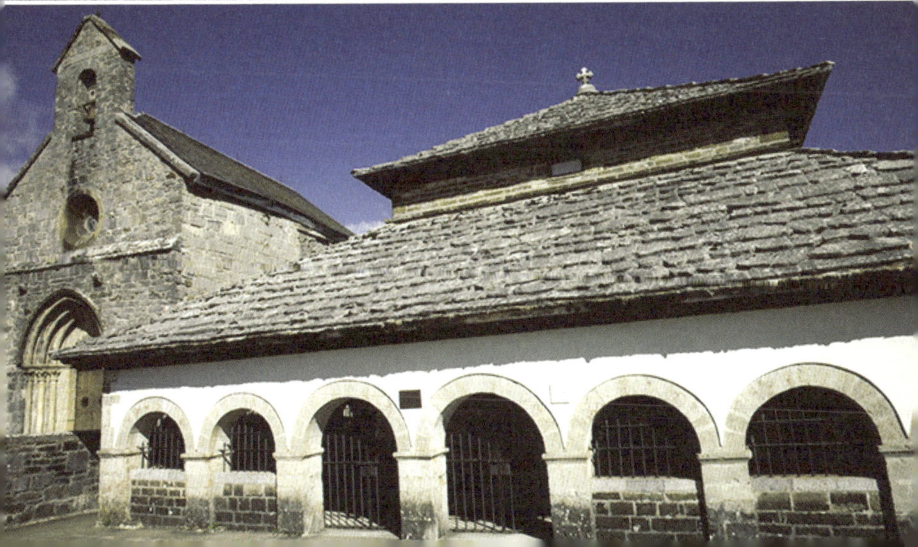

3일차 수비리부터 팜플로나까지 - 21km

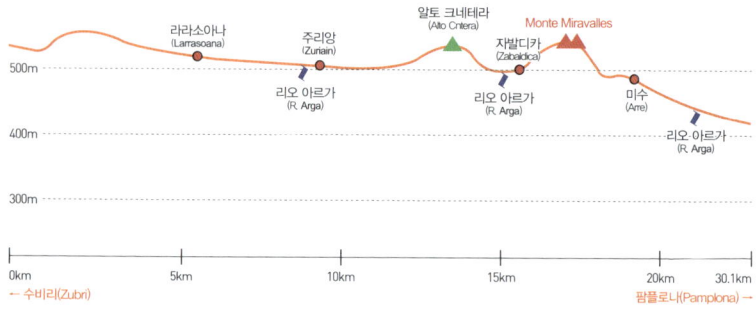

알토 크네테라
(Alto Cntera)

Monte Miravalles

라라소아나
(Larrasoana)

주리앙
(Zuriain)

자발디카
(Zabaldica)

리오 아르가
(R. Arga)

리오 아르가
(R. Arga)

미수
(Arre)

리오 아르가
(R. Arga)

500m
400m
300m

0km   5km   10km   15km   20km   30.1km

← 수비리(Zubri)   팜플로나(Pamplona) →

이동경로 / 21km

수비리(Zubri) – 라라소아나(Larrasoana) – 수리아인(Zuriain) – 트리니다드 데 아레(Trinidad de Arre) – 팜플로나(Pamplona)

평지길

2일을 걷고 아르가 강을 건너고 따라가면서 팜플로나에 들어가는 날로 거리로 짧아서 걷기에 적당하다. 앞으로 대도시로 들어가야 하는 경우가 많을 것이다. 평지길 이어서 힘이 들지는 않지만 지루하게 도시외곽에서 도시 안으로 들어가야 해서 교통량이 많은 도로와 교차로를 지나가야 한다.

또한 대도시로 진입하면 노란색 화살표가 없어지고 보도블록에 조개껍데기 표시가 있거나 진입

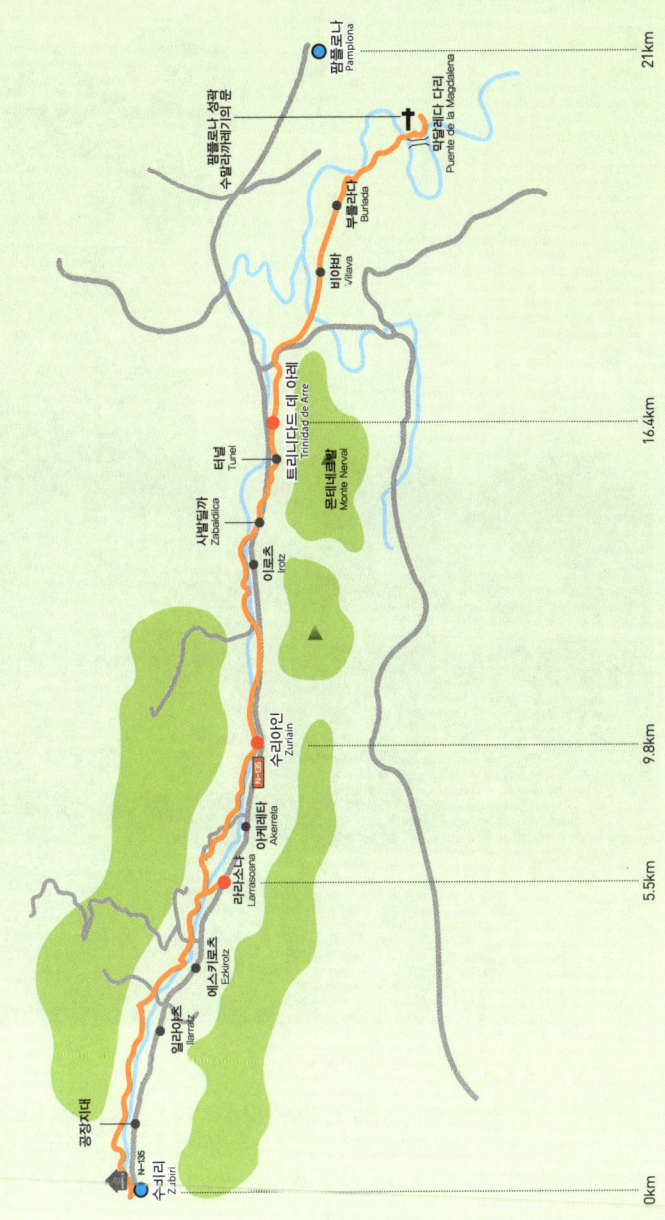

팜플로나
Pamplona — 21km

팜플로나 성곽
수울라가게의 문

막달레나 다리
Puente de la Magdalena

부를라다
Burlada

비야바
Villava

트리니다드 데 아레
Trinidad de Arre — 16.4km

몬테 네르발
Monte Nerval

터널
Túnel

사발디카
Zabaldica

이로츠
Irotz

수리아인
Zuriain — N-135 — 9.8km

아케레타
Akerreta

라라소아냐
Larrasoaña — 5.5km

에스키로츠
Ezkirotz

일라라츠
Ilarraz

공장지대

N-135

수비리
Zubiri — 0km

하는 공원 같은 곳에는 가로수에 노란색이나 표지판이 있고, 가로등에 화살표 표시를 해놓기도 한다. 잘 보고 걸어가야 길을 잃어버리지 않는다. 구글 맵으로 자신의 위치를 확인하면서 걸어가는 것도 좋은 방법이다.

수비리^{Zubri} ➡ 라라소아나^{Larrasoana} ➡ 수리아인^{Zuriain} | 9.8km

아르하 강을 건너려면 광견병의 다리를 지나가야 한다. N−135번 도로는 공장이 주위에 있어서 확인을 하면서 이야라츠^{Illaratz}, 에스키로츠^{Ezkiroots}를 확인하면서 걸어가야 한다. 라라소아나 마을은 작은 마을로 잠시 쉬어가는 곳이다.

다리를 건너면 오르막길이 나오는 데, 언덕 위 아케레타^{Akerreta}에 도착하면 바로 내리막길이 시작된다. 수리아인 다리를 건너면 간식으로 허기를 채우고 출발하는 것이 좋다. 일찍 이동해야 하는 부담은 작으므로 주위의 사연도 감상히면서 이동하자.

71

수리아인^{Zuriain} ➡ 트리니다드 데 아레^{Trinidad de Arre} | 6.6km

N-135번 도로를 따라가고 건너가는 길이 계속 이어진다. 1km 정도를 걷고 이유르 도츠 방향으로 걸어가면 다시 N-135번 도로를 따라가야 한다. 차량 통행이 많은 도로이므로 도로를 따라 걷지 말고 옆으로 만들어진 소로길을 따라가면 된다.

다리를 건너면 오른쪽으로 돌아 직진하면 채석장이 나온다. 여기를 지나면 이로츠 Iroz 마을이다. 내리막길로 이어진 마을은 끝 부분에 중세의 다리가 남아 있는데, 이쁜 풍경을 자아낸다. 포장된 도로는 N-135번 도로를 건너 네르발 산으로 올라가는데, 오늘의 유일한 오르막길이다.

다리를 건너면 2가지 이동방법이 나오는데 대부분 N-121번 도로를 따라 걷다가 언덕을 넘어 울사만 강을 건너간다. 중세 다리가 있기 때문이다. 이곳만 지나가면 팜플로나 근처에 도착하는 것이다.

 트리니다드 데 아레^{Trinidad de Arre} ➔ 팜플로나^{Pamplona} | 4.6km

트리니다드 데 아레^{Trinidad de Arre}의 중세 다리는 팜플로나에 거의 도착했다는 표시와 같디. 비아바^{Vilaiva}, 부를라다^{Burlada}를 건너 정원 마트를 지나면 막달레나 다리를 건넌다. 막달레나 다리는 성벽을 따라 이어져 오른쪽에 싱벽을 블 수 있다.
먼저 알베르게에 도착해 쉬었다가 다시 걸어서 오거리에 도착하게 된다. 팜플로나 대성당은 아름다운 카르맨에서 직진하면 오거리가 나오니 프랑스 문을 지나 걸어서 이동하면 대성당과 알베르게에 쉽게 도착할 수 있다.

팜플로나(Pamplona)

나바라 왕국의 수도로 번성했던 도시가 팜플로나이다. 마드리드에서 팜플로나로 이동하여 순례길을 시작하는 순례자들도 있다. 마드리드에서는 아토차역에서 하루에 3~4편의 기차가 있으며 약 3시간 30분이 걸린다. 버스는 아베니다 데 아메리카 버스터미널에서 6~10편의 버스가 있으며, 약 5시간이 소요된다. 팜플로나 역에 내리면 역은 시가 북쪽 교외에 있어 시내 중심까지는 B9버스를 이용하면 약 10분 정도면 시내중심으로 들어온다.

팜플로나에서 가장 유명한 축제는 7월6일부터 14일까지 열리는 산 페르민 축제이다. 소몰이 축제로 헤밍웨이의 소설, "해는 또다시 떠오른다"에도 나와 세계적으로 알려진 축제이다. 축제 기간에는 세계에서 몰려온 관광객들이 몰려들어 숙소를 찾는 데에도 고생을 한다. 이 축제만 끝나면 매우 조용한 도시로 중세의 정취를 느끼며 한가로이 거리를 둘러볼 수 있는 도시이다.

도시의 중심은 카스티요 광장으로 남서로 이어져 있는 사라사테 거리와 아르하 강으로 둘러싸인 곳이 구시가이다. 광장의 북동쪽에 중후한 모습의 대성당이 있고,

레딘 거리를 따라 북으로 올라가면 나바라 시대에 만들어진 성벽이 있다. 성벽위에서 아르하 강Rio Arja을 볼 수 있다.
강을 따라 걷다보면 소몰이의 목표지점인 투우장이 나오고, 입구의 왼쪽에는 헤밍웨이 동상이 서 있다. 플라타너스가 있는 가로수 길은 '파세오 헤밍웨이'라고 불린다.

팜플로나 지저스 이 마리아 알베르게 (Jesus y Maria Albergue)

팜플로나Pamplona에서 대부분의 순례자들이 지내는 가장 유명한 알베르게로 10€로 적당한 가격이다. 팜플로나 시내 중심에 있어서 잠시 시내를 둘러보기에도 좋고 규모도 상당히 큰 편이다. 와이파이도 빠르고 순례자여권을 구입하는 순례자도 많다. 생장 피드포트에서 구입을 못 했다면 이곳에서 구입해도 된다.
10인실부터 20인실까지 큰 방으로 이루어진 숙박형태를 가지고 있어서 선택이 필요없다. 화장실이나 샤워실 상태도 좋아서 관리가 잘된 인상을 받는다. 현재 코로나 바이러스 상황으로 인해 조리를 해 먹는 거보다 이야기를 나누는 정도로만 사용한다.

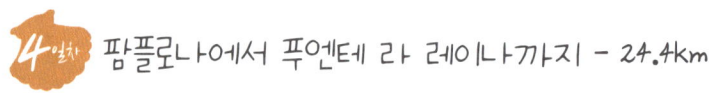

4일차 팜플로나에서 푸엔테 라 레이나까지 – 24.4km

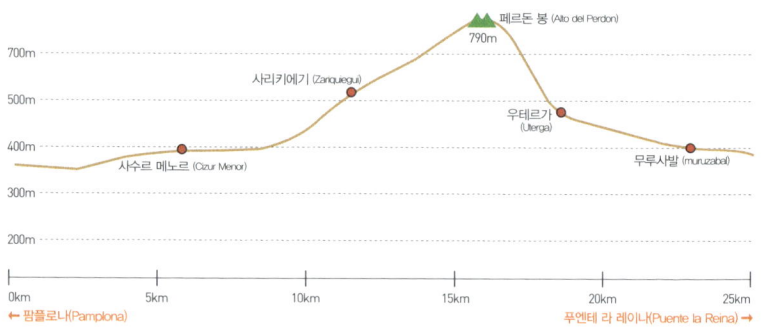

페르돈 봉 (Alto del Perdon)
790m

사리키에기 (Zariquiegui)

우테르가
(Uterga)

사수르 메노르 (Cizur Menor)

무루사발 (muruzabal)

700m
500m
400m
300m
200m

0km   5km   10km   15km   20km   25km

← 팜플로나(Pamplona)   푸엔테 라 레이나(Puente la Reina) →

이동경로 / 24.4km

팜플로나(Pamplona) – 사수르 메노르(Cizur Menor) – (Zariquiegui)– 페르돈 고개(Alto del Perdon) – 우테르가(Uterga) – 오바노스(Obanos) – 푸엔테 라 레 이나(Puente la Reina)

오르막길과 내리막길
(오히려 오르막길이 쉽고 내리막길에 조심해야 한다.)

팜플로나Pamplona에서 아침에 출발하면 어두워서 도시를 벗어나는 게 혼동되기도 한다. 그러니 나보다 앞서서 출발하는 순례자가 있다면 잘 따라서 도시를 벗어나

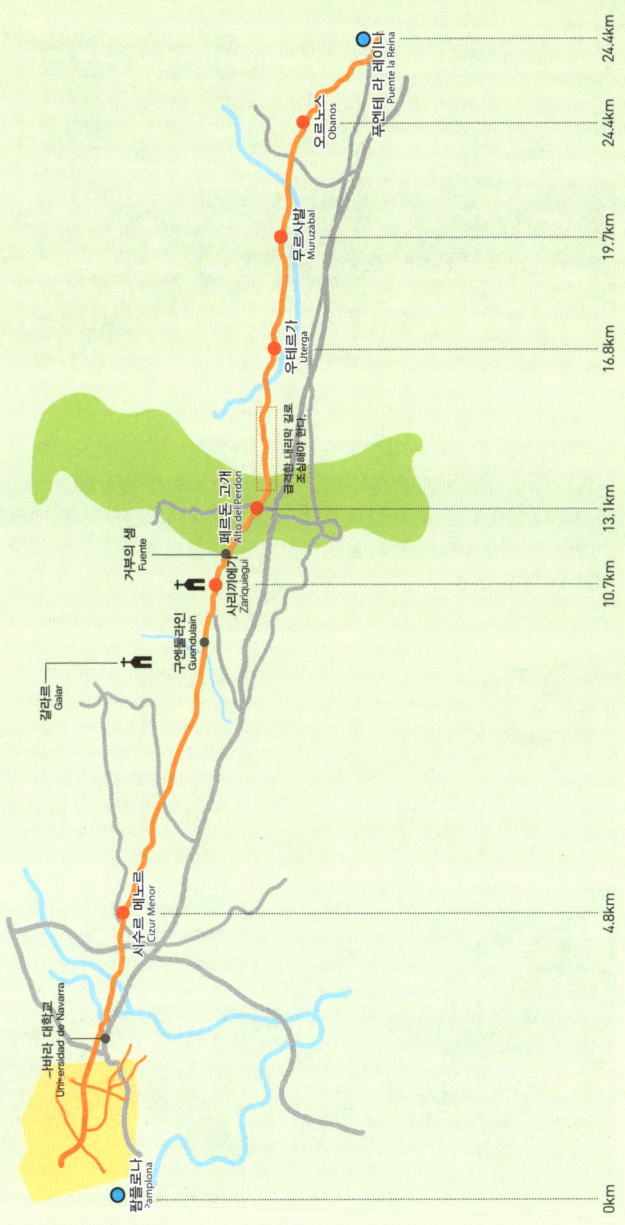

24.4km

24.4km

오바노스
Obanos

무에테 라 레이나
Puente la Reina

무루사발
Muruzabal

19.7km

우테르가
Uterga

16.8km

급격한 내리막 경로
조심해야 한다.

페르돈 고개
Alto del Perdon

13.1km

거부의 샘
Fuente

사리키에기
Zariquiegui

10.7km

구엔둘라인
Guendulain

갈라르
Galar

시수르 메노르
Cizur Menor

4.8km

나바라 대학교
Universidad de Navarra

팜플로나
Pamplona

0km

는 게 현명할 수 있다. 이후에는 페르돈 봉까지 평지에서 오르막길이 이어지는 데 바람이 지나가는 곳에 순례자 기념물이 작품으로 세워져 있다.

이곳까지 올라오는 것도 힘들 수 있지만 이후가 더 문제이다. 내리막길만 잘 마무리하면 그 이후부터는 평지로 이어진 길이 마을과 포장도로로 이어져 어렵지 않게 걸을 수 있다.

Tip

내리막길 주의하자!

돌길이 내리막길로 이어지기 때문에 발이 삐끗할 수도 있고 발가락이 쓸리면서 물집이 잡힐 수도 있다. 내리막길은 무조건 천천히 걸어야 한다. 다른 순례자의 걷는 속도는 중요하지 않다는 사실을 반드시 인지하자.

팜플로나^{Pamplona} → 사수르 메노르^{Cizur Menor} | 4.8km

팜플로나^{Pamplona} 알베르게^{Albergue Jesus y Maria}에서 아침 일찍 출발하면 이동하는 길이 순례자에게는 어렵다. 이럴 때는 나보다 잘 걸을 거 같은 순례자가 출발하면 이어서 출발하자.

이들 뒤에서 길이 맞는 지 확인하면서 가면 안정감이 생겨난다. 또한 도시를 벗어나면 페르돈 봉^{Alto del Perdon}를 넘어 우테르가^{Uterga}까지 레스토랑이나 카페가 없을 수도 있다. 여름이 아니면 문을 닫은 곳이 많아서 4시간 이상을 그냥 걸어야 한다. 그러니 사전에 먹거리를 준비하고 도시에서 나오기 전에 아침 식사는 먹고 니오도록 하자. 나바라 대학교까지는 쉽게 걸어갈 수 있지만 사다르 강의 다리와 A-15번 도로를 찾아 걸어가는 것이 쉽지 않다. 혼자보다는 같이 걷는 것이 효율적이다.

사수르 메노르^{Cizur Menor} → **사리키에기**^{Zariquiegui} | 5.9km

사리키에기^{Zariquiegui}마을은 스페인 북부의 경작지로 유명하다. 이곳을 지나는 데, 대체로 평지길이 이어진다. 그런데 이 경작지는 은근 아름다워서 사진 찍기도 좋은 마을이다. 흙길이 계속 이어지다가 점차 오르막길이 나오기 시작하면 사리키에기에 도착하게 된다. 이제부터 힘든 길이 시작되니 평지는 끝이난다고 보면 된다.

 Tip

식사를 할 장소가 없다!

팜플로나(Pamplona)를 벗어나면 마을이 보이지 않는다. 그런데 가끔은 있을 카페나 바Bar도 없어서 4시간 이상은 그냥 걸어가야 한다. 그러므로 전날에 빵이나 음료수, 과일 등을 준비하여 아침이나 간식으로 먹으면서 이동하도록 하자. 5시간 이상을 굶으면서 걸어갈 수도 있다. 여름에는 많은 카페가 문을 열지만 9월 중순만 지나도 점차 문을 닫는 곳이 늘어난다.

순례자가 앉아 쉬면서 느낄 수 있는 문구가 적혀 있다.
Donde se cruza el cammino del viento con el de las Estrellas (별이 지나가는 길을 따라 바람이 지나가는 곳)

 사리키에기^{Zariquiegui} ➜ **페르돈 고개**^{Alto del Perdon} | 2.4km

오르막길을 걸어가기 시작하면 저 멀리 보이는 풍력 발전기가 점차 크게 다가오게 된다. 이 길은 흙길이어서 비가 온다면 흙탕물이 가득한 길이 되기 때문에 전날 비가 오거나 비가 오고 있디면 미끄러지는 것을 알고 떠나야 한다.

맑은 날에는 흙길이 더 걷기 쉬워서 오르막길이라는 것을 제외하면 걷는 것이 어렵지 않다. 오르막길이 가파르면 꼭대기에 다가간 것이다.

790m의 페르돈 봉에 올라가면 바람을 맞으면서 아래에 보이는 전망을 조망해 보자.

 페르돈 고개^{Alto del Perdon} → **우테르가**^{Uterga} | 3.7km

페르돈 고개^{Alto del Perdon}에서 길을 내려가기 시작하면 당황할 수 있다. 흙길 위에 자갈들이 길을 덮고 있는 내리막길은 걸어가기가 쉽지 않기 때문이다. 스틱이 있다면 중심을 잡으면서 걸을 수도 있지만 두 발로 걸으려면 무릎에 힘을 주고 천천히 걸어야 한다. 간혹 일행에서 뒤처지지 않으려고 속도를 줄이지 않는 경우가 있는데, 이럴 때 사고가 날 수 있으니 조심하자.

중간에 먹을 장소가 없어서 배가 고프다면 우테르가^{Uterga}에 있는 알베르게에서 같이 카페를 운영하므로 들어가서 쉬면서 식사까지 하도록 하자.

우테르가^{Uterga} ➡ 오바노스^{Obanos} | 4.7km

우테르가^{Uterga}부터는 평지길
이다. 걸어가는 길은 어렵지
않고 쉽게 느껴진다. 무르사
발에서 에우나테로 가는 왼
쪽 길과 오바노스로 가는 오
른쪽 길로 나누어진다.
지히도를 지나서 가는 길은
도로를 건널 때 사고가 나는
것을 방지하기 위해 만들어
졌다. 산 후안 성당 옆에 있
는 바^{Bar}에서 휴식을 취하면
서 이동하는 것도 좋은 방법
이다.

 ## 오바노스^{Obanos} ➡ 푸엔테 라 레이나^{Puente la Reina} | 2.9km

오바노스^{Obanos}에서 내려오는 길도 약간 가파르다. NA-6064번 왕복 2차선 도로를
건너는 데 차들이 속도를 내면서 지나가기 때문에 조심하는 것도 좋다. 도로 옆으
로 난 오솔길을 따라 걸으면 하쿠에 호텔을 지나가게 된다.
이 호텔을 지나가면 푸엔테 라 레이나^{Puente la Reina}에 거의 다 왔다는 신호라고 봐도
된다. 푸엔테 라 레이나^{Puente la Reina} 도시 전에 있는 알베르게(7€)에서 숙소를 정하
자. 시내에 있는 알베르게는 여름이 아니면 문을 닫는 경우가 대부분이다.

푸엔테 라 레이나(Puente la Reina)

시내가 길게 가로지른 도보 길이 이어지고 옆에 광장과 성당 2곳이 있다. 산티아고 성당과 성모 마리아 상이 있는 산 페드로아포스톨 성당이 웅장하게 서 있다. 주말에는 마을 대부분의 주민들이 미사를 본다.

마을 끝에 있는 센 아르가 강의 중앙에는 레이나 다리가 서 있다. 산초 3세의 부인이 로마네스크 양식으로 다리를 만들어 감사하다는 마음으로 '왕비의 다리'라고 부르고 있다.

푸엔테 라 레이나(Puente la Reina) 알베르게

시내에 2곳, 입구에 1곳이 알베르게가 있다. 다른 사설 알베르게도 있지만 시설이 좋지 않다. 시내는 길게 주 도로가 이어지고 그 옆으로 광장과 성당이 이어진다.

주말에는 대부분의 상점들이 문을 일찍 닫기 때문에 필요한 물품은 미리 구입하는 것이 편리하다. 입구에 있는 알베르게는 7€(숙박 6€, 시트 1€)이고 프런트에 있는 할아버지 직원은 상당히 까칠하다. 하지만 시설은 깔끔하게 정리되어 있다.

5 일차 푸엔테 라 레이나에서 에스테야까지 - 21.1km

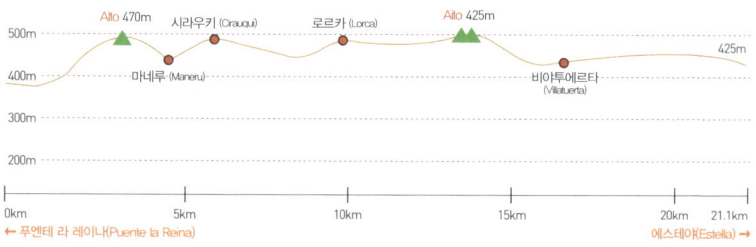

이동경로 / 21.1km

푸엔테 라 레이나(Puente la Reina) - 마네루(Maneru) - 시라우키(Cirauqui) - 로르카(Lorca) - 비야투에르타(Villatuerta) - 에스테야(Estella)

오르막길 (초반의 오르막길만 힘들다.)

위에 있는 경사도를 보면 별로 힘들지 않고 거리도 어제보다 4.3㎞나 줄어서 괜찮겠다고 생각하고 걸어가기 시작하면 혼란이 온다. 처음에 걷는 경사가 의외로 힘

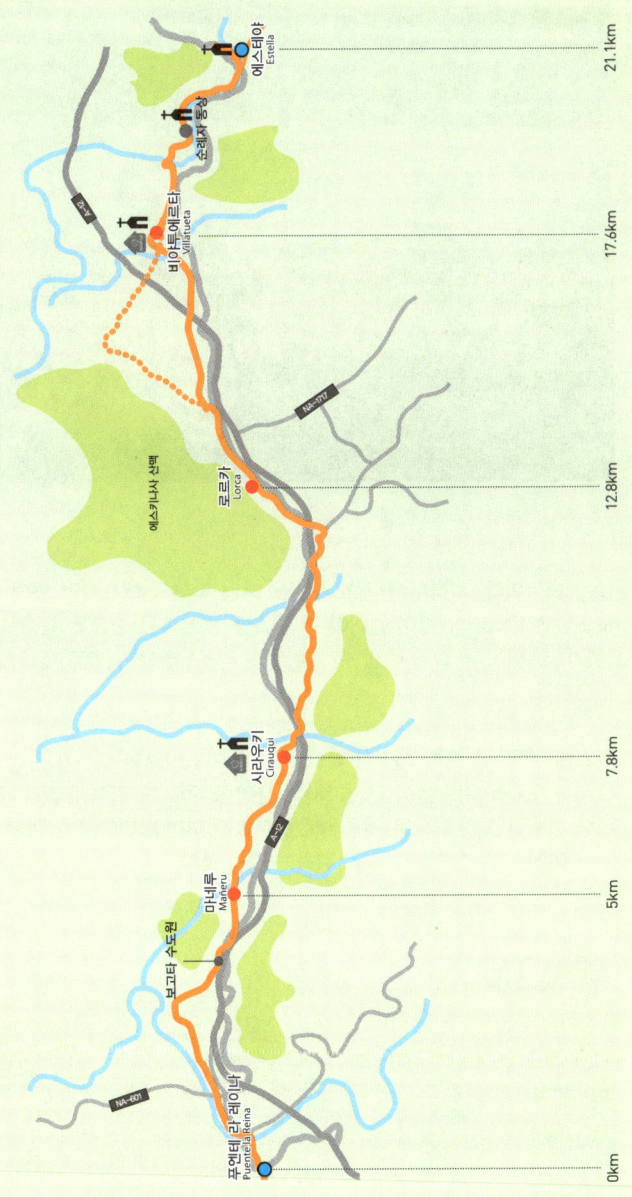

21.1km

에스테야
Estella

17.6km

순례자 동상

비야투에르타
Villatuerta

NA-7177

12.8km

로르카
Lorca

에스키나사 산맥

7.8km

시라우키
Cirauqui

A-12

5km

마녜루
Maneru

보그타 수도원

NA-6017

푸엔테 라 레이나
Puente la Reina

0km

들기 때문이다. 시라우키, 로르카는 스페인 북부의 대표적인 와인 생산 지역으로 포도밭과 10㎞이상 같이 걸어야 한다. 또한 로르카는 벌꿀을 채집하는 양봉으로도 상당히 유명하다. 그래서 반드시 로르카나 에스테야Estella에서 와인을 마셔볼 것을 추천한다.

에스테야Estella에 도착하면 산 페드로 성당, 카스티요의 십자가 등이 유명한데 알베르게는 도시를 가로질러 구시가지의 끝에 길 건너에 위치해 있다. 입구에 있는 다리로 이동하면 안 되므로 계속 직진하여 이동하여야 한다. 5일 정도 걸어가면 피로가 쌓이게 되니 반드시 휴식을 취하는 것이 좋다.

Tip

벌꿀과 와인

스페인 북부의 대표적인 와인 생산 지역은 뜨거운 햇빛과 10월부터 추워지는 차가운 바람을 맞으며 생산된 포도로 만든 와인은 이 지역의 자부심이다. 스페인 와인은 좋은 품질에도 브랜드화 작업이 더뎌 저렴하게 마실 수 있는 장점이 있다. 또한 로르카는 양봉으로 유명하여 로르카의 상점들을 찾으면 양봉을 소개하는 팜플렛을 볼 수 있다.

푸엔테 라 레이나^{Puente la Reina} → 마네루^{Maneru} | 5km

왕비의 다리를 건너가면 왼쪽으로 이어진 도로를 건너 오늘의 순례길이 시작된다. 다리를 건너면 아르가 강^{Rio Argar}에서 다리를 향해 사진을 찍어보자. 상당히 아름다운 사진을 얻을 수 있다. N-111도로를 건너 계속 걸어가면 비포장길이 나타난다. 이어 언덕이 나오면 가파르게 올라가야 한다는 사실을 인지하고 올라가자. 오르막길이 끝나고 내리막길에서 마네루 마을이 보일 것이다.

 마네루^{Maneru} → **시라우키**^{Cirauqui} | 2.8km

와인 경적을 위한 포도밭이 대규모로 펼쳐지고 간간이 올리브도 보인다. 올리브와 포도를 보면서 계속 걸어간다. 다행히 평지를 걸어가기 때문에 힘들지는 않다. 멀리 오르막 끝에 시라우키의 중세풍 도시가 보인다.
시라우키^{Cirauqui} 도시를 들어가면 오르막길로 이어진 골목길을 걸어가는 것이 힘들지만 마을은 상당히 아름답다. 입구에 보이는 작은 구멍가게에서 물이나 커피를 마시고 이동하는 것이 편하다. 이후에는 카페나 상점을 찾는 것이 쉽지 않기 때문이다.

 Tip

오늘도 식사를 할 장소가 없다!

로르카(Lorca)까지 12km를 걷는 동안 중간에 식사를 할만한 장소가 없다. 개인적으로 준비한 간식거리가 있다면 그나마 다행이다. 그러므로 시라우키에서 간단하게 먹고 이동하는 것이 힘들지 않을 것이다. 여름에는 많은 카페가 문을 열지만 9월 중순만 지나도 점차 문을 닫는 곳이 늘어난다. 여름을 제외하면 마을에서 순례자들을 위해 한 두 곳의 카페만 열어준다.

 시라우키^{Cirauqui} ➡ 로르카^{Lorca} | 5km (로르카가 중간 지점)

오르막 골목을 지나면 광장이 나오고 그 중간에 아치문이 보인다. 여기부터 내리
막길인데, 다리를 건너서 N-111도로를 만나게 된다. 이 도로를 건너가면 이제부터
본격적인 포도밭이다. 또한 이곳부터 에스테야^{Estella}까지 총 6번의 지하도를 건너
야 한다. 도로를 건너지 않고 밑으로 이어지도록 만든 지하터널은 길이도 제각각
이다.

내리막길에서 지하도를 건너면 직진을 하고 교차로에서 N-111도로를 건너면 수도
교를 볼 수 있다. 입구에 삭은 싱짐이 있고 그 이후에 호세의 집이라는 알베르게와
같이 바^{Bar}를 운영하는 한국인이 있지만 여름을 제외하면 문을 닫는 경우도 있으니
참고하자. 다른 계절에는 입구에 있는 상점에서 카페의 역할까지 같이 하고 있으
니 여기서 간단하게 쉬었다가 이동하는 것이 좋다.

95

로르카^{Lorca} → 비야투에르타^{Villatuerta} | 4.8km

N-111도로를 지나가거나 밑으로 가로질러 가는 소로길과 포장길이 이어진다. 중간
에 포도밭이 나온다. 비야투에르타^{Villatuerta}에는 아란수 강^{Rio Irau}이 흘러가는 데 작은
도시이므로 강 폭도 작다. 도시 중간에 카페가 있어서 잠시 쉬어갈 수 있다. 여름에
는 상당히 더워서 그냥 지나치기보다 물이나 음료수를 마시면서 쉬었다 걸어가는
것이 힘들지 않다.

비야투에르타^{Villatuerta} → 에스테야^{Estella} | 3.5km

성당이 아름다운 비야투에르타^{Villatuerta}는 성모 승천 성당과 산 미겔 성당이 있다. 도시의 마지막에 마지막에 있는 산 미겔 성당은 상당히 크고 아름답다. 힘들지만 성당을 보면서 잠시 쉬어갈 것을 추천한다.

오솔길과 지하도를 건너는 데 NA-132도로를 우회하면서 순례길이 만들어져 있다. 평지길이라 걸어가는 길은 어렵지 않고 쉽게 느껴진다. 마지막으로 N-111고가 밑의 긴 지하도를 건너면 에스테야가 나온다. 입구에는 다리가 있는 데, 나리를 건너지 말고 직진하여 계속 이동한다. 알베르게는 구시가지 끝을 나와 왼쪽에 보일 것이다. 상당히 크고 시설이 좋은 알베르게로 쉬기에 안성맞춤이다.

에스테야^{Estella} 카푸치노스^{Capuchinos} 알베르게

힘든데 시내에는 알베르게가 없어서 당황스럽기도 하다. 하지만 구시가지를 나와 왼쪽의 좁은 도로를 건너면 앞에 커다란 알베르게가 나온다. 구시가지에서 멀어서 식사도 이동할 것이 걱정된다면 알베르게에서 운영하는 레스토랑을 이용해 보자. 저렴하게 양이 상당히 많다.

6명이 2층 침대로 1개의 방을 쓰는 구조인데 침대는 최근에 구매를 하여 시설이 상당히 좋은 편이지만 가격은 16€(시트에 이불도 포함)로 비싼 알베르게이다. 알베르게 뒤로 잔디가 이어진 쉬기도 하고 빨래도 널 수 있는 큰 공간이 인상적이다. 프런트에 있는 직원은 친절하여 이것저것 설명을 잘 해준다.

오늘 지나는 지하도 사진들

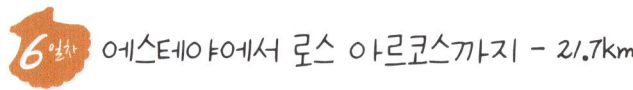

6일차 에스테야에서 로스 아르코스까지 - 21.7km

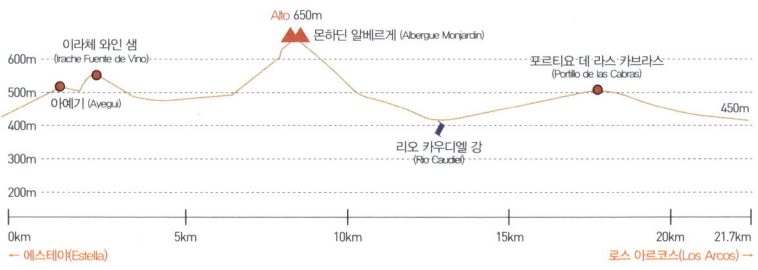

Alto 650m
몬하딘 알베르게 (Albergue Monjardin)

이라체 와인 샘
(Irache Fuente de Vino)

포르티요 데 라스 카브라스
(Portillo de las Cabras)

야예기 (Ayegui)

리오 카우디엘 강
(Rio Caudel)

0km 5km 10km 15km 20km 21.7km

← 에스테야(Estella)   로스 아르코스(Los Arcos) →

> **이동경로 / 21.7km**
>
> **에스테야(Estella) – 이라체 와인 샘(Irache Fuente de Vino) – 아스케타
> (Azqueta) – 비야마요르 데 몬하르딘(Vilamayor de Monjardin) – 로스 아르코
> 스(Los Arcos)**

오르막길 (마지막 10km의 그늘 없이 걷기가 힘들다.)

오늘 걷는 거리는 비교적 짧은 편이다. 처음부터 올라가는 오르막길은 이라체 와
인샘에서 공짜로 마시는 와인으로 어느 정도 보상을 받는다. 720m까지 올라가는
높이에 힘들 수도 있다고 생각하겠지만 어렵지 않다. 그런데 비야마요르 데 몬하
르딘Vilamayor de Monjardin부터 로스 아르코스Los Arcos까지 이어지는 평야에서 걷는 것이
힘들다. 평지이지만 그늘은 없고 막연하게 10㎞이상을 걸어가야 한다. 로스 아르코
스Los Arcos 4㎞전에 있는 그늘 의자가 유일한 위로가 될 것이다.

Tip

> **햇볕과 동행한다!**
> 우리가 지금 걷고 있는 길은 스페인 북부의 와인 산지에서 걷고 있는 곳으로 최근에 스페인 와
> 인이 유행하면서 유럽에서 많이 소비되고 있다. 사전에 물과 간단한 초콜릿과 같은 간식, 캔디
> 등이 있으면 걷는 데 좋을 것이다. 또한 같이 걸을 수 있는 벗이 있다면 금상첨화가 될 것이다.

21.7km

로스 아르코스
Los Arcos

염소들의 문
Portillo de las Cabras

카우디엘 강

N-111A0

보데가

비야마요르
데 몬하르딘
Vilamayor de
Monjardin

몬하르딘 성채 유적지

9.6km

중세 저수조

8.1km

아스케타
Azqueta

이라체 와인 샘
Irache Fuente de Vino

3.4km

에스테야
Estella

0km

에스테야^{Estella} → 이라체 와인 샘^{Irache Fuente de Vino} | 3.4km

길게 이어진 구시가지를 지나면 왼쪽으로 도로를 건너가 위로 올라간다. IVEA 주유소를 지나 올라가야 한다. 상당히 큰 주유소이기 때문에 쉽게 찾을 수 있다. 이어 직진하면 아예기^{Ayegiu} 마을을 지나 노란색 화살표가 보인다. 아침 일찍 출발하면 화살표가 잘 보이지 않기 때문에 길을 혼동할 수 있다.

 Tip

아침 식사

에스테야(Estella) 마을을 지나가면 아스케타(Azqueta)까지 마을이 없다. 단지 포도밭과 시골길을 지나간다. 그러므로 아침에 알베르게에서 먹고 나오는 것도 좋은 방법이다. 다행히 아스케타(Azqueta)까지는 힘들지 않아서 도착하여 카페에서 아침식사를 해도 힘들다고 느끼지는 않을 것이다. 중간에 로르카까지 10㎞가 넘는 거리에 여름이 아니면 카페나 바(Bar)를 찾기 힘들다. 그러므로 도시 내에서 간단하게 아침 식사를 하고 물이나 간단한 간식을 챙기는 것이 좋다.

N-111도로를 건너 직진하여 걸어가면 멀리 '이라체Irache'글자가 보인다. 이곳이 와인으로 유명한 이라체 와인 샘이다. 공장의 입구에 와인을 마실 수 있도록 만든 곳으로 관광지로도 유명세를 떨치고 있다. 와인이 당기지 않더라도 한번은 마시고 지나가도록 하자.

 이라체 와인 샘 Irache Fuente de Vino ➡ **아스케타**Azqueta | **4.7km**

와인 박물관을 지나 오르막길을 올라가면 갈림길이 나온다.

1. 왼쪽 길은 루킨Luguin을 지나 6.4㎞를 걸으면 다시 교차점에서 만나게 된다.
2. 평지성 비야마요르 데 몬하르딘Vilamayor de Monjardin지역을 지나 7.5km를 지나면 만나게 된다.

대부분 2번의 평지성 거리를 걷다가 마을을 지나면 숲길을 지나게 된다. N-111도로 옆으로 길이 이어져 있다. 고양이가 상징인 아스케타 마을이 보이고 이어서 바Bar가 보인다. 여기서 아침 식사와 휴식을 취한다. 대부분의 순례자가 쉬는 장소이다.

아스케타^{Azqueta} ➜ 비야마요르 데 몬하르딘^{Vilamayor de Monjardin} | 1.5km

650m 높이의 언덕길을 올라가면 농장 마을이 보인다. 여기가 비야마요르 데 몬하르딘^{Vilamayor de Monjardin}으로 1.5㎞만 걸으면 나오는 마을은 상당히 가깝다.

성당 첨탑에 몬 하르딘 정상의 성이 인상적이라 기대를 가지고 마을로 들어간다. 하지만 작은 마을이기 때문에 큰 기대는 하지 말자. 상점에서 물과 간단한 간식을 구입해 출발하는 것이 좋다. 이제부터 본격적으로 힘들게 걸어야 할 때이기 때문이다.

비야마요르 데 몬하르딘^{Vilamayor de Monjardin}
→ 로스 아르코스^{Los Arcos} | 12.1km

A–12에 이어진 소로 길을 따라가면 N–740이 나온다. 약 1㎞ 정도 걸어가면 지하도가 나오고 포도밭이 본격적으로 나타난다. 이곳은 1번으로 걸어갔던 순례자와 만나는 지점이기도 하다. 이제부터 약 10㎞는 그늘이 없이 걸어가야 한다.

가끔 차라도 지나가면 먼지가 순례자를 휘 감싼다. 같이 걸어간 친구는 '사막'과 같다고 했다. 그늘이 없어도 힘들다면 중간에 길을 멈추고 쉬었다가 이동하는 것이 좋다.

카우디엘 강^{Rio Caudiel}의 바우린 우물이 나오고 그 옆에 염소들이 모여 있는 문이 보인다. 이제 내리막길을 따라 로스 아르코스^{Los Arcos}로 들어가게 된다. 입구에서 광장까지 길게 이어지고 오른쪽으로 돌아가면 광장이 보인다. 이곳이 로스 아르코스^{Los Arcos}의 중심이다.

 Tip

바람과 햇볕은 나의 친구!

비야마요르 데 몬하르딘(Vilamayor de Monjardin)까지는 힘들지 않게 걸을 수 있다. 그 이후에는 평지성 길이 이어지므로 어렵지 않을 것이라는 생각을 할 수 있다. 하지만 경작지와 함께 나오는 길을 마치 사막처럼 끝이 없는 경작지 옆으로 난 길을 정처없이 걸어야 한다. 로스 아르코스(Los Arcos) 3.8㎞ 전에 나오는 그늘의 벤치가 유일하게 쉴 곳이다. 특히 여름에는 바람도 없고 햇볕만 순례자를 힘들게 한다.

여름을 제외하면 바람은 순례자에게 말을 걸어주면서 시시각각 달라지는 바람이 고맙게 느껴진다. 햇볕은 그늘을 만들어 주지 않아서 힘들게 하지만 순례자의 친구처럼 고행을 실행하게 만들어 준다고 할 수 있다.

라 리오하^{La Rioja} 지방의 와인 Vino

스페인에서 포도가 본격적으로 생산되기 시작한 때는 프랑스의 와인 생산지역에서 포도밭에서 발생한 질병인 '필록세라'를 피하기 위해 남쪽으로 내려와 포도 재배를 시작한 이후, 대체지역으로 스페인 북부로 시선을 옮기면서 시작하였다.

프랑스보다 질병에 강하고 종류도 다양해진 스페인 와인은 프랑스 와인의 대체지역으로 시작하였지만 지금은 프랑스 와인의 저가 와인 시장을 유럽 내에서 대체하는 효과를 보고 있다. 상대적으로 브랜드화가 안 되어 고가 와인은 많지 않지만 새로운 다양한 와인을 맛볼 수 있어서 스페인 와인은 점차 세계적으로 인기를 얻고 있다.

에스테야의 포도주가 나오는 샘

에스테야를 지나서 약 4㎞ 정도 걸어가면 오른쪽에 커다란 와인 공장이 있다. 이 와인 공장 입구 철문 앞에 수도꼭지 2개를 볼 수 있다. 이곳은 '푸엔테 데 이라체 Fuente de Irache'이다.

수도꼭지 한쪽에서는 물이 나오고, 한쪽에서는 포도주가 나온다. 이라체Irache 수도원에서 순례자들에게 빵과 와인을 나눠 주었던 전통을 이은 것이다. 이곳에는 순례자들이 적어 놓은 "순례자여! 산티아고까지 힘차게 가려면, 이 포도주 샘에서 한 잔을 따라 행운을 위해 건배하세요."와 "과도하게 마시지 마세요.", "기꺼이 당신을 대접하겠습니다."와 같은 문구들이 써 있다.

로스 아르코스(Los Arcos)

작은 마을이지만 길게 이어져서 마지막으로 힘들게 도착해 길을 걸어가면 문을 닫은 상점이 많아서 놀라울 수 있다. 그리고 이어진 알베르게, 이곳에는 3곳의 알베르게가 있다. 그 중간에 있는 알베르게는 광장 옆에 있는 데 이곳이 마을의 중심지이다. 저녁까지 활기찬 모습을 기대한다면 광장까지 가서 알베르게에서 숙소를 잡는 것이 좋다.

로스 아르코스(Los Arcos) 알베르게
3개의 알베르게가 있는 데 도시의 중간부분에 있는 알베르게와 광장 바로 앞에 있는 알베르게에 가장 많이 머물게 된다. 하지만 대부분의 대한민국 순례자들은 처음 보이는 알베르게로 들어간다. 힘들기 때문일까? 그런데 이곳의 알베르게는 시설이 좋은 편은 아닌데도 가격은 12€로 비싼 편이다. 룸 안에서는 와이파이도 접속이 힘들다.
10명이 2층 침대로 1개의 방을 쓰는 구조인데 침대는 청결한 편이다. 알베르게 입구에 작은 휴식 공간과 뒤에 정원이 있지만 정원은 잘 사용하는 편은 아니다. 세면대에서 빨래를 많이 하는지 한글로 정원에 있는 세면대에서 빨래를 해달라는 문구가 있다.

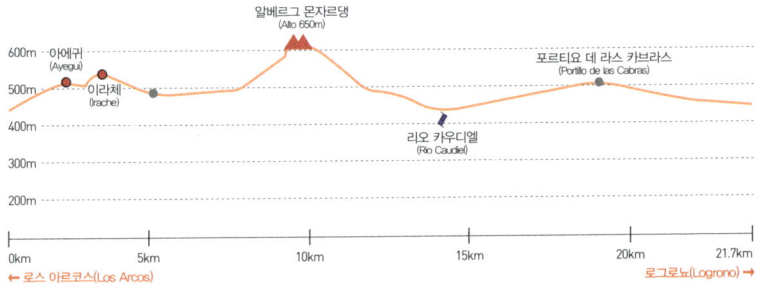

알베르그 몬자르댕
(Alto 650m)

아에귀
(Ayegui)

이라체
(Irache)

포르티요 데 라스 카브라스
(Portillo de las Cabras)

리오 카우디엘
(Rio Caudiel)

600m
500m
400m
300m
200m

0km 5km 10km 15km 20km 21.7km

← 로스 아르코스(Los Arcos)   로그로뇨(Logrono) →

이동경로 / 27.8km

로스 아르코스(Los Arcos) - 토레스 델 리오(Torres del Rio) - 비아나(Viana) -
로그로뇨(Logrono)

대부분은 평지길 (그늘이 없는 경작지 길은 걷기 힘들다.)

전날 짧은 거리를 걷고 오늘은 긴
거리를 걷게 되어 긴장할 수도 있지
만 대부분은 포도밭과 함께 하는 평
지길이다. 간간이 오르막길이 있지
만 그 정도는 어려울 정도는 아니다.

큰 도시인 비아나Viana와 로그로뇨
Logrono를 걷기 위해서는 도시를 들어
갔다가 다시 나가야 하는 어려움이
있다. 화살표를 잘 보고 걸어가면 도
시를 들어가고 나가는 과정이 어렵
지는 않을 것이다.

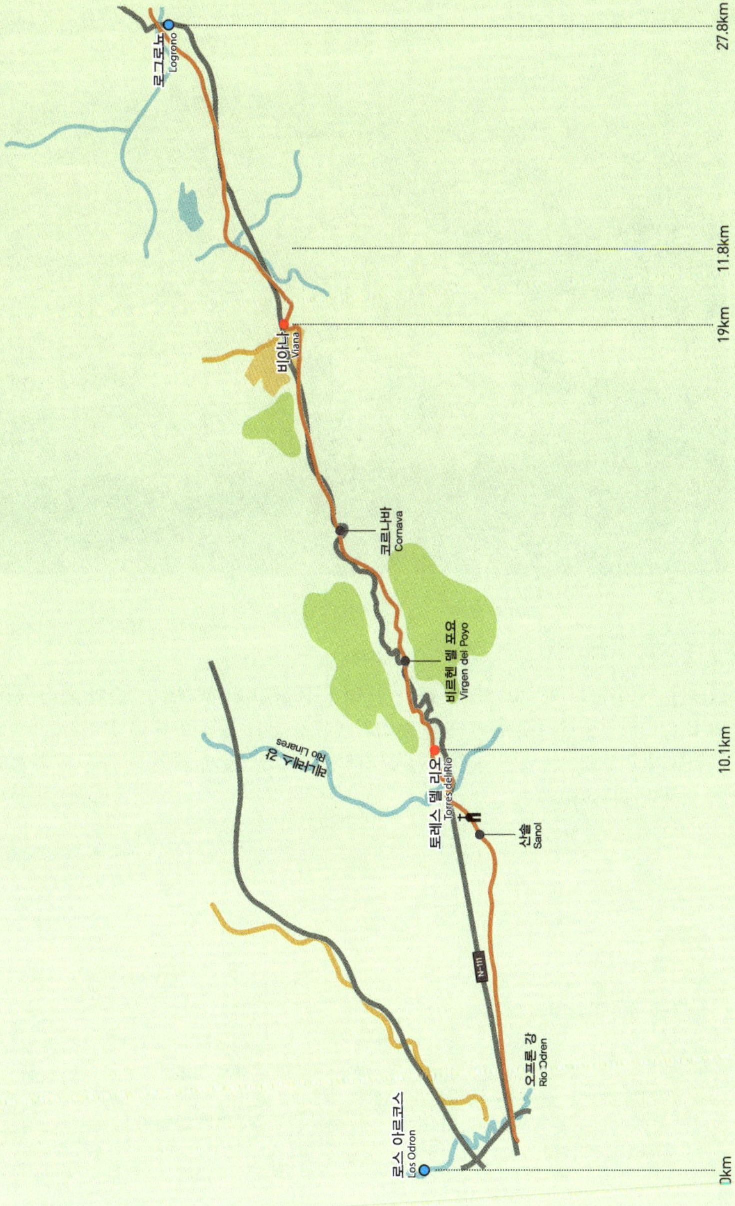

로그로뇨
Logroño

27.8km

11.8km

19km

비아나
Viana

쿠르나바
Cornava

비르헨 델 포요
Virgen del Poyo

10.1km

토레스 델 리오
Torres del Rio

산술
Sanol

N-111

리나레스 강
Río Linares

오드론 강
Río Odron

로스 아르코스
Los Odron

0km

그늘은 거의 없기 때문에 모자, 물, 선글라스 등을 미리 챙겨두는 것이 좋다. 마지막 비아나Viana와 로그로뇨Logrono를 걸어가면 포도밭과 올리브 밭을 걸어가는 데 로그로뇨가 리오하Rioja 와인의 중요한 산지라는 사실을 알게 되면 왜 포도밭이 많은지 이해가 될 것이다.

 Tip

리오하(Rioha)와인의 산지

로그로뇨(Logrono) 도시를 찾는 관광객은 한 해 300만 명이 넘는다. 한 때 프랑스 와인이 경작이 좋지 않을 때 대체지를 찾은 곳이 스페인 북부이다. 그 중에서 리오하(Riohja) 와인은 프랑스 와인을 대체하는 와인으로 성장하기도 했다. 그래서 스페인 사람들은 리오하(Rioja) 와인에 대한 자부심이 크다. 팜플로나를 떠나면서 보는 포도밭은 대부분 리오하 와인을 만들기 위한 포도밭이라고 생각하면 된다.

로스 아르코스^{Los Arcos} ➡ **토레스 델 리오**^{Torres del Rio} | 10.1km

아침 일찍 로스 아르코스^{Los Arcos}의 문을 나오면 전기 변전소가 나온다. 이후부터 포도밭과 올리브, 다양한 경작지를 만나게 된다. 길을 걸어가다가 나오는 분기점에서는 반드시 노란색 화살표를 보면서 확인하고 지나도록 하자. 가끔 힘들어서 화살표를 보지 않고 걷다가 다시 돌아와야 하는 낭패를 보는 경우도 발생한다. 이후에 걸으면 나오는 산솔^{Sansol}에서 잠시 휴식을 취하거나 곧바로 걸어가는 경우도 많다. 아침이라 카페나 바^{Bar}는 없고 구멍가게만 열려 있다.

N-111도로에 있는 버스 정류장에서 잠시 쉬어갈 수 있으므로 쉴 곳을 찾는 순례자들이 반갑게 느껴지는 곳이다. 트레스 델 리오^{Torres del Rio} 마을이 보이면 왼쪽에는 리나레스 강^{Rio Linares}이 보인다. 이 곳을 넘어 토레스 델 리오에 도착하게 된다. 여기에서도 알베르게가 있어서 로그로뇨^{Logrono}까지 멀리 걷기 싫은 순례자는 여기서 머물기도 한다.

 Tip

아침 식사

트레스 델 리오(Torres del Rio) 마을까지 약 10㎞가 넘기 때문에 아침식사를 해야 한다. 하지만 여름을 제외하면 카페가 문을 열지 않는다. 그러나 마을 곳곳에 쉴 곳은 많다. 그 전에 보이는 카페에서 잠시 쉬면서 아침을 먹고 오르막길을 넘어 트레스 델 리오(Torres del Rio) 마을로 진입하는 것이 가장 좋은 방법이다.

토레스 델 리오^{Torres del Rio} → **비아나**^{Viana} | 8.9km

오늘 도로 옆의 오솔길을 따라 가는 경우도 많다. 로그로뇨^{Logrono}까지 이어진 도로를 따라 걸어야 하기 때문이다. 그래서 어떨 때는 지하도로 들어가고 육교를 넘어가기도 한다. 열심히 걸어가면 비아나^{Viana}에 도착하는 데 지명을 숙지하지 않고 걷는 순례자는 이곳이 로그로뇨^{Logrono}라고 착각을 하기도 한다.

N-111도로는 누에스트라 세뇨라델 포요 예배당^{Nuestra Senera del Poyo}에 도착하면서 비아나^{Viana}마을로 들어가는 데 가끔 이곳을 로그로뇨^{Logrono}라고 착각하는 순례사도 있다. 구시가지를 가로지르는 도로에 다양한 카페와 바^{Bar}가 있으므로 여기서 점심 식사를 하고 이동하는 것이 좋다. 이후에는 약 9km에 이르는 오솔길을 걸어야 하기 때문이다.

오르막길의 끝에는 벤치가 있어 잠시 휴식을 취할 수 있다. 대부분은 N-111도로의 옆에 난 소로길이다. 비아나^{Viana} 마을은 아름다워서 여기서 머무는 순례자도 있다. 다음날 로그로뇨까지 짧은 거리를 걷는 경우이다. 2일로 나누기 때문에 도시를 더욱 많이 둘러볼 수 있는 방법이기도 하다. 산타 마리아 성당과 광장이 있어서 대부분 광장에서 시간을 보내게 된다.

 ## 비아나^{Viana} ➡ 비아나^{Viana} 나무 육교 | 2.8km

오늘 걷는 거리가 늘어나는 이유는 비아나^{Viana}부터 로그로뇨^{Logrono}까지 거리가 약 9㎞이기 때문이다. 리오하^{Rioja}와인으로 유명한 로그로뇨^{Logrono}의 경작지 포도밭이 걷는 동안 수없이 보게 된다.

발데아라스 개천^{Arroyo Valdearas}을 넘어 걸으면 쉼터인 쿠에바스 예배당이 나온다. 여기서 다시 왼쪽의 카냐스 저수지^{Pantano de las Canas}를 돌아가면 나무로 된 육교가 나온다. 이곳에서 뒤로 있는 도로를 보면 비아나^{Viana}의 아름다운 도시 모습을 볼 수 있다.

 비아나^{Viana} 나무 육교 ➡ 로그로뇨^{Logrono} | 6km

포장도로와 오솔길이 결합된 도로를 걸어간다. 그늘이 없어서 힘들지 오르막이라
힘들지는 않다. 가끔 나오는 오르막은 길이가 짧아서 참을만 하다. 도로를 따라 칸
타브리아 언덕을 올라간다. 이곳부터 포도밭 사이로 있는 오솔길은 평지이거나 내
리막길이다.

에브로 강변^{Rio Eboro}에 도착하는 데 물이 많은 여름에는 순례자들이 수로에 발을 담
그는 장면을 볼 수 있다. 여름이 끝나고 9월말부터는 차가운 일교차로 그냥 보면서
지나가는 순례자가 대부분이다. 이곳에서 로그로뇨^{Logrono} 시내까지는 15분이면 도
착할 수 있다.

119

로그로뇨(Logrono) 시내에 도착하기 전 만나는 조그만 노점상

시내에 언제 도착할 것인가를 걱정하면서 걸어가는 순례자는 목도 마르고 배도 고프다. 그늘이 거의 없는 길을 걷는 것이 쉽지 않다. 그런데 갑자기 포도밭이 끝나고 작은 노점상을 볼 수 있다. 여기에서 잠시 쉬면서 로그로뇨Logrono 지도를 얻어 알베르게를 찾아가는 것이 편리하다. 알베르게는 많이 있지만 2번째 광장에서 가까운 알베르게가 시설이 좋다.

로그로뇨(Logrono)

스페인 최고의 와인 생산지인 로그로뇨Logrono는 리오하Rioja는 스페인 북부에서 큰 도시로 알려져 있다. 한해 약 300만 명이 찾는 관광도시이다. 이곳에는 상당히 많은 알베르게가 있다.

2번째 만나는 알베르게가 시설도 좋고 정원이 아름다워서 순례자가 대부분 찾아간다. 광장까지 이어진 거리는 약 100m 정도이므로 언제나 도시를 둘러보기 쉽다.

로스 아르코스(Los Arcos) 알베르게

도시의 중간부분에 있는 알베르게와 광장 바로 앞에 있는 알베르게(12€)에 가장 많이 머물게 된다. 역시 이유는 시설도 깨끗하고 정원도 아름답기 때문이다. 하지만 여름에는 경쟁이 치열하므로 미리 예약을 하는 순례자도 많다.

아니면 처음으로 만나는 산티아고 아포스톨 알베르게(12€)를 찾는 경우도 많다. 시설은 나쁘지 않으나 여름이 아니면 순례자가 아닌 사람들이 있어서 대한민국 순례자들은 꺼려 한다. 12명이 같은 룸에서 지내고 샤워실과 세면대는 붙어 있다. 룸 안에서는 와이파이도 접속이 힘들다.

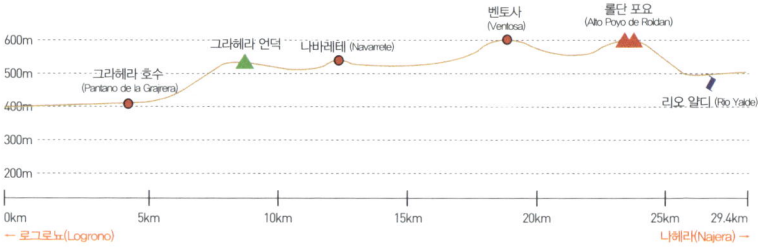

그라헤라 호수
(Pantano de la Grajrera)

그라헤라 언덕

나바레테 (Navarrete)

벤토사
(Ventosa)

롤단 모요
(Alto Poyo de Roldan)

리오 얄디(Rio Yalde)

로그로뇨(Logrono)

나헤라(Najera)

이동경로 / 29.4km

**로그로뇨(Logrono) – 그라헤라 호수(Pantano de la Grajrera) – 나바레테
(Navarrete) – 벤토사(Ventosa) – 나헤라(Najera)**

평지길 (걷는 거리가 길어서 힘들다.)

로그로뇨 시가지를 나올 때 아침 일
찍 출발하면 혼동되는 경우가 많다.
표지판 자체도 많지 않고 시각적으
로 보이지 않아서 길을 잘못 들어가
는 경우도 발생한다.

특히 오늘처럼 긴 거리를 걸어야 할
때는 잘못 들어가는 길이 발생하면
실망감이 커진다. 로그로뇨 시내를
나와서 초등학교 오른쪽으로 나가
는 표지판을 잘보고 걸어야 한다. 이
때부터 그라헤라 저수지까지 표지

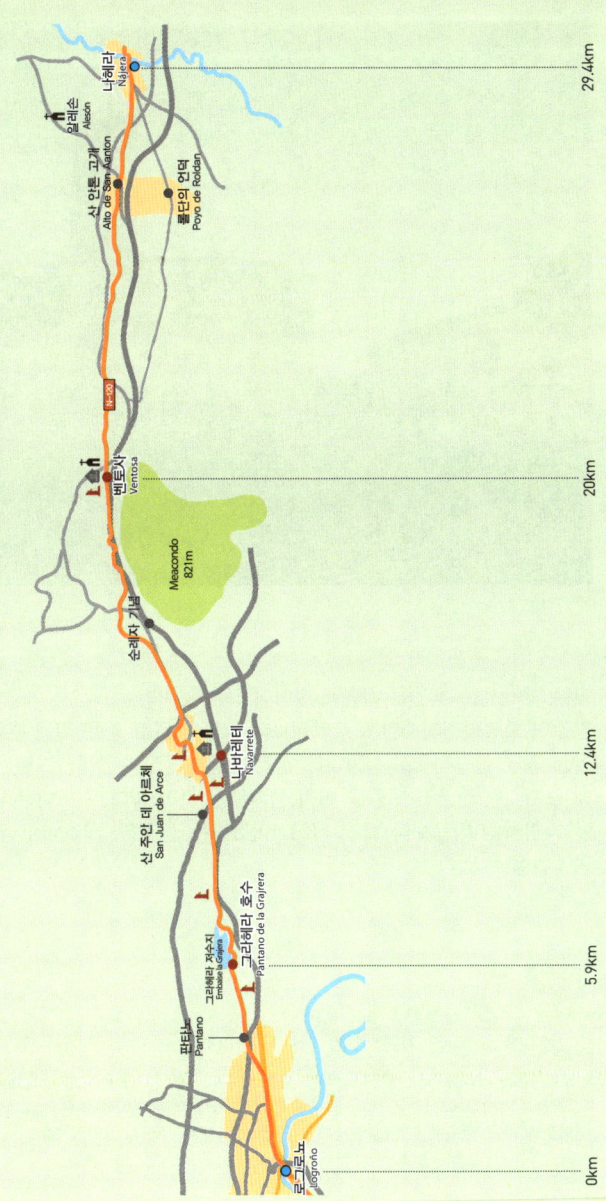

판은 거의 없고 직진을 하면서 걸어야 하는 곳이다.

간간이 오르막길이지만 오르막길보다 그늘이 없고 걷는 길을 혼동하여 다시 돌아가는 경우 심리적으로 실망감에 걷기가 힘들어질 수 있다. 그늘은 거의 없기 때문에 모자. 물. 선글라스 등을 미리 챙겨두는 것이 좋다. 포도밭은 옆에 계속 보이지만 낭만적인 마음보다 빨리 걸어가야겠다는 생각에 조바심이 나는 것이 더 걷기 힘들어질 수 있다.

Tip

걷는 거리가 길면 기본적으로 힘든 구간이다.

오늘 걷는 거리를 보면 29.4km이다. 걷는 거리가 길다는 것은 자체로 힘들고 걷는 시간이 길어진다. 그러므로 사전에 물과 간식을 준비해 힘들 때를 대비해야 한다. 오늘부터 힘들어서 견디지 못하고 택시를 타는 순례자가 늘어난다. 그래서 순례길 곳곳에 택시 전화번호가 적혀있는 광고를 자주 볼 수 있다.

 로그로뇨^{Logrono} → 그라헤라 호수^{Pantano de la Grajrera} | 5.9km

중앙의 광장부터 있는 중심 거리를 가로질러 가도 구시가지의 끝을 보게 된다. 어디로 가나 구시가지의 끝으로 이동하면 성당이 보이고 회전교차로가 보인다. 여기부터 위로 직진하는 구간이다. 곳곳에 횡단보도와 도로가 있지만 결국 계속 직진해서 올라가야 한다. 주정부청사 뒤로 다시 회전교차로가 나오면 왼쪽으로 돌아가야 한다. 여기서부터 초등학교까지 계속 이동하면 오른쪽으로 공원이 보이는 데, 여기서 오른쪽으로 다리를 건너야 한다. 그렇지 않고 직진하면 길을 잘못들어 고생하게 된다. 특히 어두운 아침에는 혼동하지 말고 이동하도록 하자.

산 미겔 공원을 가로질러서 철길 위 다리 2개를 건너면 공원 끝이 나온다. 알폰소 6세 도로인데 대각선으로 공원도로가 이어진다. 아침부터 시민들이 운동하는 장소로 지속적

으로 사람들을 볼 수 있다. N-120지하도를 건너면 포장도로로 운동할 수 있는 장소로 만들어 놓은 것을 알 수 있다. 이때 표지판이 없어서 심리적으로 맞는 지 혼동되지만 계속 올라가야 한다. 소나무 숲을 지나면 갈림길이 나오는 데 이 지점이 저수지이다.

Tip

아침 식사

스페인은 아침에 카페나 바(Bar)에서 간단하게 해결하지만 오늘은 이동거리가 길기 때문에 로그로뇨 시가지를 나오는 횡단보도가 있는 지점에 카페가 있으니 아침식사를 든든하게 먹고 이동하자. 점심은 시간에 맞도록 대부분의 레스토랑이 문을 연다. 순례자는 걷다가 시간이 맞지 않으면 식사를 못하고 계속 이동하는 경우가 많아진다. 오늘이 걷는 거리가 길지만 식사를 하기에 시간이 잘 안 맞는 구간이니 사전에 간식을 준비하는 것이 좋다.

 그라헤라 호수^{Pantano de la Grajrera} → **나바레테**^{Navarrete} | 6.5km

갈림길에서 오른쪽으로 직진하다가 호수가 끝나는 지점에서 호수를 따라 돌아 작은 다리를 건너 돌아가면 포장도로가 나온다. 짧은 오르막길이 포도밭 사이로 나오고 오른쪽으로 N-120도로를 옆으로 보면서 걸어간다. A-68고가도로가 있는데, 곳곳에 새로운 도로를 건설하는 작업이 진행 중이다. 먼지가 많이 날리고 덤프트럭이 돌아다니기 때문에 조심해야 한다.

산 후안 데 아크레^{San Juan de Acre}와 와인 양조장이 왼쪽에 보이고 포도밭 사이를 계속 지나가면 나바레테 마을로 진입한다. 여기까지가 12.4㎞이므로 시간은 어느새 점심때가 될 것이다. 하지만 점심시간대가 아니어서 레스토랑은 문을 닫아서 식사 주문을 할 수 없을 수 있다. 이때는 오른쪽의 카르푸 익스프레스에서 간단하게 먹거리를 구입해서 이동하는 것이 좋다.

 ### 나바레테^{Navarrete} ➡ 벤토사^{Ventosa} | 7.6km

나바레테에서 나와 마을 2개만 걸어가면 나헤라에 노착하는 데, 거리가 17㎞로 상당히 멀다. 벤토사^{Ventosa}까지도 7.6㎞나 되어 심리적으로 지칠 수 있어 마음을 가다듬고 이동하자. 지속적으로 포도밭과 양조장이 나오고 도로 옆을 걸어가는 구간이다. 공동묘지를 지나가면 N-120 도로를 따라 나있는 포도밭을 걷게 된다. 오른쪽

으로 보이는 도로에는 트럭들과 자동차가 빠르게 지나간다. 또한 왼쪽에는 2개의 도로건설 현장이 보인다. 먼지가 많고 덤프트럭이 지나가므로 조심해야 하는 구간 이다.

포장도로가 나오면 왼쪽의 와인조합 건물을 지나가고 도로 밑의 지하로 만들어진 굴다리를 건너면 벤토사 마을이 보인다. 점심을 먹지 않고 이동했다면 입구에 있 는 카페에서 점심 식사를 하고 이동하는 것이 좋다. 빠르게 걸어가려는 생각에 걷 기만 하다가 오히려 힘이 빠져 걷기 힘들어 질 수 있다.

 Tip

택시의 유혹

걷는 거리가 늘어나고 날씨가 더우면 햇볕 때문에 일사병 증세가 나타날 수 있다. 사전에 물을 지속적으로 마시고 한꺼번에 많은 물을 마시는 것은 좋지 않다. 벤토사Ventosa까지만 도착해 도 택시를 타라는 광고를 지속적으로 보게 된다. 너무 힘들면 타야겠지만 한번 택시를 타게 되 면 심리적으로 택시를 타는 증세(?)를 보일 수도 있다. 한번 타는 것이 힘들지 한번 타면 계속 타게 될 수 있다.

벤토사^{Ventosa} → 나헤라^{Najera} | 9.4km

포장도로와 오솔길이 결합된 도로를 걸어가면 포도밭 사이로 산 안톤 고개^{Alto de San Anton}와 론단^{Poyo de Roldan}으로 이동한다. 포도밭은 계속 좌우로 계속 보이니 이제는 감흥도 사라진다. 그늘이 힘들어 모자를 착용하고 이동하는 것이 현명하다.

시골길이지만 돌맹이들이 많기도 하고 비가 전날에 왔다면 웅덩이도 많다. 이럴 때 발을 헛디뎌 다칠 수 있으니 조심해야 한다. 나헤라^{Najera}로 이동하는 구간은 내리막길도 많아서 어렵지 않지만 이동거리가 길어 지쳐있는 상태로 걷나가 빌목이 삐는 경우가 발생한다.

나헤라 외곽에는 공장들이 있고 N-120도로를 오른쪽으로 보고 이동하다 보면 나헤라 마을이 나온다. 구시가지까지 이동하는 내리막길이 상당히 길기 때문에 낙담하지 말고 걸어가자. 나헤리야 강이 보이고 다리를 걸어가면 바로 알베르게가 나온다. 여기부터 구시가지이므로 알베르게에서 휴식을 취하면 된다.

푸에르타 데 나헤라(Puerte de Najera) 알베르게

구시가지 입구에 있는 알베르게는 입구에 있어서 상당히 반가운 알베르게이다. 부부가 운영하는 사설 알베르게는 시설이 좋지 않지만 아기자기하게 잘 꾸며놓은 알베르게로 일반 게스트하우스처럼 보인다. 15€인 가격이 비싸기도 하지만 다른 선택의 여지가 없다. 친절하고 아기자기한 내부 인테리어에 만족하면서 머물자. 여름철에는 경쟁이 치열하므로 미리 예약을 하는 순례자도 많다.

6명이 같은 룸에서 지내는데 옆의 방도 열려있어서 18명이 한꺼번에 지내는 구조이다. 샤워실과 세면대는 복도를 지나가야 하고 개수가 적은 것이 흠이다.

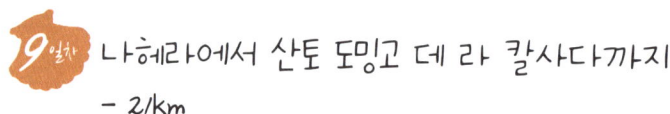

9일차 나헤라에서 산토 도밍고 데 라 칼사다까지
— 21km

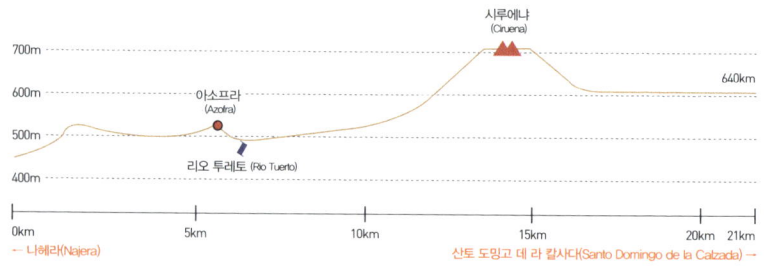

시루에냐
(Ciruena)

700m

600m   640km

아소프라
(Azofra)

500m

리오 투레토 (Rio Tuerto)

400m

0km   5km   10km   15km   20km 21km
← 나헤라(Najera)   산토 도밍고 데 라 칼사다(Santo Domingo de la Calzada) →

이동경로 / 21km

나헤라(Najera) – 아소프라(Azofra) – 시루에냐(Ciruena) – 산토 도밍고 데 라 칼사다(Santo Domingo de la Calzada)

사진 찍는 길 (산티아고 순례길 걷는 사진은 여기)

매년 많은 산티아고 순례길 에세이가 출간된다. 그 책 중에 많은 사진이 오늘 걷는 구간에서 보일 것이다. 스페인 북부의 와인 산지인 포도밭은 계속 이어진다.
봄에는 유체꽃이 노랗게 이어지고 가을에는 포도 수확이 이루어진다. 오늘도 경작지 사이로 걸을 때는 그늘이 없지만 사진을 찍기 좋은 구간이 많아서 지루하지는 않을 것이다.

그늘은 거의 없기 때문에 모자, 물, 선글라스 등을 미리 챙겨두는 것이 좋다. 포도밭은 옆에 계속 보이지만 낭만적인 마음보다 빨리 걸어가야겠다는 생각에 조바심을 낼 필요가 없다. 걷는 거리가 21km로 짧은 편이다.

21km

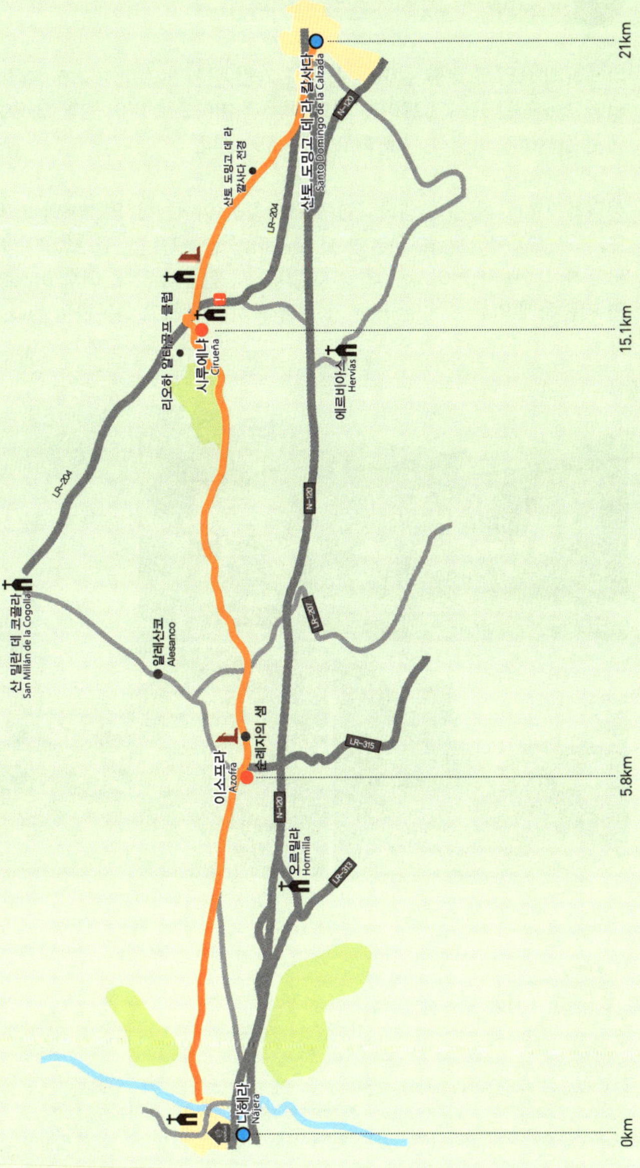

산토 도밍고 데 라 칼사다
Santo Domingo de la Calzada

산토 도밍고 데 라
칼사다 진입

UR-204

15.1km

시루에냐
Cirueña

리오하 알함브로 골프

에르비아스
Hervias

N-120

UR-204

UR-207

산 밀란 데 코골라
San Millán de la Cogolla

알레산코
Alesanco

5.8km

UR-315

순례자의 샘

이소프라
Azofra

UR-206

N-120

오르밀라
Hormilla

UR-207

나헤라
Nájera

0km

133

나헤라^{Najera} ➡ **아소프라**^{Azofra} | 5.8km

나헤라의 중앙 도로를 걸어서 끝까지 가면 구시가지 마지막에 성당이 보인다. 산티아고 순례길 표시가 보이는 길도 어차피 이쪽으로 이어진다. 그러므로 구시가지에서 간단하게 아침 식사를 하고 출발해도 된다.

성당을 지나 시골길이 나타나면 오르막길이 이어진다. 약 3㎞의 거리이지만 경사도가 완만한 편이서, 또 오늘의 첫 구간이라 힘들지는 않을 것이다. 이후에는 포장도로가 약 2㎞가 이어지는 데 평지길이어서 힘들지 않다. 이후 아소프라에 도착하면 간단하게 먹을 수 있는 바^{Bar}가 있어 휴식을 취하고 이동하면 된다.

Tip

아침 식사

아소프라까지는 아침식사를 할 수 있는 장소가 없다. 그러므로 알베르게에서 출발하기 전에, 아니면 나헤라 구시가지에서 식사를 해야 한다. 이동거리가 짧아서 일찍 출발하지 않아도 되며 오르막길도 거의 없어서 부담감없이 출발해도 되니 아침식사는 꼭 하고 출발하도록 하자.

 아소프라^{Azofra} ➜ **시루에냐**^{Ciruena} **| 9.3km**

어디선가 보았던 것 같은 길이 보이는 곳이다. 포장도로가 오른쪽에 보이고 경작지는 왼쪽에 주로 있다. N-120 도로는 알레산코^{Alesanco}에서 넓은 평원이 보이는 사진 찍는 포인트 구간이다. 그러므로 잠시 발걸음을 멈추고 쉬면서 사진을 찍고 출발하면 좋다.

오르막길에 올라가려면 쉽지는 않아서 천천히 걸어서 올라가는 것이 체력을 비축하는 방법이다. 다 올라가면 벤치가 모이고 식수대가 있어 휴식할 수 있다. 마을로 들어가면 리오하 알토 골프 클럽^{Rioja Alto Golf Club}이 왼쪽에 보이고 마을로 계속 걸어가게 된다. 시루에냐^{Ciruena}에는 휴식을 취할 수 있는 카페나 바^{Bar}가 없다. 걸어서 지나가는 마을일 뿐이다.

시루에냐^{Ciruena}
➡ 산토 도밍고 데 라 칼사다^{Santo Domingo de la Calzada} | 5.9km

시루에냐에서 회전교차로를 나와 인도로 걸어가면 이내 시골길이 나타난다. 여기서도 좌우로 경작지가 나오지만 아름다운 풍경이 나타난다. 오늘은 순례자들이 짧은 거리라서 지치지 않고 같이 걸어가는 경우가 많다. 서서히 올라가는 오르막길이라서 순례자들은 다들 무리를 지어 이야기를 나누면서 힘을 내 걸어간다.

산토 도밍고 데 라 칼사다
(Santo Domingo de la Calzada)

산토 도밍고 데 라 칼사다^{Santo Domingo de la Calzada}는 산티아고 순례길에서 중요한 오하 강^{Rio Oja} 유역에 위치한 작은 마을이다. 신부였던 산토 도밍고가 마을을 건설하고 순례자들의 통행을 편리하게하기 위해 도로 위에 다리를 건설하고, 순례자가 가는 길에 병원을 세웠다.

산토 도밍고 데 라 칼 사다 대성당
(Santo Domingo de la Calzada Cathedral)

산토 도밍고 데 라 칼 자다 대성당^{Santo Domingo de la Calzada} 대성당은 리오하 지역^{La Rioja} 에서 유일한 교회 요새가 된 건축물이다. 내부에는 스페인 르네상스 조각의 가장 아름다운 작품인 제단 장식이 있다.

기적의 수탉과 암탉

전설에 따르면 도밍고 가르시아^{Domingo García}는 실수로 고발된 순례자가 치킨을 날려서 무죄하다는 것을 증명했다. 지금도 대성당에는 항상 살아있는 수탉과 암탉이 있다.

타워

산토 도밍고 데 라 칼 자다 대성당^{Santo Domingo de la Calzada Cathedral}이 가지고 있던 3개의 탑 중 3번째입니다. 첫 번째 로마네스크 양식은 13세기 중반에 화재로 파괴되었고 두 번째는 고딕 양식으로, 세 번째는 바로크 양식으로 파괴되었다. 이 탑은 대성당의 몸체에서 분리된 탑으로 70m 높이의 리오하지방에서 가장 높은 타워라고 할 수 있다.

산토 도밍고 데 칼사다의 전설

14세기에 독일에서 온 젊은 순례자가 부모와 함께 순례를 왔다가 한 숙소에 머물렀다. 그런데 숙소 주인의 딸이 청년에게 한눈에 반했다. 그녀는 청년에게 구애를 했지만 청년은 거절했다. 화가 난 그녀는 훔친 은잔을 청년의 가방에 감추고 이를 신고했다. 청년의 가방에서 은잔이 발견되면서 청년은 절도죄로 교수형에 처해질 처지에 이르렀다.

슬픔에 잠긴 부모는 기도하는 심정으로 산티아고 데 콤포스텔라까지 순례길을 걸었다. 그런데 순례길을 다 걷고 돌아오는 길에 교수대에 다시 들렀는데, 아들이 여전히 살아 있었다. 중세에는 처형한 사람의 시신을 교수대에 그대로 두는 풍습이 있었기 때문에 찾아온 교수대에 아들은 없었던 것이다. 부모는 지방 재판관에게 달려가 이 사실을 말했다. 그러나 "닭고기를 먹고 있는 그가 당신의 아들이 살아 있다면 이 식탁의 닭들도 살아날 것이다."라고 빈정거렸다.

바로 그때 식탁의 닭들이 접시에서 뛰쳐나와 큰 소리로 울기 시작했다. 이를 본 지방 재판관은 즉시 교수대에서 아들을 풀어 주었다.

산토 도밍고 데 라 칼사다 알베르게
(Santo Domingo de la Calzada)

구시가지 입구에 있는 알베르게는 구시가지의 중앙에 있지만 도시가 작아서 어렵지 않게 찾을 수 있다. 이 알베르게는 시설이 좋고 규모도 크다. 11€로 가격도 적당하고 프런트의 할아버지는 친절하고 한국말도 간단하게 구사한다.

18명이 같은 룸에서 지내는데 현재 거리두기로 2층의 침대는 비워서 한 방에 9명이 같이 지낸다. 2층에는 휴게실이고 3층에는 룸과 화장실, 샤워실이 있다. 산티아고 순례길에서 이만한 알베르게를 찾기는 힘들 것이다.

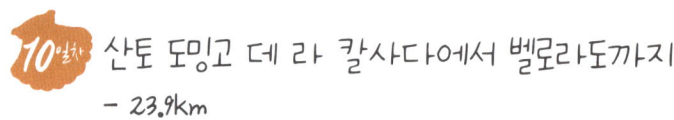

10일차 산토 도밍고 데 라 칼사다에서 벨로라도까지
– 23.9km

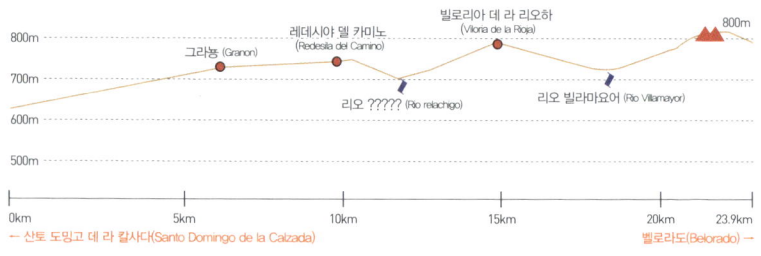

800m ··· ▲▲ 800m
700m ·· 그라뇽 (Granon) ●
600m ····························

빌로리아 데 라 리오하
(Viloria de la Rioja) ●

레데시야 델 카미노
(Redesila del Camino) ●

리오 ????? (Rio relachigo)

리오 빌라마요어 (Rio Villamayor)

500m ····························

0km   5km   10km   15km   20km   23.9km
← 산토 도밍고 데 라 칼사다(Santo Domingo de la Calzada)   벨로라도(Belorado) →

이동경로 / 23.9km

산토 도밍고 데 라 칼사다(Santo Domingo de la Calzada) – 그라뇽(Granon) –
레데시야 델 카미노(Redesila del Camino) – 빌로리아 데 라 리오하(Viloria de
la Rioja) – 비야마요르 델 리오(Villamayor del Rio) – 벨로라도(Belorado)

평지길 (평탄한 길로만 걷는다.)

산토 도밍고 데 라 칼사다Santo Domingo de la Calzada에서 벨로라도Belorado까지 이어진 도
로가 N–120도로인데 이 도로 옆을 대부분 걸어 벨로라도Belorado로 들어간다. 그 사
이에 벨로라도Belorado는 리오하 주와 카스티야 이 레온 주의 경계선이다.

23.9km

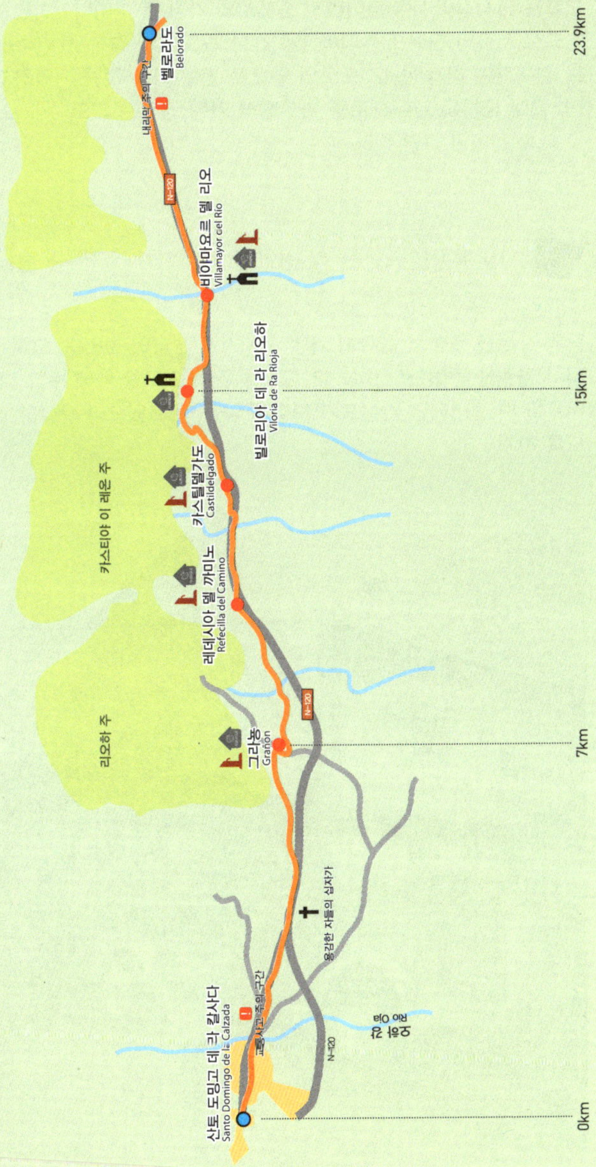

벨로라도
Belorado

N-120

비야마요르 델 리오
Villamayor del Río

15km

벨로라다 데 라 리오하
Viloria de la Rioja

카스틸델가도
Castildelgado

레데시야 델 까미노
Redecilla del Camino

N-120

그라뇬
Grañón

7km

카스티야 이 레온 주

리오하 주

울창한 자동의 십자가

산토 도밍고 데 라 깔사다
Santo Domingo de la Calzada

리오 오하 강

오하 강
RÍO Oja

N-120

0km

143

오늘은 평지길이 대부분이라서 순례자와 가장 많이 이야기하면서 걸을 수 있는 구간으로 서로의 친밀도는 더욱 높아진다. 포도밭의 경작지가 나오는 도로를 12㎞ 정도 걸어가면 이제 N-120도로의 옆으로 걷는 다는 것만 기억하자. 도로 옆을 걷는데, 절대 오른쪽으로 도로를 가로질러 가는 경우는 없으니 도로를 오른쪽으로 끼고 계속 걷기만 하면 된다.

 산토 도밍고 데 라 칼사다^{Santo Domingo de la Calzada} ➜ **그라뇽**^{Granon} | 7km

중앙 도로를 걸어서 끝까지 가면 구시가지 성당이 보인다. 오하 강^{Rio Oja} 다리를 건너 시골길을 걷어가다가 N-120도로를 건너 도로를 옆에 두고 비포장길을 걷는다. 어두울 때 걸어가면 화살표가 보이지 않을 때도 있으니 확실하게 확인하고 걸어가도록 하자.

용자들의 십자가^{Cruz de los Valientes}가 보이면 그 옆에 벤치가 있어 쉬어갈 수 있다. 잠시 쉬면서 숨을 가다듬고 이동하자. 그라뇽^{Granon} 마을이 보이면 오르막길이 시작되고 짧은 오르막길을 올라가면 마을의 바^{Bar} 들이 문을 열기 시작한다. 문을 열어놓은 곳에서 휴식을 취하고 가는 것이 좋다. 만약 아침식사를 하지 않고 출발했다면 그라뇽^{Granon}에서 간단하게 식사를 하도록 하자. 이곳을 지나면 마을이 나와도 식사를 할 수 있는 장소가 마땅치 않기 때문이다.

 그라뇽^{Granon} → 레데시야 델 카미노^{Redesila del Camino}
→ 빌로리아 데 라 리오하^{Viloria de la Rioja} | 8km

그라뇽을 나오면 내리막길을 걷게 된다. 잠시 후에 커다란 빨강색의 표지판이 나온다. 이 밑에는 선과 사진이 보이는 데 리오하 주와 카스티야 이 레온주의 경계를 알려주면서 레온주를 알려주는 지명이 나타나 있다. 이곳에서 얼마 안 걸으면

N-120도로 옆으로 레데시야 델 카미노Redesila del Camino 마을로 들어간다. 다만 간단한 먹거리를 구입할만한 장소는 없다.

N-120도로 옆을 걷는 과정이 벨로라도까지 이어지는 데, 옆으로 빠져 마을로 들어갔다가 다시 도로로 나오는 과정이 반복된다. N-120도로에서 왼쪽으로 난 길을 따라 걸으면 카스틸델가도에 도착한다. 여기서 약 1㎞만 걸으면 빌로리아 데 라 리오하Viloria de la Rioja에 도착한다.

 빌로리아 데 라 리오하Viloria de la Rioja → 비야마요르 델 리오Villamayor del Rio → 벨로라도 | 8.9km

내리막길이라 어렵지 않게 걷기 때문에 힘들다는 생각은 안 할 것이다. N-120도로를 만나면 옆으로 걸어가는 데 얼마 걷지 않았는데 비야마요르 델 리오Villamayor del Rio 마을에 도착했다고 생각하게 된다. 그만큼 어렵지 않다고 보면 된다.

마을에서 나와 도로 옆 시골길로 걸어가면 도로 옆에 붙어서 걸어가기 때문에 차량에서 나오는 매연이 느껴질 때가 있다.

마스크를 쓰고 걷는 게 좋지만 없다면 빨리 걷는 게 가장 쉬운 방법이다. 벨로라도
Belorado에 도착하면 부서진 건물이 나오고 뒤에는 절벽이 보인다. 절벽 밑에 만들어
진 조그만 도시가 벨로라도Belorado이다.

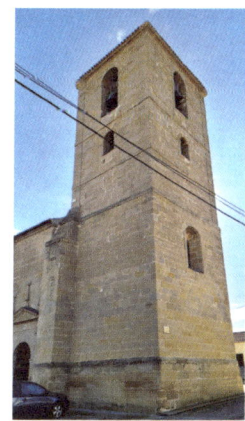

벨로라도(Belorado)

에브로 계곡에서 고원으로 이어지는 자연적인 통로를 통제하기 위해 로마 시대에 강 건너편에 언덕을 만들고 그 밑에 도시가 건설되었다. 좁고 구불구불한 구시가지의 거리는 성벽 안에 살았던 시기, 그대로 남아있다. 중세에 벨로라도는 농업과 가축 산맥 사이의 교차로로 사용되던 마을이었다.

17세기에 지어진 산 페드로 교회와 무덤이 있는 산타 마리아 교회는 16세기의 제단이 있는 하코빈^{Jacobean} 예배당이 유명하다. 오래된 순례자 병원이 있던 수도원은 18세기에 재건되어 지금에 이르렀다.

벨로라도(Belorado) 알베르게

구시가지 입구에 있는 알베르게는 산 페드로 교회와 붙어 있어 알베르게인지 혼동
되기도 한다. 반드시 입구에 있는 알베르게 글자를 확인하고 입장하면 된다. 광장
과 떨어져 있지만 도시가 작아서 어렵지 않게 찾을 수 있다. 이 알베르게는 기부로
운영이 되는 알베르게로 교회 왼쪽의 시설을 사용하고 있다. 당연히 건물은 오래
되어 낡았다는 인상을 받는다. 오래전 많은 알베르게가 같은 시설이었다.

무료로 운영하지만 공립 알베르게의 가격인 6€(시트 1€제외) 정도를 기부하고 사용
하는 것이 좋을 것 같다. 프런트의 할아버지는 친절하고 휴게실 사용을 잘 알려준
다. 1층에 있는 화장실, 샤워실은 시설이 개선되었다는 인상을 받을 것이다.

11일차 벨로라도에서 아헤스까지 - 27.7km

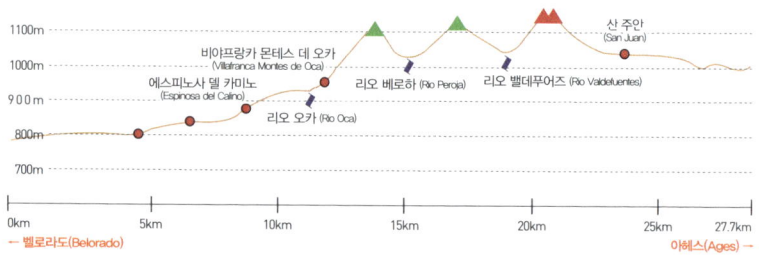

```
1100m                                          산 주안
                                              (San Juan)
1000m    비야프랑카 몬테스 데 오카
         (Villafranca Montes de Oca)
900m   에스피노사 델 카미노    리오 베로하   리오 빨데푸어즈 (Rio Valdefuentes)
       (Espinosa del Calino)   (Rio Peroja)
800m                리오 오카 (Rio Oca)
700m

0km         5km        10km       15km       20km      25km   27.7km
← 벨로라도(Belorado)                                        아헤스(Ages) →
```

이동경로 / 27.7km

벨로라도(Belorado) - 에스피노사 델 카미노(Espinosa del Calino) - 비야프랑카 몬테스 데 오카(Villafranca Montes de Oca) - 죽은 자를 위한 기념비(Monumento a los Caidos) - 산 후안 데 오르테가(San Juan de Ortega) - 아헤스(Ages)

평지길 (평탄한 길이지만 걷는 거리가 길다.)

오늘은 먼저 걷는 거리가 길기 때문에 오랜 시간 동안 서 있어야 한다는 사실을 인지하고 걷기 시작하는 것이 좋다. 또한 마을이 나타나도 먹을 카페나 바Bar가 없을 수도 있으니 사전에 먹거리도 준비하자.

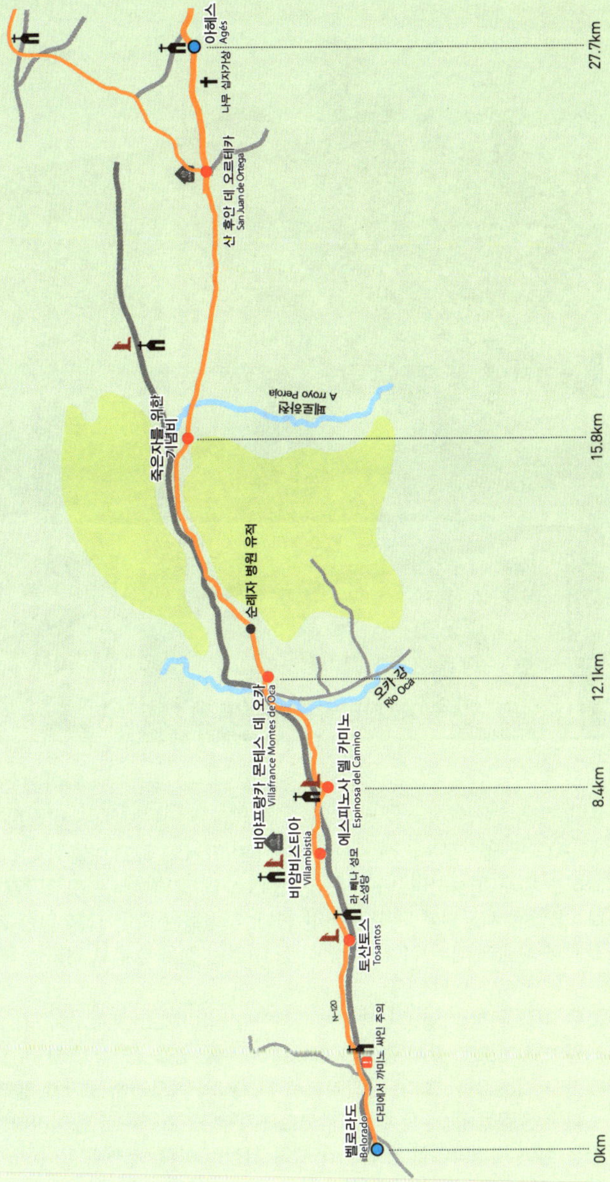

아헤스
Agés

나무 십자가상

산 후안 데 오르테가
San Juan de Ortega

A rroyo Peroja

폐로하천

죽은자를 위한
십자가 비명

순례자 병원 유적

오카 강
Rio Oca

비야프랑카 몬테스 데 오카
Villafranca Montes de Oca

에스피노사 델 카미노
Espinosa del Camino

비얌비스티아
Villambistia

교회와 성모

산타 성당

토산토스
Tosantos

N-120

다리에서 카미노 보안 주의

벨로라도
Belorado

다리에서 카미노 보안 주의

27.7km

15.8km

12.1km

8.4km

0km

N-120도로 옆으로 나 있는 시골길을 걸어가기도 하고 마을이 나타나면 마을을 통과하는 길로 이동한다. 비야프랑카 몬데스 데 오카부터는 오르막길과 소나무 숲 길로 나 있는 시골길을 계속 걸어야 한다. 사람들은 죽은 자를 위한 기념비가 나오면 프랑코 정권에 대해 이야기하면서 잠시 걷던 길을 멈추고 기도를 하고 지나간다.

죽은 자를 위한 기념비Monumento a los Caidos부터 아헤스Ages까지의 약12km는 어렵지 않지만 마지막으로 길게 걸어야 하므로 사전에 초콜릿이나 과자 등을 준비해 출출할 때마다 먹는 것이 좋다. 마지막으로 1,100m의 페드라하 고개로 올라가면 이어지는 소나무 숲길을 걸어 산 후안 데 오르테가San Juan de Ortega로 들어간다. 숲을 나와 경작지를 걸어 내리막길을 건너면 마지막 지점인 아헤스Ages로 갈 수 있다.

벨로라도^{Belorado} ➡ **에스피노사 델 카미노**^{Espinosa del Calino} | 8.4km

N–120를 가로질러 가면 나무 다리가 나온다. 짧은 나무 다리를 건너 왼쪽에 벽화가 나오는 주유소가 있고 비포장도로인 시골길을 계속 지나간다. 라스토산토스, 비양비스티아^{Vilambistia}를 지나서 도로가 나온다. 마을이지만 아침 일찍 도착하면 문을 열지 않은 카페가 많다.

에스피노사 델 카미노 Espinosa del Calino
→ 비야프랑카 몬테스 데 오카 Villafranca Montes de Oca | 3.7km

N-120도로를 옆에 두고 이어지는 소로길을 따라간다. 오카 강 Rio Oca 을 건너면 비야프랑카 몬테스 데 오카 Villafranca Montes de Oca 로 이어진다. 짧은 거리이기 때문에 걷는 데 어려움은 없지만 N-120도로는 좁고 인도도 좁다.

왕복하는 차량이 오히려 더 위험할 것이다. 여기서 산 후안 데 오르테가 San Juan de Ortega 의 12㎞는 소나무 숲과 간혹 나오는 오르막길이 힘들지만 그늘이 계속 이어지고 벤치도 중간에 있어 걷는 데 어려움은 없다.

 비야프랑카 몬테스 데 오카 Villafranca Montes de Oca

➜ **죽은 자를 위한 기념비**Monumento a los Caidos | 3.7km

산 안톤 알베르게를 지나면 오르막길이 이어진다. 모하판 샘Fuente de Mojapan 샘터에서 휴식을 취할 수 있다. 평지길이어서 소나무 숲길이 이어진 사이에 죽은 자를 위한 기념비가 나온다.

프랑코 정권이 1936~1939까지 이어진 내전 기간 중에 학살의 현장을 위한 기념비이다. 이곳에서 대부분의 사람들은 죽은 사람들을 위해 기도를 간단하게 드린다. 순례자도 간단하지만 내용을 읽고 떠나는 것도 좋을 것이다.

죽은 자를 위한 기념비^{Monumento a los Caidos}
→ 산 후안 데 오르테가^{San Juan de Ortega} → 아헤스Ages | 12.1km

내리막길이 가파르게 이어지는 데 이내 페로하 개천^{Arroyo Peroja}이 나타난다. 마지막
으로 오늘의 하이라이트인 오르막길이 시작된다. 짧기는 하지만 마지막에 힘들 때
나타나는 오르막길은 순례자를 지치게 할 수 있다.
1,100m인 페드로하 고개부터 소나무 숲이 이어지다가 평지길이 계속된다. 발데푸
엔테 예배당이 나오며 산 후안 데 오르테가^{San Juan de Ortega}이다. 수도원 앞에 벤치가
있어 휴식을 취할 수 있다.

수도원을 지나면 소나무 숲이 계속 이어지면서 평지길이 이어진다. 숲을 나오면
내리막길에 멀리 마을이 보이기 시작한다. 다행히 아헤스^{Ages} 마을 입구에 알베르
게 있어 걸어야 할 거리가 줄은 느낌이 든다.

아헤스 알베르게

아헤스 마을 입구에 있는 알베르게는 작은 호텔이나 호스텔을 알베르게로 개조한 듯하다. 들어가면 프런트는 따로 없고 식당에 주인이 위치해 프런트 역할을 한다. 12유로로 적당한 가격이다. 주인은 츤데레 스타일로 순례자들에게 혜택을 주려고 노력하고 있다.

작은 건물에 1층에는 식당과 휴게실이 있고 입구 앞에도 노천 테이블이 몇 개 있다. 뒤에는 작은 뜰도 갖춰져 있다. 2층에는 4개의 방에 2층침대 2개가 들어가 있고 방 안에 화장실과 샤워실이 구비되어 있다. 시설은 깔끔하지만 침대가 붙어 있어 잠잘 때 불편하다.

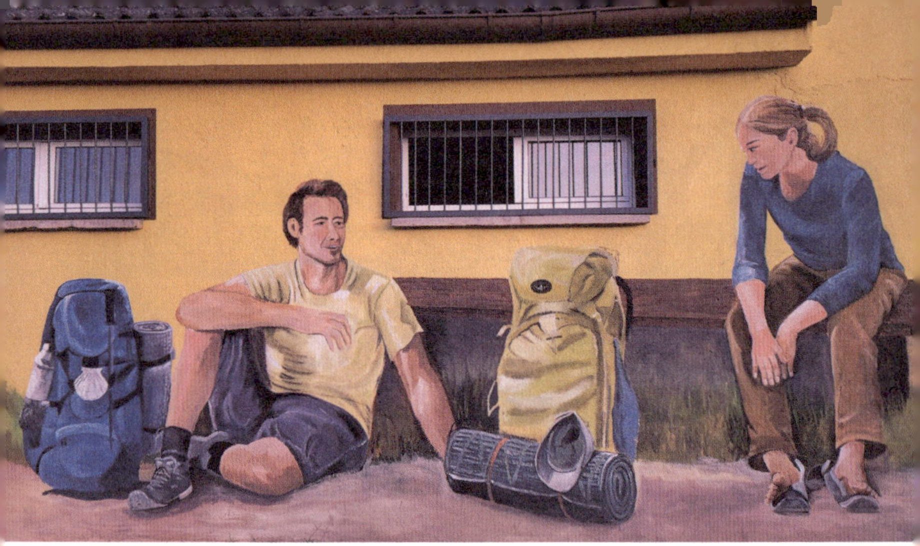

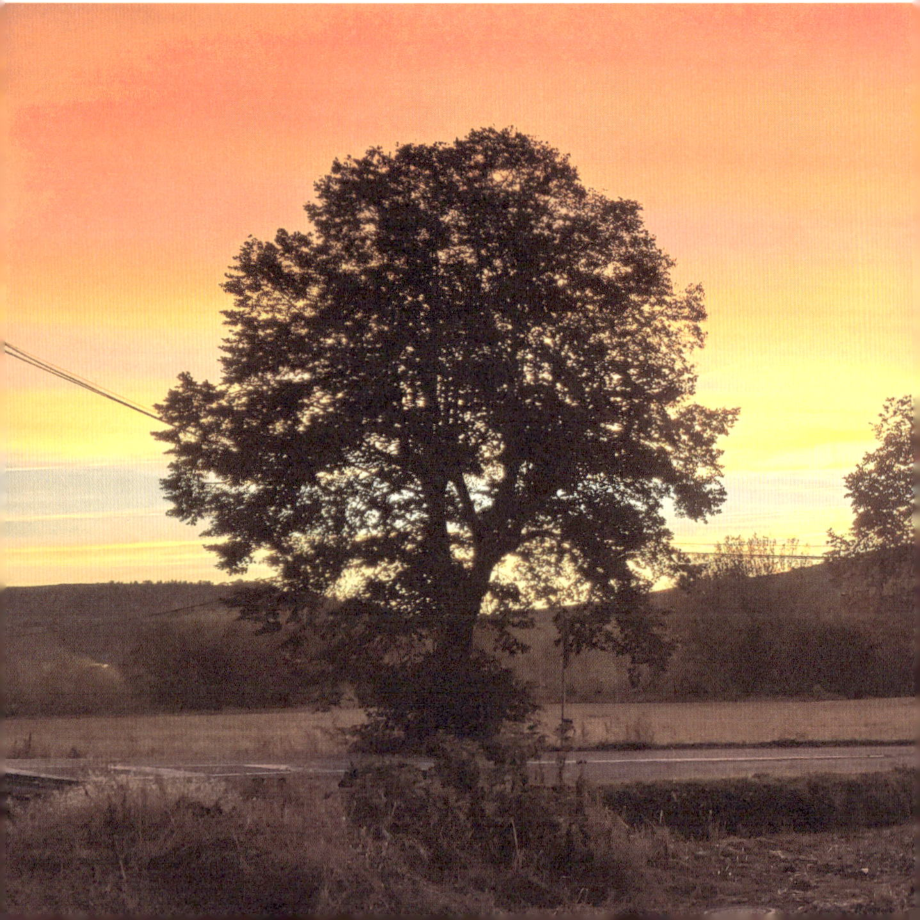

*12*열차 아헤스부터 부르고스까지 - 20.8km

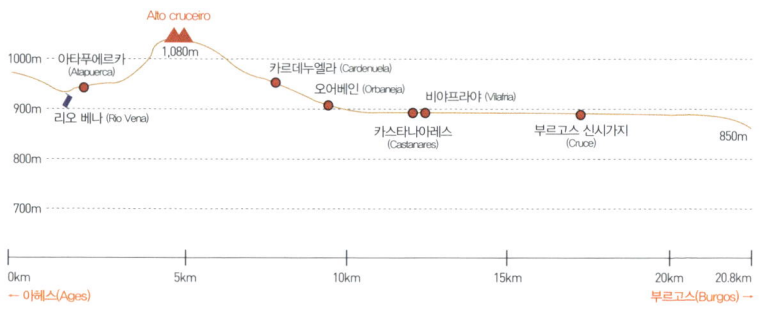

이동경로 / 20.8km

아헤스(Ages) – 아타푸에르카(Atapuerca) – 카르데누엘라(Cardenuela) – 비야프라야(Vilafria) – 부르고스 신시가지(Cruce) – 부르고스(Burgos)

부르고스 시내로 들어가는 길 (시내가 가까울 것 같지만 가깝지 않다.)

오늘 걷는 구간은 정말 지루하다. 어제 27km를 넘게 걸었기 때문에 체력도 부담이 되는 데, 오늘의 구간은 스페인 북부의 대도시인 '부르고스Burgos'를 들어가야 하기 때문에 걷는 거리의 대다수는 부르고스Burgos에 접근하는 거리이다.

그렇다고 부르고스를 포기하기에는 '부르고스Burgos'가 너무 아름다운 도시이므로 포기할 수 없다. 차량과 인접하여 걷기 때문에 걸으면서 차도로 들어가서 차량을 못 보는 상황을 조심해야 한다.

또한 화살표를 잘 보지 않으면 다른 도로

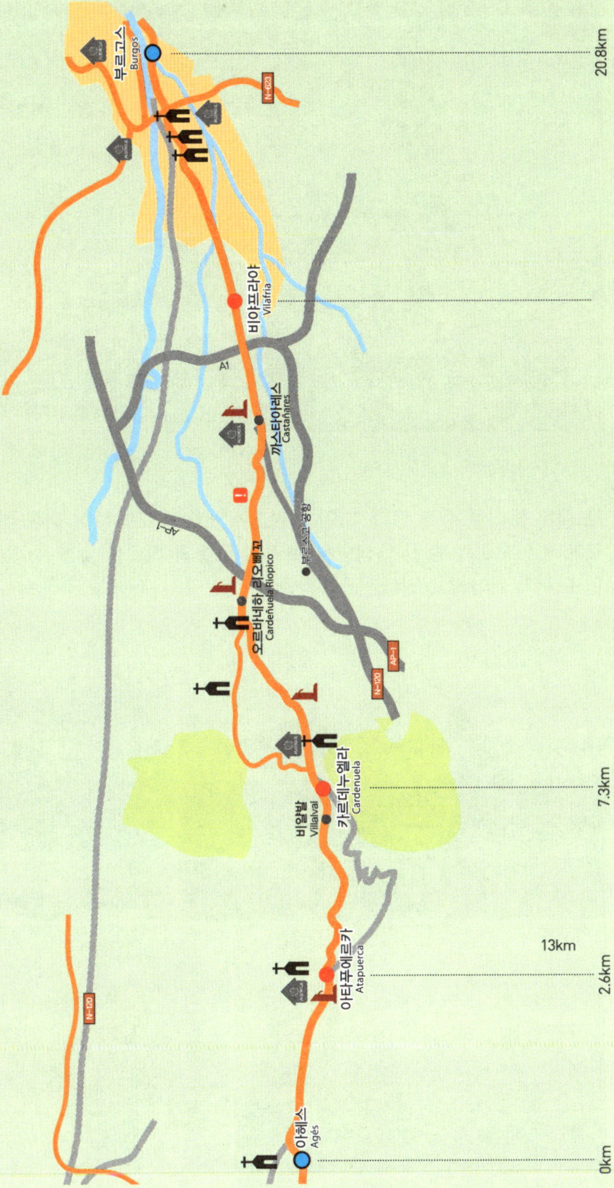
부르고스
Burgos
20.8km
N-623
비야프리아
Vilafria
A1
까스타냐레스
Castañares
AP-1
부르고스 공항
오르바네하 리오삐꼬
Cardeñuela Riopico
AP-1
N-120
카르데뉴엘라
Cardenuela
7.3km
비알발
Villalval
13km
아타푸에르카
Atapuerca
2.6km
N-120
아헤스
Agés
0km

로 잘못 들어설 수도 있다. 다만 부르고스Burgos에 도착하여 대성당 옆에 있는 알베르게에 도착하는 순간 대성당을 보면서 오늘의 피로를 잊을 수 있을 만큼 매력적인 도시가 기다리고 있다.

아헤스^{Ages} ➡ 아타푸에르카^{Atapuerca} | 2.6km

작은 마을인 아헤스^{Ages}를 나오면 포장도로가 이어진다. 하지만 이내 산 후안 데 오르테가의 중세 다리를 앞에 볼 수 있다. 영화에서나 볼 것 같은 장면이지만 순례자들은 바쁘게 발걸음을 옮긴다.

2차선의 차량도로 옆으로 걸어가기 때문에 옆에 좁은 1인용 길이 만들어져 있지만 많은 순례자들이 그냥 도로에서 걷는 장면을 볼 수 있다. 특히 아침에 이동하기 때문에 조심해야 한다. 아타푸에르카 마을로 들어서는 데는 3㎞도 안 되기 때문에 가깝다는 느낌이 들 것이다.

165

아타푸에르카^{Atapuerca} ➡ **카르데누엘라**^{Cardenuela} | 4.7㎞

카르데누엘라^{Cardenuela}까지 다시 약 5㎞를 걸어가면 산 미구엘^{San Miguel} 알베르게의 바^{Bar}가 나올 때의 총 7.3㎞까지는 지금까지 걸어가는 패턴과 비슷하다. 반드시 바^{Bar}에서 쉬어가야 한다. 이후부터 부르고스^{Burgos}에 들어갈 때까지 구멍가게도 카페도 없다.

마을에서 왼쪽으로 돌아가면 아타푸에르카^{Atapuerca} 산맥을 올라가야 한다. 사실 느낌은 산맥정도는 아니고 낮은 동네의 산 정도이지만 스페인 북부에는 평야지대여서 이 정도면 산맥이라고 부른다.

1,080m의 십자가까지 오르막길이 이어지는 데 오르막의 경사보다 바닥에 있는 자갈과 큰 돌을 조심해야 한다. 곳곳에 있어서 발목을 삐끗할 수 있다. 황무지에 있는 큰 십자가를 보면 순례자가 오면서 사망한 경우에 그들을 기리는 십자가라는 사실을 알 수 있다. 다행히 오르막길이 힘들지만 그늘이 계속 이어지고 쉴 수 있는 공간이 있다.

 Tip

쉴 곳은 없다!

십자가를 넘어가도 대부분의 순례자들은 어제 긴 거리를 걸은 자신감으로 충만하여 걸어간다. 그런데 카르데누엘라(Cardenuela)까지의 총 7.3㎞도 어렵지 않다며 간과하면서 산 미구엘(San Miguel) 알베르게의 바(Bar)를 지나쳐 가는 경우가 많다. 그런데 이후에 13㎞를 더 걸어가야 하는 데 차도 옆과 차도를 가로질러 다니면서 부르고스까지 가야 한다. 그 이후에 "부르고스는 언제 나오니?"하며 힘들어 하는 경우를 보게 된다.

카르데누엘라^{Cardenuela} → 비야프라야^{Vilafria} | 5.7km

지금부터는 아스팔트 차량도로 옆에서 걸어가야 한다. 오르바네하^{Orbaneja}를 지나면 A-1와 함께 직진하는데 왼쪽 철책 뒤에는 부르고스 공항을 볼 수 있다. 가끔씩 하늘에 떠 있는 경비행기를 볼 수 있다.

철길 위의 고가다리를 건너 공업도시인 비야프라야^{Vilafria}로 들어서면 다른 스페인 도시와 다르게 신도시 같은 주택가를 볼 수 있다.

비야프라야^{Vilafria} ➡ 부르고스 신시가지^{Cruce} ➡ 부르고스^{Burgos}
| 7.8km

N-1번의 4차선은 차량의 통행량이 상당히 많다. 조심하여 인도로 다니고 도로를 가로지를 때는 항상 차량을 확인하고 이동하도록 하자. 공업단지가 길게 이어지고 'Rapimueble' 글자가 크게 써있는 건물이 보이면 부르고스의 신시가지로 들어선다고 생각해도 된다.

신시가지에서 교차로로 들이시면 신 로케를 따라 가야 한다. 구글 지도를 볼 수 있다면 보면서 이동하는 것이 혼동되지 않는다. 산 로케에서 왼쪽으로 돌면 파르마세우티코 옵둘리오 페르난데스를 걸을 것이다. 현대적인 건물이 보이고 직진하면 칼사다스를 보면서 걸어간다. 공립 도서관이 있는 산 후안 광장이 보이면 얼마 남지 않았으니 힘을 내도록 하자. 약 8㎞의 거리인데 꽤나 길게 느껴진다.

 Tip

길을 잘못 들어서면 반드시 알베르게로 가는 길을 물어봐야 한다!
부르고스로 들어서기는 했는데, 어디로 가야하는 지 공립 알베르게를 찾아가는 길을 어렵기만 하다. 구글 지도를 켜고 찾아가도 의외로 찾기가 쉽지 않다. 스페인 순례자들도 혼동되어 물어보므로 "길이 아닌가?"라는 판단을 하면 반드시 현지인에게 물어보자. 알베르게의 정확한 이름알베르게 데 페레그린노스 카사 델 쿠보 데 부르고스(Albergue de peregrinnos Casa del Cubo de Burgos)과 지도를 보여주면 친절하게 알려준다.

카예 산 후안을 걸어가면 카예 아베야노스 도로를 찾을 수 있다. 카예 페르난 곤살레스 도로를 걸으면 부르고스 알베르게를 만날 수 있다. 아무리 설명을 해도 부르고스는 대도시이기 때문에 순례자가 알베르게를 들어설 때는 다 다른 위치를 걸어왔다는 것도 신기하다면서 이야기를 나눈다. 그만큼 변수가 많은 도로를 따라 걷는다는 사실을 인지하고 걷도록 하자. 마지막으로 걷는 아스팔트 도로가 순례자의 발바닥을 상당히 아프게 한다.

부르고스(Burgos)

부르고스^{Burgos}는 여름이 덥고 겨울에는 눈이 많이 내리고 아침 최저 기온이 거의 영하로 내려간다. 일교차가 커서 가을이 되면 춥다고 느끼다가 어느새 덥다고 한다. 부르고스^{Burgos}에는 인류 진화 박물관, 부르고스 박물관, 도서 박물관 등 10곳의 박물관이 있는 스페인 북부 문화의 도시이자 경제의 도시로 부유한 도시로 알려져 있다. 교역과 관광의 중심지이자 2차 산업이 발달하여 밀을 주로 생산하는 스페인 북부의 대표 도시이다. 그래서 부르고스^{Burgos}는 스페인의 다른 지역에 비해 부유하다.

고대 교회와 수녀원이 많은 역사의 도시이기도 하다. 현재 유네스코 세계 문화유산으로 지정된 부르고스 고딕 대성당은 1221년 건축이 시작되어 13, 15세기에 확장 공사를 하여 지금에 이르렀고, 앞면의 성당 모습은 프랑스 파리의 노트르담 성당과 비슷하다. 라스우엘가스 수도원은 1180년 알폰소 8세 때 고딕 양식으로 지어졌다가 새로운 양식의 건물과 장식이 계속 덧붙여졌다. 카르투지오 수도원인 미라플로레스 수도회 건물은 구시가지에서 4㎞ 떨어져 있다.

부르고스 공립 알베르게(Albergue de peregrinnos Casa del Cubo de Burgos)

부르고스Burgos 공립 알베르게는 규모가 크고 대성당 옆에 있어 순례자가 쉽게 찾아갈 수 있다. 다만 밤 10시가 넘으면 가차 없이 와이파이도 끊고 소등을 시키고 문을 잠가버린다. 깔끔하게 꾸며진 알베르게는 부르고스에 들어서는 순례자는 모두 만나는 것처럼 느껴질 정도로 크다.

또한 부르고스 대성당 옆에 있고 앞에는 바비아Babia 카페가 있는 데 순례자에게 맞는 메뉴도 순례자는 다른 장소를 가지고 않고 이곳에서 모든 식사와 끼니를 해결하는 듯하다. 10€ 가격도 저렴하고 프런트의 직원은 친절하고 설명을 잘 해주는 데, 순례자들에게 혜택을 주려고 노력한다고 느낄 수 있다.

바비아(Babia) 카페

알베르게 정면에 있는 카페는 내부가 넓고 노천 테이블도 상당히 많다. 순례자에게 맞는 메뉴와 저렴한 점심과 저녁 식사를 제공하여 순례자에게는 고마운 장소이다. 대부분의 순례자가 헤어졌다가 다시 부르고스 알베르게에서 만나기 때문에 항상 이 카페에서 만나 그동안 자신의 순례 이야기를 풀어놓는다. 직원들도 상당히 친절하고 서빙도 빠른 편이다.

173

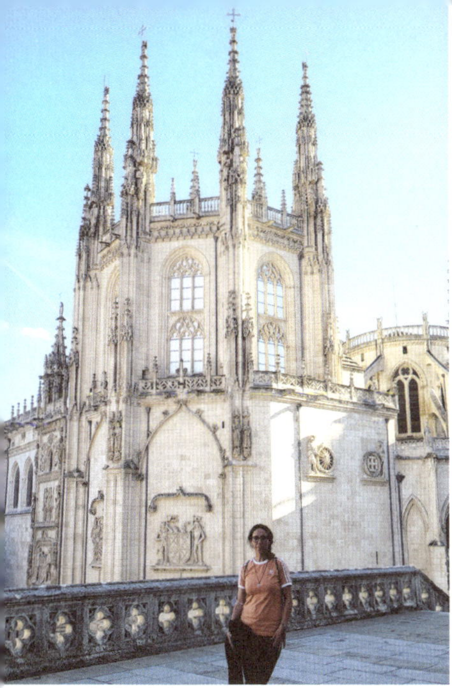

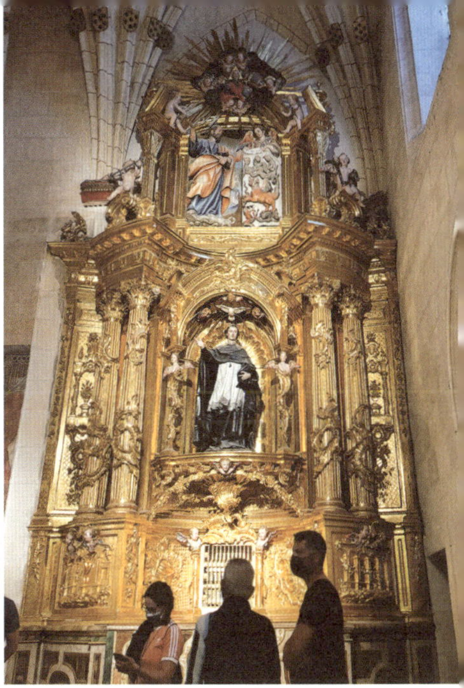

a comarca
Villaverde-Peña
Robredo-Temiño
Monasterio de Rodilla
Santa Marina
Camino de Santiago
Camino de Bayona
Quintanaortuño
Riocerezo
La Brújula
Sotopalacios
Vivar del Cid
Vía de Italia
AP-1
Quintanilla Vivar
Las Mijaradas
Quintanapalla
Fresno de Rodilla
Hurones
N-623
Villayerno Morquillas
río Vena
N-1
Barrios de Colina
Cotar
Rubena
Olmos de Atapuerca
Camino Real de Francia
A-1
Villatoro
Sierra de Atapuerca
Atapuerca
Villalval
Villimar
Villafría
Agés
Orbaneja
Cardeñuela de Riopico
Burgos
río Pico
Gamonal-Riopico
Quintanilla Riopico
Zalduendo
N-120
Medel
Ibeas de Juarros
Tren Minero
Villalbura
Arlanzón
San Millán de Juarros

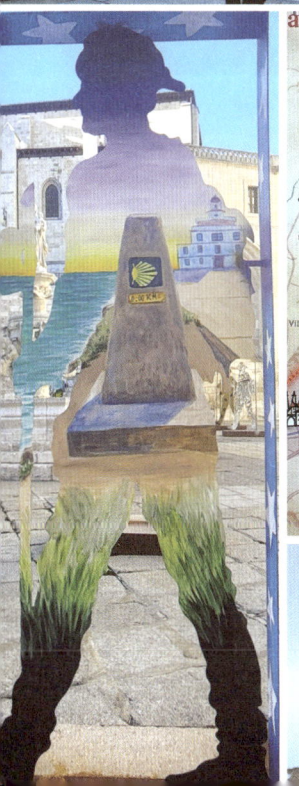

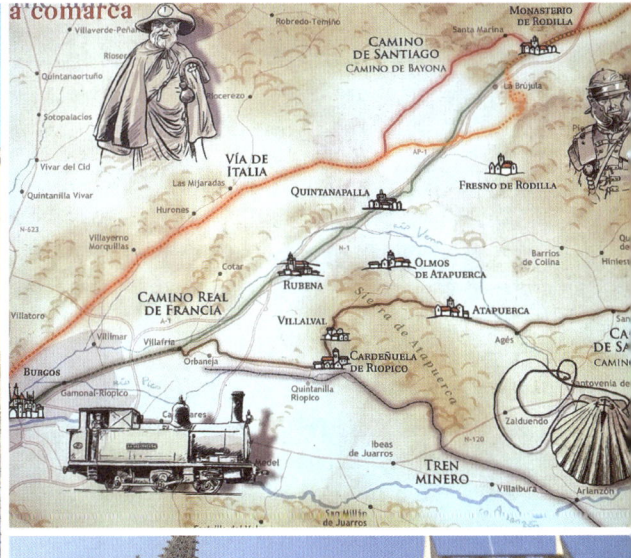

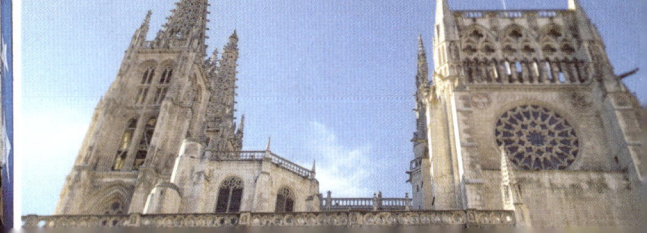

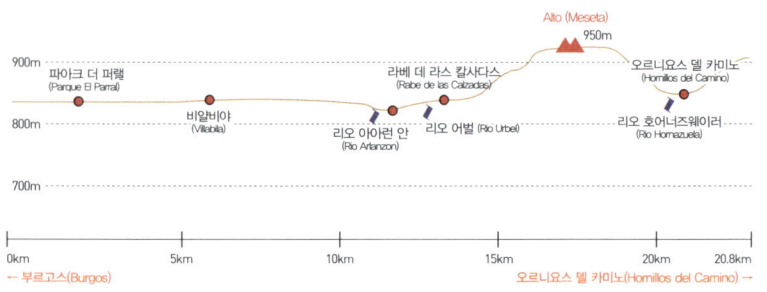

Alto (Meseta)
950m

900m
파이크 더 퍼랠
(Parque El Parral)
비얄비야
(Villabila)
라베 데 라스 칼사다스
(Rabe de las Calzadas)
오르니요스 델 카미노
(Hornillos del Camino)

800m
리오 아아런 안
(Rio Arlanzon)
리오 어벌 (Rio Urbel)
리오 호어너즈웨이러
(Rio Homazuela)

700m

0km   5km   10km   15km   20km 20.8km
← 부르고스(Burgos)   오르니요스 델 카미노(Hornillos del Camino) →

이동경로 / 20.5km

부르고스(Burgos) - 비얄비야(Villabila) - 타르다호스(Tardajos) - 라베 데 라스 칼사다스(Rabe de las Calzadas) - 오르니요스 델 카미노(Hornillos del Camino)

평지길 (바람이 강하다.)

부르고스 시내에서 산티아고 순례길을 따라 가는 것은 표시가 잘 되어 있지 않아서 혼동된다. 그러므로 사전에 가는 위치를 확인하고 출발할 필요가 있다. 부르고스 대성당의 오른쪽 길을 따라 걸어가야 한다. 이후에 우엘가스 수도원, 파랄 공원, 부르고스 대학교를 지나간다. 이후에는 고가를 넘고 도로(N-120) 밑으로 이어진 도로(A-231)를 따라 가는 데, 표시가 잘 되어 있어 이동이 어렵지 않다.

이후에 라베 데 라스 칼사다스부터 스페인

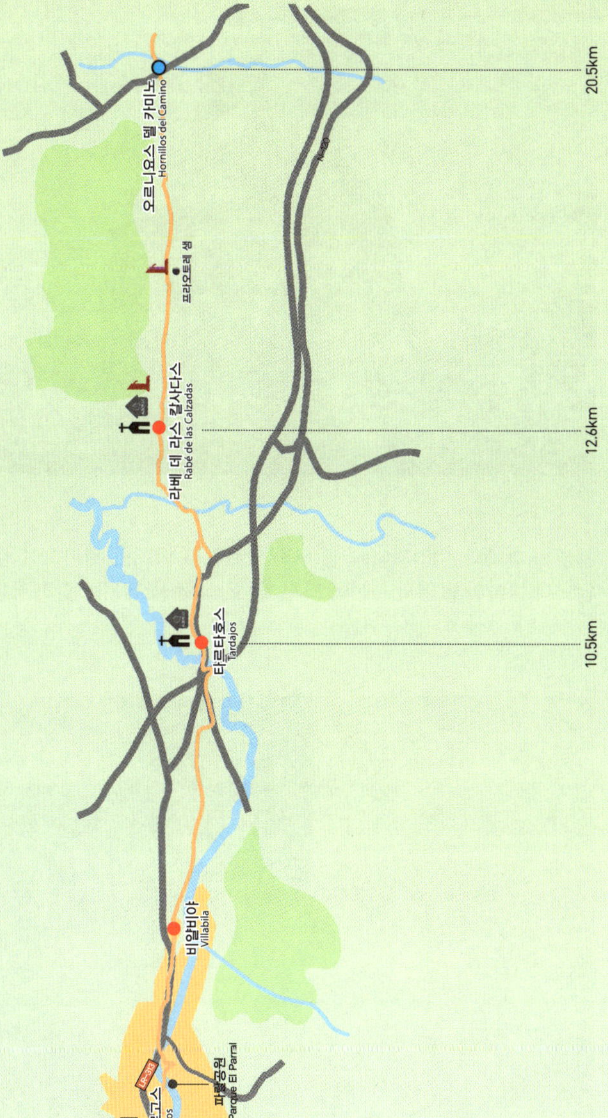

20.5km

오르니요스 델 카미노
Hornillos de Camino

프라오토레 샘

리베 데 라스 칼사다스
Rabé de las Calzadas

12.6km

타르다호스
Tardajos

10.5km

비야비야
Villalbilla

파르케 공원
Parque El Parral

부르고스
Burgos

0km

북부의 메세타 평야지대를 걷는다. 오르막이 있지만 완만하여 걷는 것은 어렵지 않으나 그늘이 없어서 사전에 모자, 물, 간식 등을 챙기는 것이 좋다.

부르고스^{Burgos} ➡ 비얄비야^{Villabila} ➡ 타르다호스^{Tardajos} | 10.5km

알베르게를 나와 오른쪽으로 걸어가, 부르고스 대성당의 오른쪽 길을 따라 걸어가야 한다. 산 니콜라스 성당과 아바^{Abba} 호텔을 지나면 산 마르틴 문이 보인다. 여기를 지나가면 왼쪽으로 내려가는 계단이 있다. 카예 엠페라도르를 계속 직진하여 걸어간다. 레스토랑 아벨리노에서 왼쪽으로 돌아가야 한다. 메르카도나^{Mercadona} 슈퍼마켓을 지나 1블럭을 더 가야 하니 표시가 없더라도 지나가자. 말라토스 다리를 지나 아를란손 강^{Rio Arlanzon}을 건너면 N-120 횡단보도를 건넌다.

N-120 도로 옆의 인도를 걸어가는데, 파랄 공원을 지나면 수도원과 왕립 병원이 보인다. 면 벨라 비스타 식당까지 직진했다면 이후 주택가를 걸어가면 된다. 부르고스 시내는 포장도로이지만 시골길이 나와 약 2㎞를 지나면 공원이 계속 이어진다.

고가 위를 올라 고속도로를 건너고 다시 2개의 도로 밑을 지나면 아를란손 강과 만나게 된다. 이후부터는 시골길이 타르다호스까지 이어진다. 타르다호스 입구의 도로를 건너면 오른쪽에 바Bar가 있으니 잠시 쉬었다가 가는 것이 좋다. 이후에는 카페가 열기도 하고 열지 않을 때도 있으니 미리 쉬었다가 가자.

타르다호스^{Tardajos} ➡ **라베 데 라스 칼사다스**^{Rabe de las Calzadas} | **2.1km**

N-120도로를 따라 가면 왼쪽의 마을로 통하는 길이 보이고 우르벨 강^{Rio Urbel}을 건넌다. 이제부터 스페인 북부의 대평야 지대인 메세타의 풍요로운 농사를 짓는 시작점 마을이 라베 데 라스 칼사다스^{Rabe de las Calzadas}이다. 여기에서 식수대가 보이면 물을 채우고 먹거리로 준비하자.

라베 데 라스 칼사다스^{Rabe de las Calzadas}
➡ **오르니요스 델 카미노**^{Hornillos del Camino} | 7.9km

마을을 벗어나면 오르막길이 약 3㎞정도 이어진다. 프라오토레 샘^{Fuente de Praotorre}에서 잠시 쉬면서 오르막길을 오를 마음의 준비를 하자. 앞에 끝없이 펼쳐진 경작지로 길이 나 있는 것을 볼 수 있다. 길을 내려가면 오르마수엘라 강을 건너 마을이 보인다. 마을 입구부터 시골길에서 포장도로로 바뀌기 때문에 마을이 어디서 시작되었는지 쉽게 알 수 있다.

오르니요스 델 카미노(Hornillos del Camino) 알베르게

오르니요스 마을 입구에 있는 알베르게는 왼쪽과 오른쪽에 2곳이 있다. 왼쪽에는 엘 알파르El Alfar 알베르게와 오른쪽에 미팅 포인트Meeting Point 알베르게가 있다. 엘 알파르El Alfar 알베르게는 부부가 운영하는 게스트하우스 분위기이고 오른쪽의 미팅 포인트Meeting Point 알베르게는 전문 호텔 같은 느낌으로 더 크다.

2곳 다 시설도 깔끔하고 편의시설도 잘 되어 있다. 또한 10€를 내면 저녁식사에 와인까지 제공하므로 주변의 레스토랑을 찾을 필요가 없다. 알베르게 뒤에는 작은 뜰까지 있으니 쉬는 곳으로 부족함이 없다. 주인이 친절해 서녁식사와 함께 대화를 하면서 지낸다. 12유로로 적당한 가격이다. 1층에는 식당과 휴게실이 있고 2층에는 3개의 방에 4, 6, 10명이 잘 수 있는 2층 침대가 들어가 있고 화장실과 샤워실이 구비되어 있다.

RABE·DE·LAS·CALZADAS

Un paso en el Camino

ULTREIA

FROM DIRECTOR E

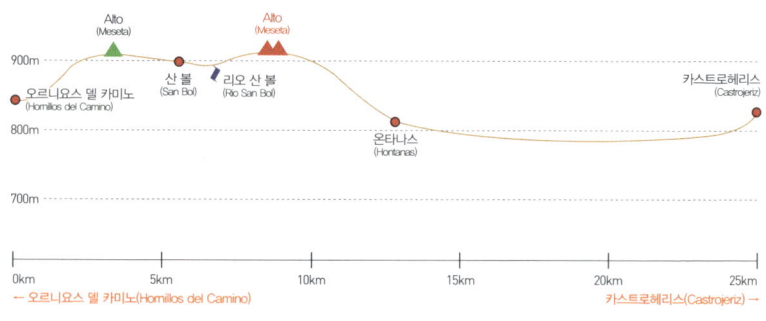

14열차 오르니요스부터 카스트로헤리스까지 - 21.2km

이동경로 / 21.2km

오르니요스 델 카미노(Hornillos del Camino) – 산 볼(San Bol) – 온타나스
(Hontanas) – 산 안톤 아치(Arco de San Anton) – 카스트로헤리스(Castrojeriz)

완만한 오르막길 (길이 맞는 지 의심이 생길 수 있다.)

마을을 가로질러 지나가면 오르막길이
나온다. 아침 일찍 걸어가기에 부담스러
울 수 있지만 산 볼 강이 나오고 알베르
게가 왼쪽에 보이면 내리막길이다. 계곡
을 지나면서 다시 오르막길이다.

오르막길은 완만하여 힘든 편은 아니므
로 걱정할 정도는 아니다. 이후부터는 내
리막길과 평지길이다. 메세타 평야가 얼
마나 넓고 풍요롭게 곡식을 제공할 수 있
는 지 직접 경험할 수 있다.

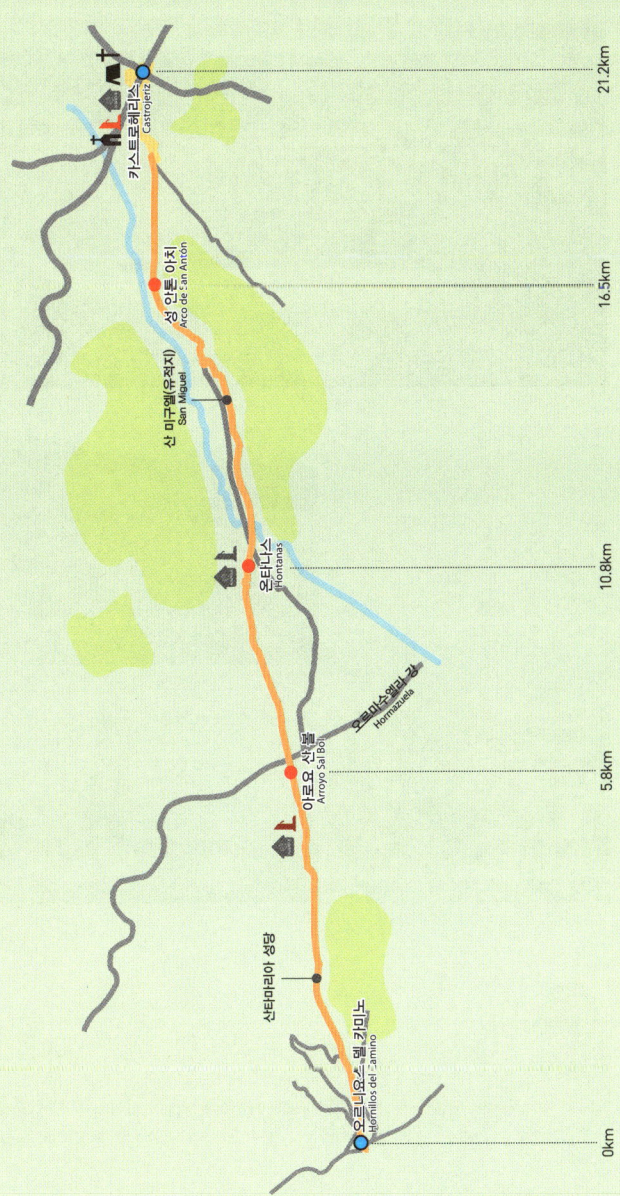

21.2km

카스트로헤리스
Castrojeriz

16.5km

성 안톤 아치
Arco de San Antón

산 미구엘(유적지)
San Miguel

10.8km

온타나스
Hontanas

오르미수엘라 강
Hormazuela

5.8km

아로요 살 산볼
Arroyo Sal Bol

산타마리아 성당

오르니요스 델 카미노
Hornillos del Camino

0km

 Tip

햇빛을 가리자!

오르막이 있지만 완만하여 걷는 것은 어렵지 않으나 그늘이 없어서 사전에 모자, 물, 간식 등을 챙기는 것이 좋다. 특히 12시 이후에는 햇빛이 강하여 여름에는 일사병을 일시적으로 겪을 수 있다.

오르니요스 델 카미노^{Hornillos del Camino} → 산 볼^{San Bo} | 5.8km

마을이 끝나면 이내 오르막길이 나오지만 완만하여 힘들지는 않다. 이내 평지길이
이어지고 산 볼 강과 알베르게가 왼쪽에 보이면 내리막길이 시작된다. 아침에 오
르막길을 걸으면 덥지 않아서 걷기가 수월하다.

산 볼^{San Bol} ➜ 온타나스^{Hontanas} | 5km

계곡을 지나가자 마자 오르막길이 나오고 짧은 오르막길 후에는 내리막길과 평지
가 나타난다. 온타나스^{Hontanas}는 작은 순례자 마을로 길게 가로지르는 도로를 따라
가면 성모 승천 성당이 나오고 그 옆에 알베르게와 알베르게에서 운영하는 바^{Bar}가
나타난다.

 온타나스^{Hontanas} → 산 안톤 아치^{Arco de San Anton} | 5.7km

온타나스를 지나면 포장도로가 계속 이어지다가 시골이 나온다. 중간 중간에 표시가 듬성듬성 있어서 혼동될 수 있어서 대부분의 순례자는 낮에 이동하는 구간이다. 또한 산 안톤 수도원의 아치가 보이는 데, 상당히 아름다운 곳이어서 잠시 쉬어가면서 둘러볼 필요가 있다.

산 안톤 수도원은 피부가 썩어 들어가는 피부병을 치료하는 병원으로 로마에서 치료를 받은 수 있는 기술을 전수받아 병원의 역할을 했던 곳이다. 작은 알베르게 있고 기념품도 판매하고 있다.

 Tip

메세타 평야지대(Meseta Central, Meseta)

스페인의 이베리아 반도 한가운데 있는 600m 이상의 고원지대로 산으로 둘러쌓여 있으며 서쪽으로는 완만하여 강으로 흘러들어가게 된다. 산티아고 순례길이 부르고스Burgos를 지나면서 중부지대와 겹치는 지역을 걷게 된다. 메세타 평야의 넓은 평지를 걷게 되는 데 이곳이 스페인의 대표적인 곡창지대이다.

스페인 북부의 리오하Rioja 지방은 와인으로 유명한 포도밭 지역이지만 부르고스를 지나면 메세타 곡차지대라는 사실을 분리해 기억하는 것이 평지를 걸어서 같아 보이지만 차이를 알 수 있을 것이다.

 산 안톤 아치^{Arco de San Anton} ➡ **카스트로헤리스**^{Castrojeriz} | 4.7kmkm

가로수 나무 사이로 포장도로가 계속 이어지고 자동차도 간간이 지나간다. 멀리 성당이 있고 언덕 위에는 폐허가 된 성이 보인다. 마을로 들어서면 바로 알베르게 가 보이지 않고 도로 양 옆으로 집들만 보이므로 지칠 수도 있다.

다 끝난 거 같지만 한참을 지나가는 듯하다. 광상이 나와야 알베르게가 있고 그 옆으로 카페가 있다. 마을의 끝자락에는 로살리아 알베르게^{Rosalia albergue}가 있다. 그 밑에 큰 레스토랑이 있어 마을 사람들이 주로 찾는 곳으로 저녁 식사를 하기 좋은 레스토랑이다

로살리아 알베르게(Rosalia albergue) 알베르게

카스트로헤리스Castrojeriz 마을 끝에 있는 알베르게는 계단을 내려오면 한번 더 내려가야 보인다. 찾기가 쉽지 않지만 한국인이 많이 찾는 게스트하우스 분위기의 알베르게이다.

어느 알베르게든지 시설도 깔끔하고 편의시설도 잘 되어 있다. 또한 10€를 내면 저녁식사에 와인까지 제공하는데, 바로 밑에는 유명한 레스토랑이 있어 저녁을 신청하는 순례자가 많지는 않다. 주인이 친절해 한국어를 간단히 구사하면서 친근감을 나타낸다. 12유로로 적당한 가격이다. 침대가 2층 침대가 아니어서 편하게 사용하는 것이 큰 장점이다.

폐허가 된 몬 하르딘 성

197

15열차 카스트로헤리스부터 프로미스타까지 - 25.5km

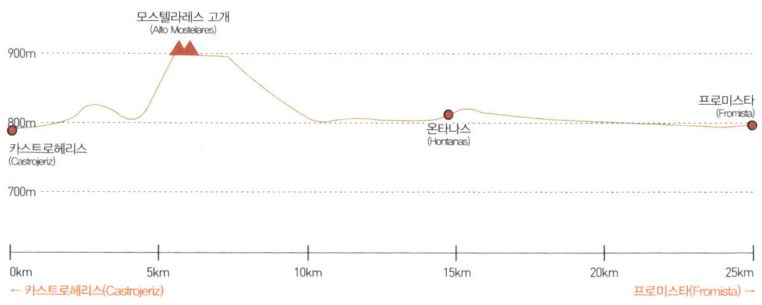

모스텔라레스 고개
(Alto Mostelares)

900m

800m

카스트로헤리스
(Castrojeriz)

프로미스타
(Fromista)

온타나스
(Hontanas)

700m

0km   5km   10km   15km   20km   25km

← 카스트로헤리스(Castrojeriz)   프로미스타(Fromista) →

이동경로 / 25.5km

카스트로헤리스(Castrojeriz) - 모스텔라레스 고개(Alto Mostelares) - 피오호 샘
(Fuente de Piojo) - 에테로 데 라 베가(Itero de la Vega) - 보아디야 델 카미노
(Boadilla del Camino) - 프로미스타(Fromista)

오르막길+ 평지길 (고개만 지나면 힘들지 않다.)

모스텔라레스 고개를 건너갈 때만 오르
막이고 이후에는 평지이다. 언덕을 넘기
는 힘들지만 전망대에서 아침에 해가 뜨
는 장면을 보는 즐거움은 꽤 크다. 고개를
오른 후에 높은 위치에서 해 뜨는 장면을
보는 것은 오를 때의 어려움을 상쇄시켜
줄 만하다.

이후에는 내리막길이 완만하게 펼쳐지는
데 내려가면서 보는 고개의 모습도 상당
히 아름답다. 소로길을 걸어가면 부르고
스 주와 팔렌시아 주의 경계지점이 나온

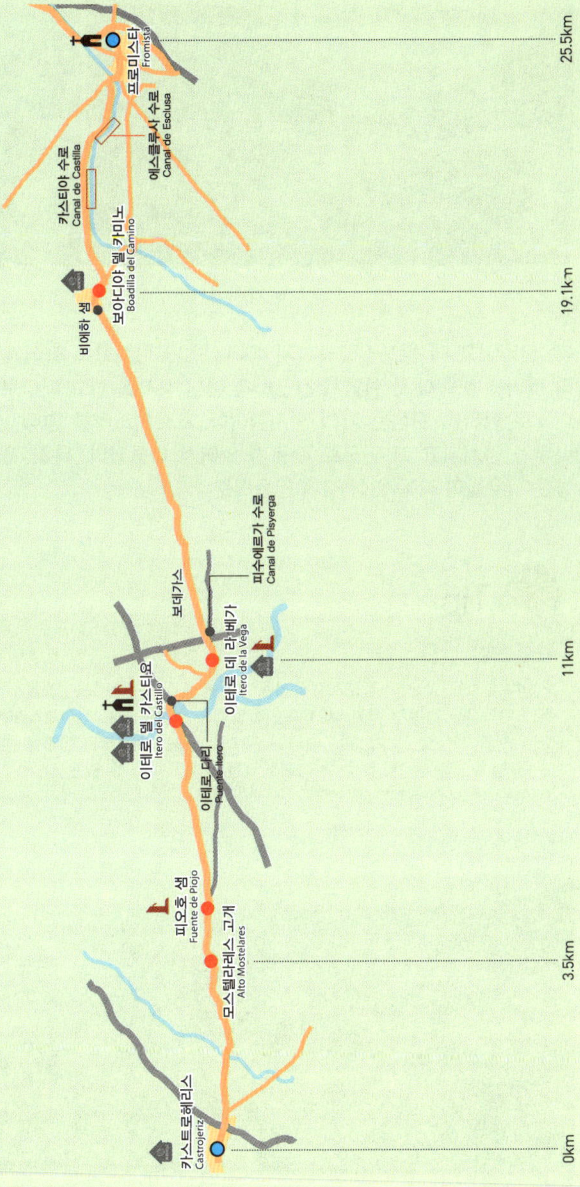

25.5km

프로미스타
Fromista

에스클루사 수로
Canal de Esclusa

카스티야 수로
Canal de Castilla

보아디야 델 카미노
Boadilla del Camino

19.1km

비에하 샘

피수에르가 수로
Canal de Pisuerga

보데가스

이테로 델 카스티요
Itero del Castillo

이테로 데 라 베가
Itero de la Vega

이테로 다리
Puente Itero

11km

피오호 샘
Fuente de Piojo

모스텔라레스 고개
Alto Mostelares

3.5km

카스트로헤리스
Castrojeriz

0km

199

다. 산티아고 데 콤포스텔라까지 400㎞ 초반대를 향해 걸어가면 된다. 이테로 데 라 베가의 바^{Bar}에서 쉬면서 간단하게 아침 식사를 하고 떠나보자. 보아디야 델 카미노로 향하는 지점은 거의 평지길이다. 프로미스타를 향해 가는 길은 양쪽으로 나무가 펼쳐지고 그 안으로 수로가 있어서 아름답다. 특히 가을에는 노란색으로 물든 나무들이 더욱 인상 깊게 만들어준다.

Tip

일출 보기

어차피 출발을 할 거라면 모스텔라레스 고개에 올라 일출을 보는 것을 추천한다. 겨울이 아니면 오르막길을 걸어서 땀이 나기 때문에 일출을 보면서 땀도 식히고 내리막길로 내려갈 수 있다. 대한민국에서는 보기 힘든 대평야 지대의 일출은 이국적인 장면을 연출한다. 또한 산티아고 순례길의 중반을 넘어가는 시점에서 많은 생각을 해볼 수 있는 시간이기도 하다.

카스트로헤리스^{Castrojeriz} → 모스텔라레스 고개^{Alto Mostelares} | 3.5km

마을을 가로질러 끝이 나면 포장도로가 짧게 이어지고 오드리야 강Rio Odrilla을 건너게 된다. 이제부터 모스텔라레스 고개^{Alto Mostelares}에 올라가야 한다. 고개이지만 완만하여 급경사는 없다.

오르막길은 항상 땀이 나지만 다 올라가고 나서 뒤돌아보면 눈앞에 펼쳐지는 장면이 인상 깊다. 특히 모스텔라레스 고개^{Alto Mostelares}는 드넓게 펼쳐진 대평야의 광대함을 느낄 수 있다. 특히 일출 때는 이국적인 장면이 오랜 잔상에 남을 것이다.

 Tip

카스트로헤리스(Castrojeriz)의 1박

전날에 카스트로헤리스(Castrojeriz)의 알베르게에서 숙박을 하는 이유가 있다. 모스텔라레스 고개(Alto Mostelares)를 아침에 올라야 덥지 않아서 걷기가 수월하고 아름다운 일출도 볼 수 있기 때문이다.

모스텔라레스 고개^{Alto Mostelares} ➡ 피오호 샘^{Fuente de Piojo}
➡ 에테로 데 라 베가^{Itero de la Vega} | 7.5km

짧은 평지길을 지나면 내리막길이 시작되는데 가파른 부분도 있지만 포장도로라서 걷기가 어렵지는 않다. 피오호 샘에 도착하면 쉴 곳이 있다. 다리를 건너면 오른쪽으로 넓은 바^{Bar}가 있어 아침을 먹거나 쉬어가는 곳이다.

부르고스 주와 팔렌시아 주의 경계가 되는 강의 다리를 건너면 팔렌시아 주가 시작된다는 표지판이 있다. 오늘의 힘든 구간이 끝난 지점에서 잠시 쉬어가는 것이 이후의 피로도를 줄일 수 있다.

 에테로 데 라 베가 Itero de la Vega
➡ **보아디야 델 카미노**Boadilla del Camino | 8.1km

차량 도로가 나오고 교차로를 건너면 다시 마을로 들어가는 시골길이다. 저멀리 보데가스 마을이 보이면 계속 직진한다. 18세기 후반의 농업을 위해 만들어진 피수에르가 수로를 건너간다. 마을에 도착하면 알베르게를 시나긴다. 공립 알베르게는 시설도 좋고 피로할 때 보이는 곳이어서 가끔은 오늘의 여정을 멈추는 순례자들도 보게 된다. 중세 순례자 마을로 시작한 보아디야 델 카미노는 산타 마리아 성당이 14세기에 건축되면서 유명세를 탔다.

보아디야 델 카미노^{Boadilla del Camino} → **프로미스타**^{Fromista} | 6.4km

마을을 지나 이내 왼쪽으로 돌아가면 카스티야 수로^{Canal de Castilla}를 볼 수 있다. 수로가 상당히 길어서 한참을 걸어가야 끝부분에 도착해 에스끌루사 수로^{Canal de Esclusa}의 수문을 볼 수 있다.

수문의 왼쪽에는 정보를 얻을 수 있는 인포메이션 센터가 자리해 있다. 작고 좁은 수문 위를 걸어 수로를 건너면 마을로 들어서는 포장도로가 나온다. 곡물을 수송하기 위해 만들어진 수로는 농업용수를 저장하는 용도로 이용되고 있다. 굴다리를 지나가면 프로미스타 마을로 들어선다.

라 루즈 데 프로미스타(La luz de fromista) 알베르게

프로미스타에서 가장 유명한 알베르게로 한국인이 많이 찾는디. 주인이 상당히 친
절하여 순례자들의 호평이 이어지고 있다. 10€로 가격도 저렴한데, 화장실이나 샤
워실 상태도 좋아서 관리가 잘된 인상을 받는다. 주변에 마트와 과일가게 등이 많
아서 조리를 해 먹기에 좋은 알베르게이다.

16일차 프로미스타부터 카리온 데 로스 콘데스까지 - 19.3km

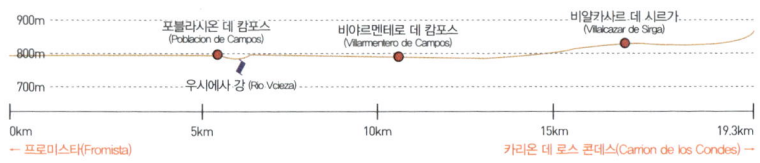

900m
포블라시온 데 캄포스
(Poblacion de Campos)
비야르멘테로 데 캄포스
(Villarmentero de Campos)
비얄카사르 데 시르가.
(Villalcazar de Sirga)
800m
700m
우시에사 강 (Rio Vcieza)

0km   5km   10km   15km   19.3km
← 프로미스타(Fromista)   카리온 데 로스 콘데스(Carrion de los Condes) →

이동경로 / 19.3km

프로미스타(Fromista) – 포블라시온 데 캄포스(Poblacion de Campos) – 비야르멘테로 데 캄포스(Villarmentero de Campos) – 비얄카사르 데 시르가(Villalcazar de Sirga) – 카리온 데 로스 콘데스(Carrion de los Condes)

지루한 길

프로미스타^{Fromista} 마을을 나오면 A–67 고가도로가 보인다. 이곳을 건너면 계속 차로 옆의 시골길을 걸어가야 한다. 그래서 상당히 지루하기 때문에 옆에 있는 친구들과 대화를 나누면서 걸어가는 것이 좋은 방법이다. 특히 여름에는 햇빛이 강하여 일사병에 대해 주의가 필요하므로 그늘이 있다면 쉬어가야 한다. 그늘이 있는 곳에 벤치도 있으므로 쉬어가도록 미리 준비가 되어 있다.

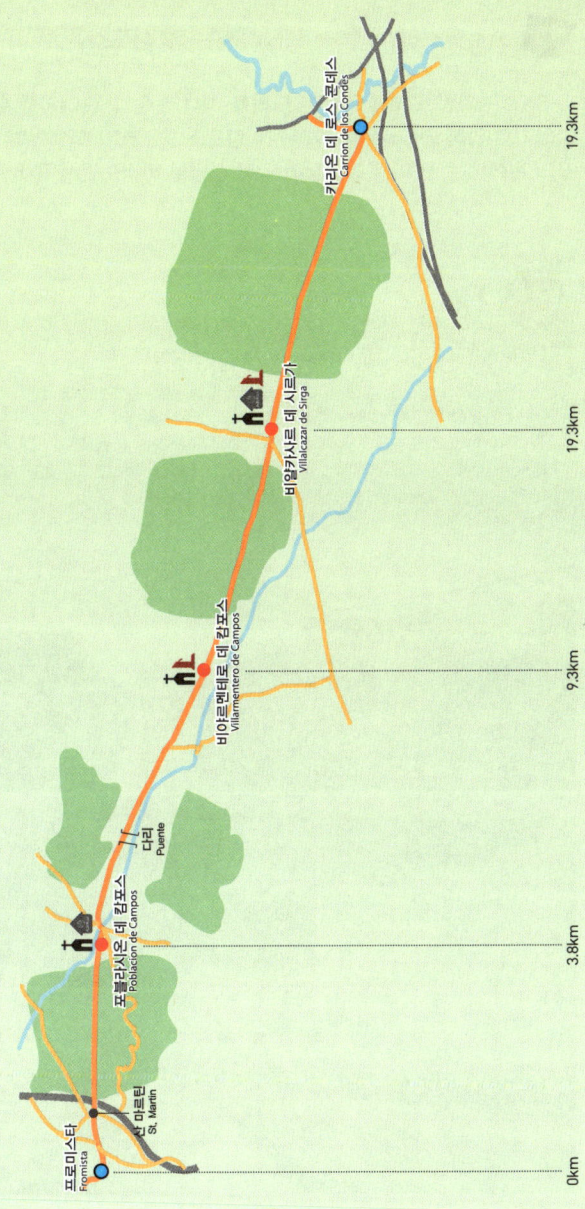

카리온 데 로스 콘데스
Carrión de los Condes

19.3km

비얄카사르 데 시르가
Villalcázar de Sirga

19.3km

비야르멘테로 데 캄포스
Villarmentero de Campos

9.3km

다리
Puente

포블라시온 데 캄포스
Población de Campos

3.8km

산 마르틴
St. Martin

프로미스타
Frómista

0km

프로미스타^{Fromista} ➡ **포블라시온 데 캄포스**^{Poblacion de Campos} | 3.8km

N–611, A–671번 도로를 건너는 다리를 지나게 된다. 순례자를 위한 길은 시골길로 이어지고 얼마 안 가 포블라시온 데 캄포스^{Poblacion de Camposdpe}에 도착할 수 있다. 마을의 왼쪽에는 산 미겔 예배당이 있어 성당을 바라보면서 걸어가게 된다.

 Tip

포블라시온 데 캄포스(Poblacion de Campos)의 1박

프로미스타에서 대부분의 순례자들이 쉬어가면서 알베르게에 머물기 때문에 순례자가 많은 여름이나 가을의 따뜻한 날에는 경쟁이 치열하다. 원래 알베르게는 먼저 도착한 순례자에게 우선권이 주어지므로 도착한 순서대로 머물렀으나 최근에는 어플로 예약이 가능해졌다. 프로미스타(Fromista)에서 알베르게에서 쉴 수 없다면 3.8㎞만 걸으면 도착하는 포블라시온 데 캄포스(Poblacion de Campos)에 있는 알베르게에서 쉬어가도록 하자.

 포블라시온 데 캄포스^{Poblacion de Campos} ➡ **비아르멘테로 데 캄포스**
Villarmentero de Campos ➡ **비얄카사르 데 시르가**^{Villalcazar de Sirga} | 9.7km

마을을 지나 걸어가면 갑자기 우시에사 강^{Rio Ucieza}의 다리가 나오고 건너가면 갈라
지는 길의 설명이 짧게 나온다. 그런데 대부분의 순례자들은 P−980번 도로 옆으로
걸어가는 길이 약 2km정도 짧기 때문에 이길을 선택한다. 굳이 2km이상 차이가 나
는 길로 걷기는 싫기 때문이다. 비얄카사르 데 시르가에서 다시 만나므로 짧은 길
로 선택하면 된다.

P−980도로는 왕복 2차선 도로이고 그 옆으로 나 있는 도로는 다행히 포장도로는
아니고 시골길이다. 산타 마리아 라 블랑카 성당이 있는 마을을 걸어가도록 순례
길이 이어진다. 반드시 날씨를 확인하고 여름에는 물을 준비하고 겨울에는 비가
오지 않는지 확인해야 한다.

① P−980번 도로 옆으로 시골길이 나있는 곳으로 계속 걸어가면 된다.
② 오른쪽으로 돌아가면 차량 도로 옆으로 나 있는 소로길을 걸어가는 데 2km 이상
   길다.

Tip

수분 섭취

평지길이라서 휴식을 취하지 않고 걸어갈 수 있지만 여름에는 햇빛이 강하므로 반드시 물을 준비해 수분을 섭취하면서 이동하는 것이 좋다. 하지만 물만 마시다 보면 힘이 떨어지는 느낌이 들게 된다. 따라서 아침을 든든하게 먹고 출발하거나 간식거리를 미리 준비해 걸어가야 한다.

비얄카사르 데 시르가 Villalcazar de Sirga
→ 카리온 데 로스 콘데스 Carrion de los Condes | 5.8km

P-980번도에 진입하기 위한 차량이 교차로에서 볼 수 있으므로 조심해야 한다. 멀리 마을이 보이고 카리온 데 로스 콘데스 Carrion de los Condes 표지판이 보이면 길의 끝이 보인다. 카리온 데 로스 콘데스 Carrion de los Condes 는 카리온 백작 가문이 통치한 중세 마을이다. 산티아고 성당, 산 소일로 수도원이 아름다워 순례자뿐만 아니라 관광객도 상당히 많다.

마을 입구에 보이는 중세 건물처럼 보이는 산타 클라라 알베르게에서 저렴하게 숙박을 할 수 있지만 순례자가 많아지는 시기에는 마을을 계속 지나가면서 알베르게를 확인해야 한다. 그래서 최근에는 어플로 미리 예약하고 이동하는 순례자들도 많아지고 있다.

213

카리온 데 로스 콘데스(Carrion de los Condes)

카미노 데 산티아고^{Camino de Santiago} 중심부에 위치한 카리온 데 로스 콘데스^{Carrión de los Condes}는 산티아고 순례길의 중앙에 위치한 큰 도시에 속한다. 카사 델 아길라 플라자 드 산타 마리아의 광장이 중앙에 자리 잡고 있으며 그 옆에 살리나스 백작의 궁전이 있다.

산타 클라라의 로얄 수도원

1255년에 설립하여 에다드와 산토 크리스토 그레고리오 페르난데스의 작품이 소장된 곳이다. 수도원의 박물관은 13세기에 조각이 눈에 띈다. 18세기에 소규모 구조로, 목제 코퍼 천장과 머리 부분에 배럴 볼트로 덮여 있고, 주요 제단화는 17세기 작품이다.

16~19세기 산타 베라 크루즈의 현재 건물은 14세기 회당의 유적 위에 있다. 내부에는 1561년의 익명의 멕시코 작품인 "산토 크리스토 데 라 크루즈^{Santo Cristo de la Cruz}"가 강조되어 표시해 있다.

산 후안 드 세스틸로스(San de Sestillos Cestillos)의 예배당

18세기에서 산 지올로^{Zoilo}의 수도원에 있는 후에르타노스^{Huertanos}의 교외의 본당이었다. 암자는 본당이 있고 배럴당 금고로 덮여 있으며 복음의 측면에 성례전이 부착되어 있다. 19세기에 지어진 오래된 시립 병원은 이전 시내의 병원 전통을 유지하고 있다. 네오고딕 양식의 예배당과 같은 스타일의 제단이 있다. 현재는 사유재산이지만 노인복지의 목적을 위해 사용하고 있다.

사라비아 극장

팔렌시아 지방에서 가장 권위가 있는, 9세기의 전형을 보여주는 절충주의적인 건물로 '빅하우'라는 별명은 규모가 크다고 해서 붙은 이름이다. 오랜 세월 동안 전당포로 운영되어 '눈물'이라는 별명이 붙었다.

산타 클라라(Santa Clara) 알베르게

중세 건물을 보수하여 사용하는 유명한 알베르게로 한국인이 많이 찾는다. 가격도 저렴하여 8€에 2층 침대가 아닌 단층 침대에서 머물게 된다. 또한 도미토리 룸도 3명 방부터 시작되어 마치 트리플룸에서 머무는 느낌도 받을 수 있다. 가격도저렴한데, 화장실이나 샤워실 상태도 좋아서 관리가 잘된 인상을 받는다.

17일차 카리온 데 로스 콘데스부터 테라디요스 데 로스 템플라리오스까지 - 26.8km

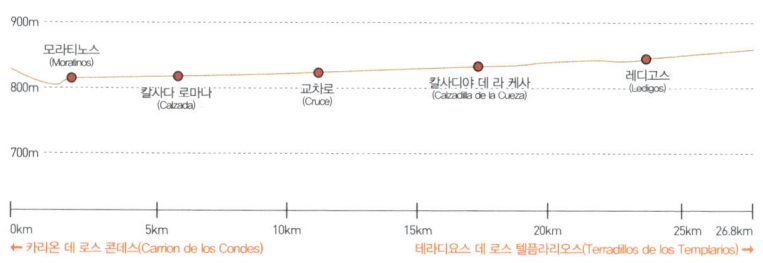

모라티노스
(Moratinos)

칼사다 로마나
(Calzada)

교차로
(Cruce)

칼사디야 데 라 케사
(Calzadilla de la Cueza)

레디고스
(Ledigos)

← 카리온 데 로스 콘데스(Carrion de los Condes)

테라디요스 데 로스 템플라리오스(Terradillos de los Templarios) →

이동경로 / 26.8km

카리온 데 로스 콘데스(Carrion de los Condes) – 칼사다 로마나(Calzada) – 교차로(Cruce) – 칼사디야 데 라 케사(Calzadilla de la Cueza) – 레디고스(Ledigos) – 테라디요스 데 로스 템플라리오스(Terradillos de los Templarios)

평지길 (식사할 장소 찾기가 힘들다.)

어제와 마찬가지로 평지길이 대단위 경작지 사이로 이어진다. 칼사디야 데 라케사까지의 약 16㎞는 식사를 할 장소가 없으므로 사전에 먹거리와 물을 준비하는 것이 좋다.

오늘은 내내 차로 옆의 시골길을 걸어가야 한다. 그래서 상당히 지루하기 때문에 옆에 있는 친구들과 대화를 나누면서 걸어가는 것이 좋은 방법이다. 특히 여름에는 햇빛이 강하여 일사병에 대해 주의가 필요하므로 그늘이 있다면 쉬어가야 한다.

26.8km

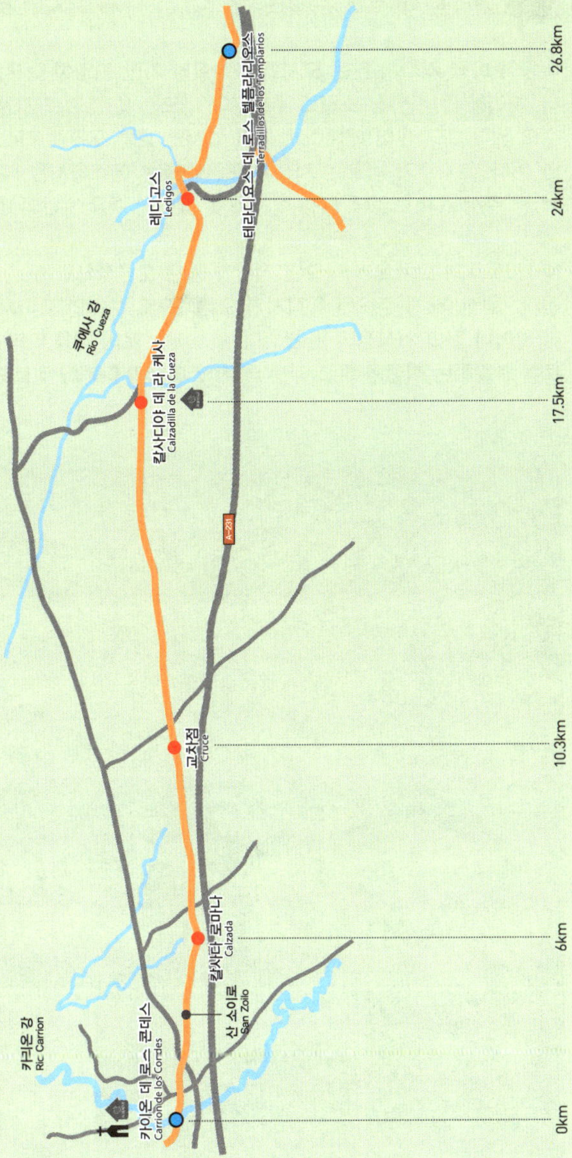

테라디요스 데 로스 템플라리오스
Terradillos de los Templarios

레디고스
Ledigos

24km

쿠에사 강
Río Cueza

칼사디아 데 라 쿠에사
Calzadilla de la Cueza

17.5km

A-231

교차점
Cruce

10.3km

칼사디야 데 라 쿠에사
Calzada

6km

산 소일로
San Zoilo

카리온 강
Río Carrion

카리온 데 로스 콘데스
Carrion de los Condes

0km

219

카리온 데 로스 콘데스^{Carrion de los Condes} → **칼사다 로마나**^{Calzada} | 6km

어둠이 아직 거치지 않은 도시를 가로질러 가면 광장이 나오고 카리온 강이 나온다. 다리를 건너면 산 소일로 수도원이 나오는 데 호텔로 사용하고 있어서 혼동될 수도 있다. 표지판이 애매하게 되어 있지만 호텔 오른쪽으로 계속 직진해 걸어가면 된다. 교차로가 나오는 지점에 오른쪽에는 '에스타시온 데 세르비시오^{Estacion de Servicio}' 주유소가 보인다. 아침 식사를 못 했다면 주유소 안의 바를 이용하면 좋다.

N-120도로의 교차로가 나오면 거리가 짧은 오른쪽으로 도로 옆을 같이 걸어가면 된다. 베네비베레 수도원 유적지가 오른쪽으로 보이면 로마시대에 만들어진 칼사다 로마나 길의 시작점에 온 것이다. 이후에는 로마 길을 따라서 걸어간다. 현재 도로를 포장하는 작업을 하고 있는 데 거의 마무리 단계에 이르렀다.

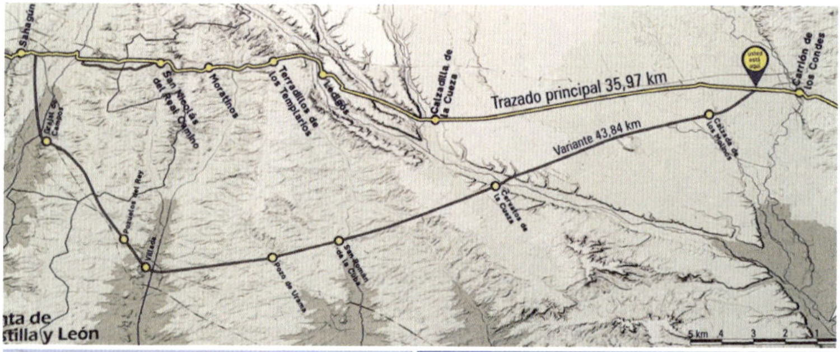

 칼사다 로마나^{Calzada} ➡ **교차로**^{Cruce}
➡ **칼사디야 데 라 케사**^{Calzadilla de la Cueza} | 11.5km

로마시대에 스페인까지 점령했다는 사실은 로마의 영토가 얼마나 큰 지 생각해 볼
수 있다. 또한 로마시대에 만들어진 길을 걷는 데, 직선으로 이루어진 길을 보면 로
마시대의 두루 포장 기술이 상당히 발달했다는 사실을 알 수 있다

현재는 포장도로로 바꾸고 있는 데, 포장이 상당히 이루어져 아스팔트길이 될 날
이 머지않았다. 오른쪽에 오스피탈레호 샘터가 있는 곳에서 잠시 쉬었다 가는 것
도 좋은 방법이다.

잠시 교차로가 나오는 데, 상관없이 계속 직진하면 된다. 상당한 거리를 계속 걸어가면 멀리 집 같은 곳이 보인다. 이곳에서 조금만 더 이동하면 칼사디야 라 케사에 도착한 것이다. 마을의 입구에 알베르게가 있는 데 직진해 바^{Bar} 표지판이 나오면 왼쪽으로 50m만 걸어가면 카미노 레알 바^{Bar}가 나온다. 주인은 한국어를 몇 개 구사할 줄 안다. 이곳에서 반드시 점심 식사를 하고 이동해야 한다. 이후에는 식사할 곳이 없다.

 칼사디야 데 라 케사^{Calzadilla de la Cueza} **– 레디고스**^{Ledigos} **| 6.5km**

마을 끝에 있는 비^{Bar}를 나오면 N-120도로를 볼 수 있다. 여기에서 산디 미리이 데 라스 티엔다스를 지나갈 때쯤에 오르막길이 나오는 데 거리가 길지 않으므로 천천 히 올라가면 된다. 내리막길을 내려가면 화살표가 표시된 길이 보이고 그 왼쪽으로 계속 걸어가면 된다. 마을이 보이면 레디고스에 도착한 것이다.

레디고스^{Ledigos}
→ 테라디요스 데 로스 텔플라리오스^{Terradillos de los Templarios} | 2.8km

레디고스 알베르게는 규모도 크고 바도 같이 운영하고 있어서 지내기에 좋다. 유럽의 순례자들은 레디고스에서 머무는 경우도 많다. 그러나 내일 걸어가야 하는 거리가 길어지므로 테라디요스 데 로스 텔플라리오스^{Terradillos de los Templarios}에서 쉬는 경우도 있으니 선택하면 된다. 두 마을 간의 거리가 2.8㎞밖에 안 되기 때문에 어디를 선택하든 상관없다. N-120도로 옆으로 걸어가므로 걷는 것은 어렵지 않다.

자크 데 몰라이(Jacques de Molay) 알베르게

여름이 아니면 작은 도시에 있는 유일한 알베르게로 조용하게 머물 수 있다. 8명
빙(10€), 3명 빙(12€)로 이루어져 있다. 다만 침대를 덮는 시드비용 1€는 따로 받고 있
다. 자체 레스토랑이 있어 식사를 같이 할 수 있어서 순례자는 알베르게에서 식사
를 해결하는 경우가 대부분이다. 주인이 친절하여 순례자들의 호평이 이어지는 곳
이다. 화장실이나 샤워실 상태도 좋아서 관리가 잘된 인상을 받는다.

225

391Km

CASTILLA Y LEÓN

CARRION

18일차 테라디요스 데 로스 템플라리오스부터 베르시아노스 델 레알 카미노까지 - 23.4km

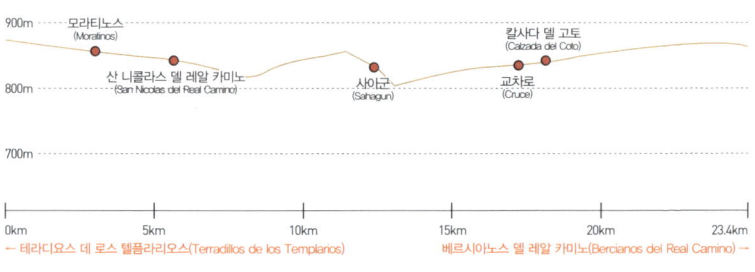

900m 모라티노스 (Moratinos) 칼사다 델 고토 (Calzada del Coto)
산 니콜라스 델 레알 카미노 (San Nicolas del Real Camino)
800m 사아군 (Sahagun) 교차로 (Cruce)
700m

0km 5km 10km 15km 20km 23.4km

← 테라디요스 데 로스 템플라리오스(Terradillos de los Templarios) 베르시아노스 델 레알 카미노(Bercianos del Real Camino) →

이동경로 / 23.4km

테라디요스 데 로스 템플라리오스(Terradillos de los Templarios) – 모라티노스
(Moratinos) – 산 니콜라스 델 레알 카미노(San Nicolas del Real Camino) – 사
아군(Sahagun) – 베르시아노스 델 레알 카미노(Bercianos del Real Camino)

평지길 (그늘이 별로 없다.)

오늘은 거의 평지길에 힘든 구간은 거의 없다. 마을을 나오면 N-120 도로 옆으로
나 있는 소로길을 걷게 된다. 여기부터 사아군Sahagun까지 쉴 장소를 거의 정해져

있다. 사아군이 오늘의 중간 지점이기
도 하지만 생장 피드포트에서 걷기 시
작했다면 산티아고 데 콤포스텔라까지
의 중간 지점으로 의미가 있는 마을이
기도 하다.

사전에 간식과 물이나 음료수를 준비해
벤치가 있는 쉬어가는 장소에서 휴식을
취하면서 걸어가면 된다. 어제와 마찬
가지로 평지길이 대단위 경작지 사이로

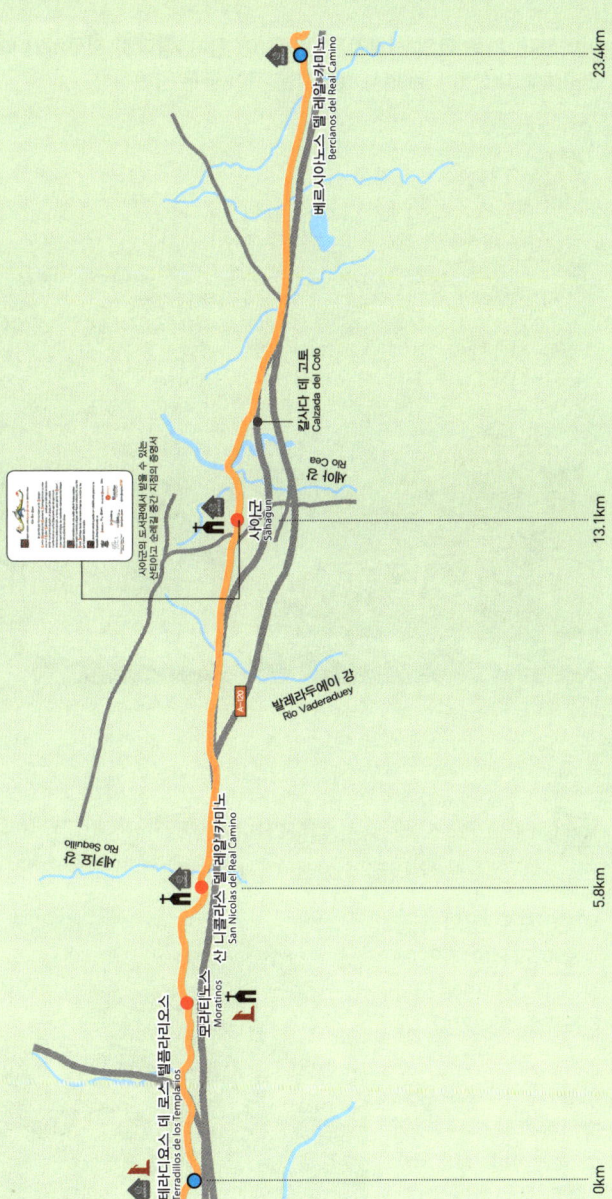

베르시아노스 델 레알카미노
Bercianos del Real Camino

23.4km

칼사다 데 코토
Calzada del Coto

세아 강
Río Cea

13.1km

사아군
Sahagún

발데라두에이 강
Río Vaderaduey

세키요 강
Río Sequillo

신 니콜라스 델 레알카미노
San Nicolás del Real Camino

5.8km

모라티노스
Moratinos

테라디요스 데 로스 템플라리오스
Terradillos de los Templarios

0km

이어진다. 차로 옆의 시골길을 걸어가야 한다. 상당히 지루하기 때문에 옆에 있는 친구들과 대화를 나누면서 걸어가는 것이 좋은 방법이다.

Tip

산티아고 순례길의 중간 지점 증명서(3€) 받기

아직은 거의 모르지만 생장 피드포트에서 걷기 시작했다면 산티아고 데 콤포스텔라까지의 중간 지점으로 의미가 있는 마을이기도 하다. 이곳에서도 중간지점까지 걸었다는 증명서를 발급하고 있다. 사아군 도서관의 1층으로 들어가면 오른쪽에 입구가 있다. 이곳에서 발급한다.

아직은 많이 받지는 않지만 300㎞이상 걸었다는 증명을 받을 수 있기 때문에 산티아고 순례길을 나누어서 걷는 순례자에게는 희열을 맛볼 수 있는 장소이다.

테라디요스 데 로스 텔플라리오스 ^{Terradillos de los Templarios} ➡ 모라티노스 ^{Moratinos} ➡ 산 니콜라스 델 레알 카미노 ^{San Nicolas del Real Camino} | 5.8m

N-120 도로 옆의 시골길을 따라 걸어가면 포장 도로 건너편에 모라티노스를 지나간다.

산 니콜라스 델 레알 카미노까지 계속 이어진 길을 따라 걸으므로 이동에 어려움은 없다.

 ## 산 니콜라스 델 레알 카미노 San Nicolas del Real Camino
➜ 사아군 Sahagun | 7.3km

팔렌시아 주와 레온 주의 경계선에 도착하는 카라스코 봉은 N-120 도로를 따라 걸으면 표지판을 볼 수 있다. 이후에는 내리막길을 걷다가 발데라두에이 강 Rio Valderaduey과 N-120를 건너 이동하게 된다. 다리의 성모 예배당에서 쉴 수 있는 공간과 그늘이 있어서 대부분의 순례자들은 이곳에서 휴식을 취한다. 이곳은 순례자들이 서로 약속을 하고 모이는 지점이다.

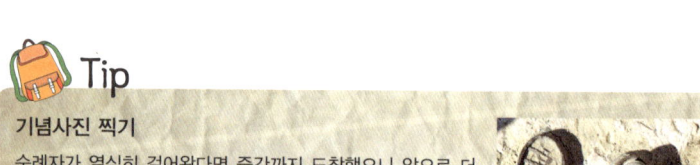

사아군은 중세 도시로 유명한데, 트리니다스 성당, 산 후안 성당, 산 로렌소 성당, 시청, 산 베니토 아치문 등이 유명하다. 하지만 순례자에게 의미가 있는 것은 이곳이 산티아고 데 콤포스텔라까지의 중간지점이라는 것이다.

Tip

기념사진 찍기

순례자가 열심히 걸어왔다면 중간까지 도착했으니 앞으로 더 열심히 걸어갈 수 있는 희망을 갖게 된다. 사아군 도서관에서 증명서를 받고 나오면 산 베니토 아치문 앞에 있는 순례자 발걸음 위에서 사진을 찍고 이동하자. 순례자가 사진을 찍을 수 있도록 배려를 해 놓았다.

 **사아군**^{Sahagun}
➡ **베르시아노스 델 레알 카미노**^{Bercianos del Real Camino} | 10.3km

사아군에서 나오면 N–120도로와 계속 만났다가 잠시 헤어지고 만나는 과정을 되풀이한다. 왼쪽의 버스 정류장에는 교차로를 볼 수 있고 분기점의 지도를 볼 수 있다. 도로를 따라 이동하면 베르시아노스 델 레알 카미노^{Bercianos del Real Camino}까지 이동하므로 걸어가는 데 혼동되는 지점은 없다.

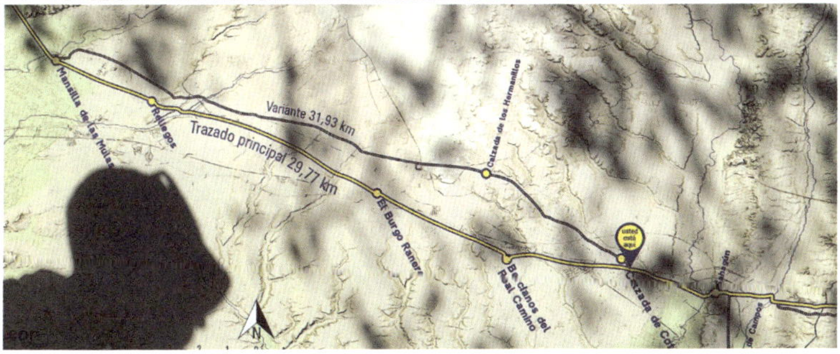

1. 오른쪽으로 이동하는 지점은 시골길이 이어지는 엘 부르고라네로로 이동한다.
2. 고가를 건너면 칼사다 델 코토를 따라 칼사디야 데 로스 엘르마니요스를 이동한다.

베르시아노스(Bercianos) 1900 알베르게

작은 마을이지만 알베르게가 3개나 있다. 그 중에서 베르시아노스^{Bercianos} 1900 알베르게는 호스텔 분위기의 알베르게로 최근에 리모델링을 끝내 상당히 쾌적한 곳이다. 16명 방과 1층의 휴게실은 누구나 만족스럽게 휴식을 취할 수 있을 것이다. 침대를 덮는 시트도 정말 천으로 이루어져 있다.

자체 레스토랑이 있어 식사를 같이 할 수 있어서 순례자는 알베르게에서 식사를 해결하는 경우가 대부분이다. 주인이 친절하여 순례자들의 호평이 이어지는 곳이다. 화장실이나 샤워실 상태도 좋아서 관리가 잘된 인상을 받는다.

epan cuantos esta Carta Peregrina vieren como

Cho Dae Hyun

ha pasado por tierras leonesas de Sahagún.
Centro Geográfico del Camino de Santiago francés y como
reza en el Códex Calixtinus "... pródigo en todo tipo de bienes,
donde se encuentra el prado, en el que se dice, antaño
reverdecieron las astas fulgurantes que los guerreros
victoriosos habían hincado en tierra, para gloria del Señor".
Y que según atestigua, ha encontrado reposo para las fatigas
del cuerpo y alivio de las almas.

Los moradores de esta noble villa le damos ánimos
para seguir su camino y llegar con buena andanza a la casa del
Señor Santiago, donde esperamos tenga un recuerdo de los
que le hemos dado acogida.

Y para que conste y pueda ser exhibida ante quien se lo
demande, firmo la presente en

Sahagún, a 25 de Octubre del año del Señor de 2021

Alfonsino rex Legionis et factus
Hispaniae Imperator

La Alcaldesa.

Paula Conde Huerta

Carta Peregrina 36268

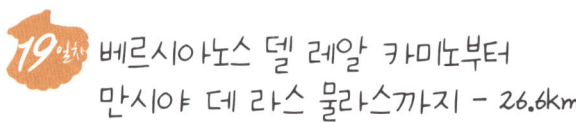

19일차 베르시아노스 델 레알 카미노부터 만시야 데 라스 물라스까지 - 26.6km

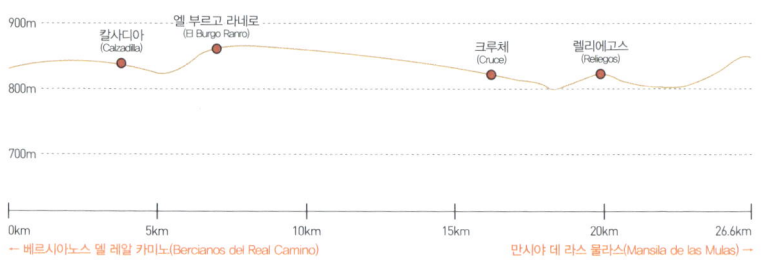

900m
칼사디아
(Calzadilla)
엘 부르고 라네로
(El Burgo Ranro)
크루체
(Cruce)
렐리에고스
(Reliegos)
800m

700m

0km　　5km　　10km　　15km　　20km　　26.6km

← 베르시아노스 델 레알 카미노(Bercianos del Real Camino)　　만시야 데 라스 물라스(Mansila de las Mulas) →

이동경로 / 26.6km

베르시아노스 델 레알 카미노(Bercianos del Real Camino) – 엘 부르고 라네로
(El Burgo Ranro) – 렐리에고스(Reliegos) – 만시야 데 라스 물라스(Mansila de las Mulas)

평지길 (그늘이 별로 없다.)

레온까지는 평야가 이어지기 때문에 평지길이라 힘든 구간은 거의 없다. 마을을 나오면 N–120 도로 옆으로 나 있는 소로길을 걷는데 그늘이 없다가도 어느 정도 거리가 지나면 그늘이 있는 벤치가 나온다. 간식과 물이나 음료수를 준비해 휴식을 취하면서 걸어가면 된다. 차로 옆의 시골길은 지루하기 때문에 옆에 있는 친구들과 대화를 나누면서 걸어가는 것이 좋은 방법이다.

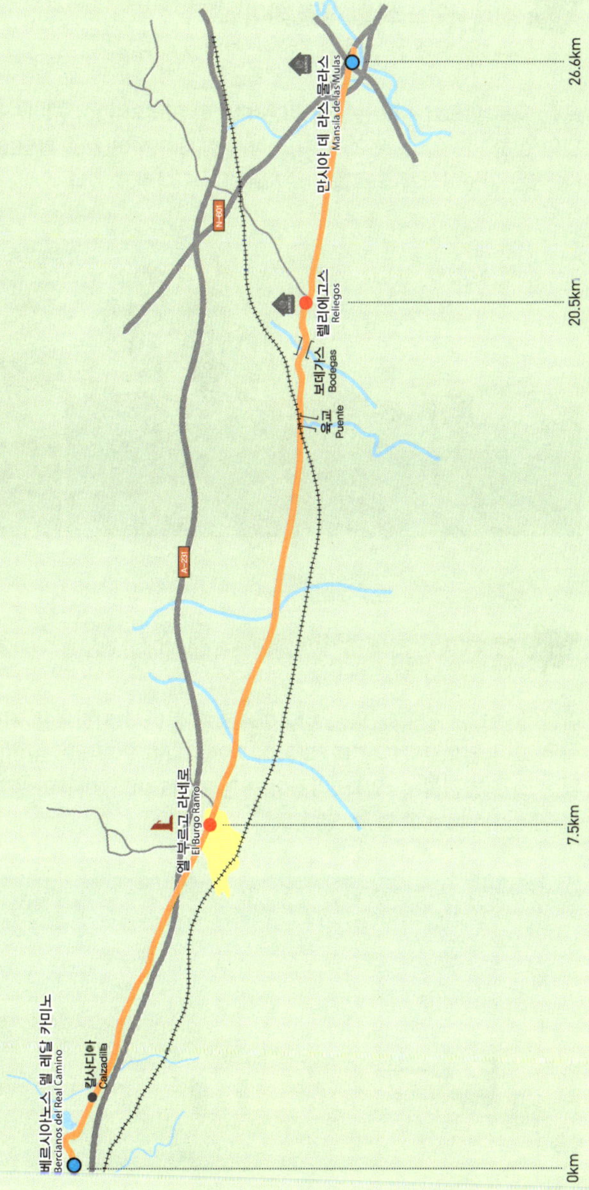

베르시아노스 델 레알 카미노
Bercianos del Real Camino
칼사디야
Calzadilla
엘 부르고 라네로
El Burgo Ranro
A-231
N-601
육교
Puente
보데가스
Bodegas
렐리에고스
Reliegos
만시야 데 라스 물라스
Mansila de las Mulas
0km
7.5km
20.5km
26.6km

베르시아노스 델 레알 카미노^{Bercianos del Real Camino}
➡ 엘 부르고 라네로^{El Burgo Ranro} | 7.5km

포장 도로 옆으로 나있는 소로길은 다행히 도로가 많이 지나지는 않기 때문에 매연이 심하지는 않다. A–231고가의 아래를 지나면 이내 엘 부르고 라네로에 도착한다. 작은 마을이라서 도로를 가로지르면서 지나가게 된다.

 엘 부르고 라네로^{El Burgo Ranro} ➡ 렐리에고스^{Reliegos} | 13km

마을이 나오면 왼쪽에 있는 비야마르코를 돌아서 지하도를 지난다. 도로 아래의 짧은 고가 밑으로 건너간다. 마을이 가까워지면 언덕처럼 보이는 곳에 작은 문이 있는 것을 발견할 수 있다. 이곳이 와인 저장고이다. 마을의 중간지점에는 순례자가 쉬어가는 바^{Bar}를 볼 수 있다.

 ### 렐리에고스^{Reliegos}

➡ 만시야 데 라스 물라스^{Mansila de las Mulas} | 6.1km

N-601 고가도로를 건너면 짧은 수로가 나온다. 산타 마리아 아치문이 보이고 만시야 데 라스 물라스^{Mansila de las Mulas}로 입장하게 된다. 레온에 들어가기 전 순례자들은 여기에서 레온에서 무엇을 할지 고민하면서 대화를 나눈다.

엘 자르딘 델 카미노(El Jardin del Camino) 알베르게

마을의 입구에 있는 큰 알베르게로 규모가 크다. 호스텔 분위기의 알베르게로 리모델링으로 현대화되었다. 16명 방으로 규모가 크기 때문에 웅성웅성 대는 소리가 크게 들릴 수도 있다. 1층의 휴게실은 누구나 만족스럽게 휴식을 취할 수 있을 것이다. 자체 레스토랑이 있어 식사를 같이 할 수 있어서 대부분의 순례자는 알베르게에서 식사를 해결한다.

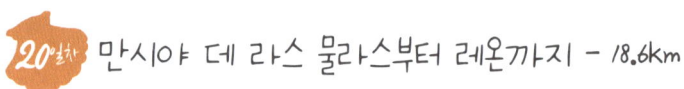

20일차 만시야 데 라스 물라스부터 레온까지 - 18.6km

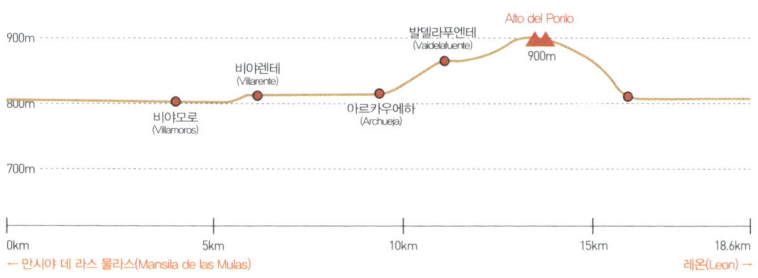

900m
800m
700m

비야모로
(Villamoros)

비야렌테
(Villarente)

아르카우에하
(Archueja)

발델라푸엔테
(Valdelafuente)

Alto del Portio
900m

0km   5km   10km   15km   18.6km
← 만시야 데 라스 물라스(Mansila de las Mulas)   레온(Leon) →

이동경로 / 18.6km

만시야 데 라스 물라스(Mansila de las Mulas) – 비야렌테(Villarente) – 아르카우에하(Archueja) – 레온(Leon)

도시로 들어가는 평지길

걷는 거리는 짧지만 큰 도시로 들어가는 길은 지루하다. 그래서 아무 생각 없이 걷다가 거리를 잘못 걷기도 한다. 평지길이라 힘든 구간은 거의 없지만 N-601도로는 걷기에 좋은 길은 아니다. 또한 빨리 지나가는 차량은 소음과 매연을 만들어내기 때문에 쉴 공간이 있다면 쉬어가는 것이 좋다.

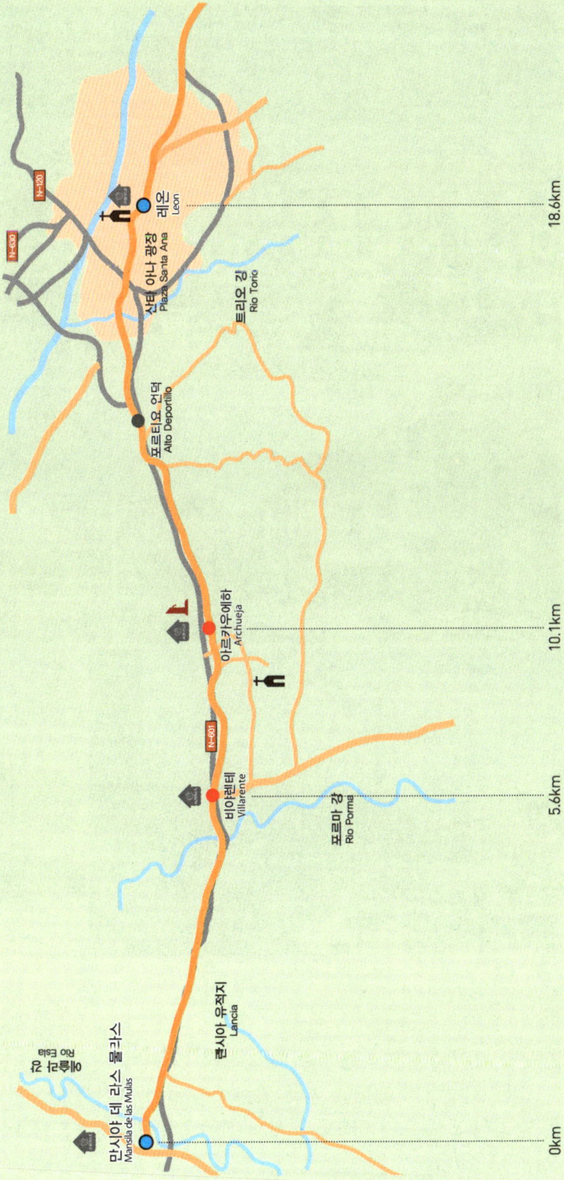
레온
Leon
산타 아나 광장
Plaza Santa Ana
N-120
N-630
토리오 강
Rio Torio
포르티요 언덕
Alto Deportillo
아르카우에하
Archueja
N-601
비야렌테
Villarente
포르마 강
Rio Porma
란시아 유적지
Lancia
만시야 데 라스 물라스
Mansilla de las Mulas
에슬라 강
Rio Esla
18.6km
10.1km
5.6km
0km

간식과 물이나 음료수를 준비해 휴식을 취하면서 걸어가면 된다. 차량 도로로 가는 길은 지루하기 때문에 옆에 있는 친구들과 대화를 나누면서 걸어가는 것이 좋은 방법이다. 수도인 마드리드에서 레온으로 이동해 약 300㎞를 약 2주 동안 걷는 순례자도 있다.

만시야 데 라스 물라스^{Mansila de las Mulas} → 비야렌테^{Villarente} | 5.6km

다리를 건너는 것이 중요하다. 만시야 데 라스 물라스^{Mansila de las Mulas}는 에슬라 강을 건너야 하는 데 다리를 건너면 된다. 주유소를 오른쪽에 보면서 이동하고 소로 길로 이동한다.

N-601도로는 차량의 속도가 빠르기 때문에 조심해야 한다. 평지를 걸어가면 포르마 강^{Rio Porma}의 다리를 건너고 N-601 옆으로 나 있는 길을 왼쪽으로 돌아가면 비야렌테^{Villarente}마을이 보인다.

비야렌테^{Villarente} ➜ 아르카우에하^{Archueja} | 4.5km

마을이 끝나면 바로 시골길이 나온다. A–60 밑으로 지나는 지하도를 통과하면 아르카우에하^{Archueja}가 보이는 언덕으로 올라가게 된다.

 아르카우에하^{Archueja} ➜ 레온^{Leon} | 8.5km

레온은 스페인 북부의 대표적인 공업 도시이다. 도시 주변으로는 공장 지대가 있는 데 이곳이 발델라푸엔테 ^{Valdelafuente}이다. 왼쪽으로 돌아 걸어가면 N–601의 옆으로 난 인도로를 걸어간다. 포르티요 언덕^{Alto del Portillor}을 넘으려면 철도교가 나오는데 여기에서 레온^{Leon}의 시내가 보인다.

계속 걸어가면 병원이 나오고 작은 광장도 나오므로 쉬이 가려는 장소를 찾아서 쉬어가는 것이 좋다. 어차피 레온^{Leon}까지 걸어가는 길은 지루하므로 같이 친구와 이야기를 나누면서 계속 걸어가는 것이 좋다. 레온^{Leon}에 도착하면 산타 안나 광장 이 있고 이어서 올드 타운에 이른다. 거리는 멀지 않으므로 힘들지는 않을 것이다.

레온(Leon)

스페인 북부의 대표적인 도시인 레온Leon은 레온 왕국의 수도였다. 레온은 산티아고 순례길에서 약 300㎞지점에 도착했다는 표시를 해주는 도시이기도 하다. 레온에는 정교한 스테인드글라스로 유명한 레온 대성당과 산 이시도르 성당, 구 산 마르코스 수도원 등 역사적으로 중요한 건축물이 많다.

기차역과 버스 터미널은 베르네스가 강 서쪽에 위치해 있고 올드 타운까지는 걸어서 15분 정도가 소요된다. 산토 도밍고 광장을 지나 올드타운으로 들어서면 왼쪽에 가우디가 설계한 카사 데 보티네스가 있고 위로 더 걸어가면 레온의 중심인 대성당이 나온다. 산 마르틴 광장 주변은 레온에 찾아온 관광객이 밤늦게까지 붐비는 곳이다.

산 프란체스코 데 아시스(San Francisco de Asis) 알베르게

레온의 구시가지의 입구에 있는 큰 알베르게로 규모가 크지만 시설이 좋은 편은 아니다. 오래된 큰 입구에 공간이 커서 여유롭게 휴식을 취할 수 있는 공간이 있다. 16명 방으로 규모가 큰데, 2층 침대의 1층만 사용하고 있다.

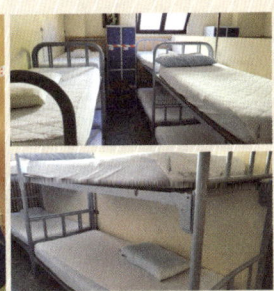

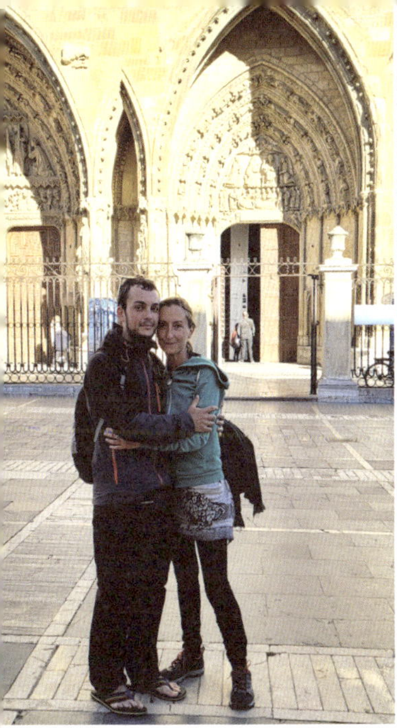
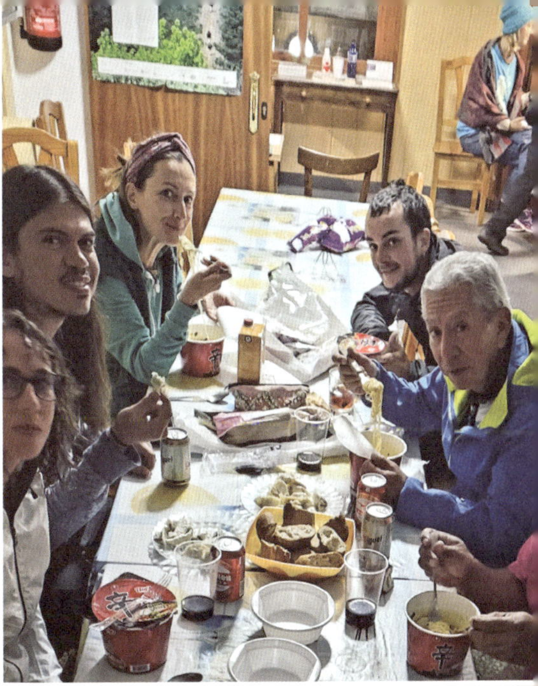
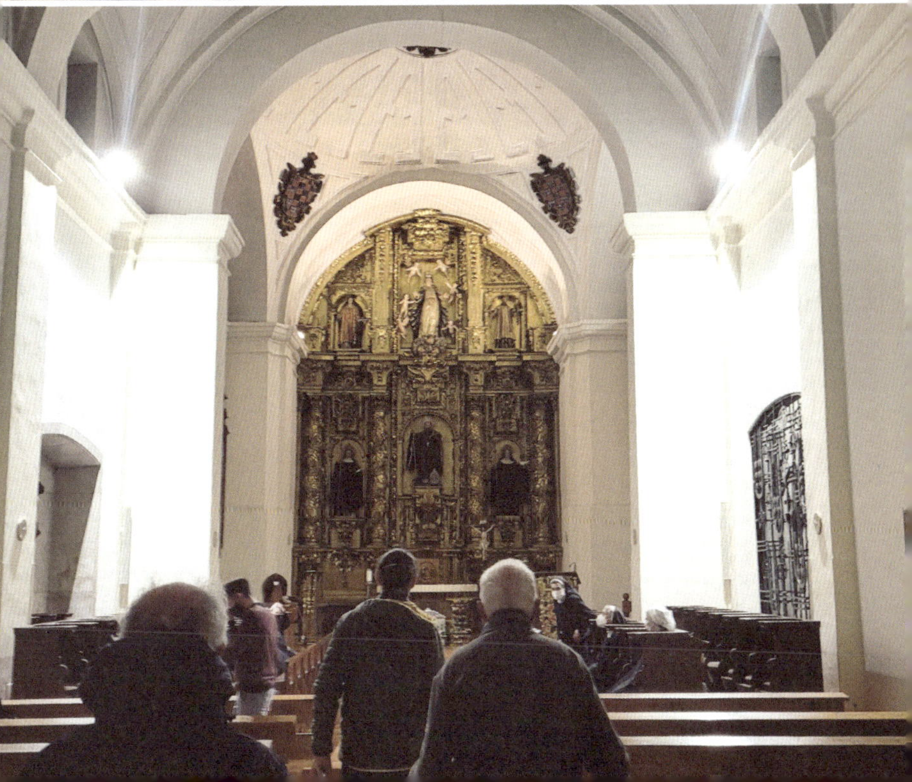

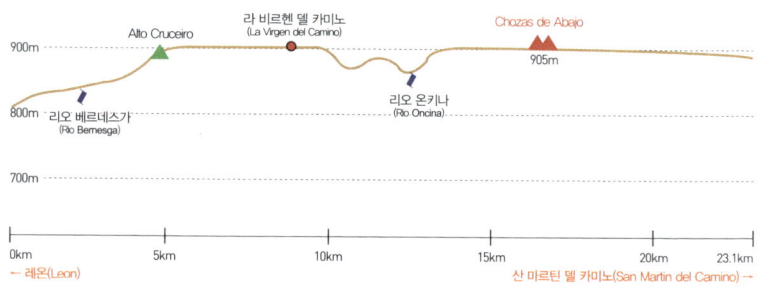

이동경로 / 26.8km

레온(Leon) – 라 비르헨 델 카미노(La Virgen del Camino) – 산 미겔 델 카미노(San Miguel del Camino) – 비야당고스 델 파라모(Villadangos del Paramo) – 산 마르틴 델 카미노(San Martin del Camino)

(2번 루트 : 레온(Leon) – 라 비르헨 델 카미노(La Virgen del Camino) – 초사스 데 아바호(Chozas de Abajo) – 비야르 데 마사리페(Viyar de Masarife))

도시에서 나가는 평지길

걷는 거리는 길지 않지만 큰 도시에서 다시 나오는 길도 지루하다. 하지만 도시를 나오는 과정에서 아무 생각 없이 걷다가 거리를 잘못 걷기도 한다.

큰 도시들은 노란색 화살표 보다는 조개껍데기 모양을 보도 블록에 넣어 표시를 하는 경우가 대부분이다. 그런데 해가 뜨지 않은 어두운 길은 조개껍데기 모양이 잘 보이지 않는다.

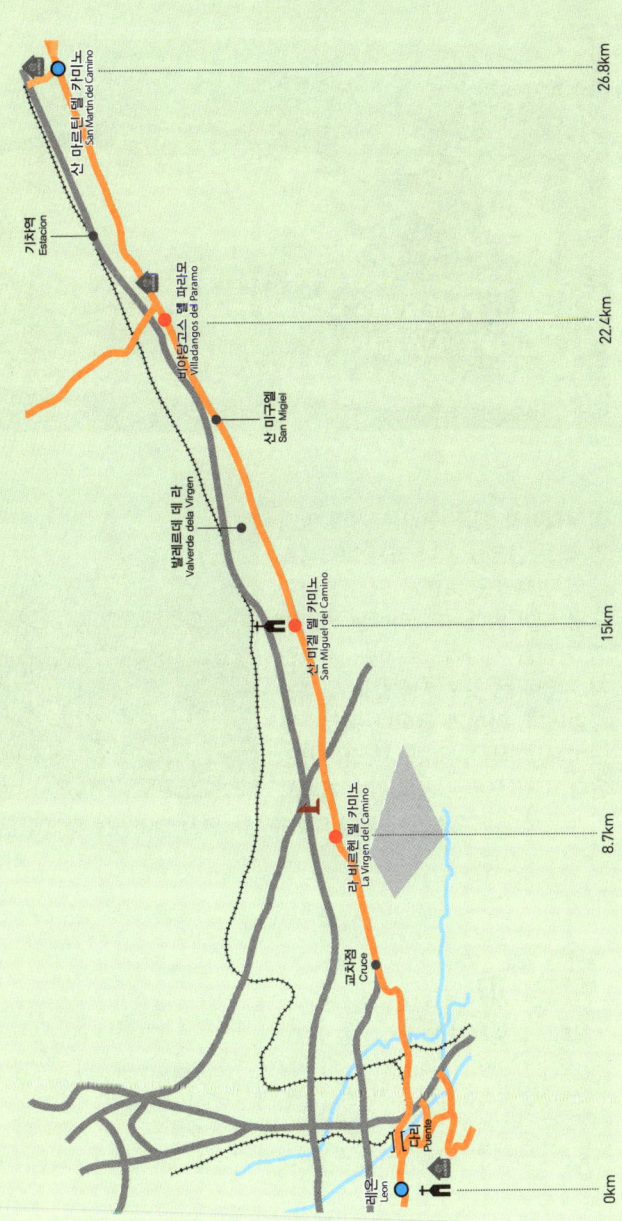

산 마르틴 델 카미노
San Martin del Camino — 26.8km

기차역
Estacion

비야당고스 델 파라모
Villadangos del Paramo — 22.4km

산 미구엘
San Miguel

발베르데 데 라 비르헨
Valverde dela Virgen

산 미구엘 델 카미노
San Miguel del Camino — 15km

라 비르헨 델 카미노
La Virgen del Camino — 8.7km

교차점
Cruce

다리
Puente

레온
Leon — 0km

253

평지길이라 힘든 구간은 거의 없지만 레온 성당을 지나 카사 보티네스 등의 건축물을 보면서 도시를 나오도록 되어 있다. 마지막에는 기차역과 공항을 지나가므로 어느 지점인지 확인하는 것도 지루함을 달래는 방법이다. 간식과 물이나 음료수를 준비해 휴식을 취하면서 걸어가면 된다. 차량 도로로 가는 길은 지루하

기 때문에 옆에 있는 친구들과 대화를 나누면서 걸어가는 것이 좋은 방법이다.

 Tip

산티아고 순례길 300㎞ 걷기

산티아고 순례길의 프랑스 길은 약 800㎞이다. 1달이 넘는 기간 동안 걷기 위해 일정을 비우는 것은 쉬운 일이 아니다. 그래서 전체 순례길을 다 걷지 않고 나누어서 걷거나 마지막 순례길 부분을 걷는 순례자들도 있다. 프랑스 길의 일부분을 걸으려고 하는 순례자들은 220km, 110km를 폰 페라다(Ponferrada)와 사리아(Sarria)에서 걷기 시작하지만 일부 순례자들은 레온부터 걷는 경우도 있다.

레온^{Leon} ➔ 라 비르헨 델 카미노^{La Virgen del Camino} | 8.7km

레온의 중심부인 마르셀로 광장과 레글라 광장을 지나도록 산티아고 순례길이 구성되어 있다. 이곳에는 산 마르셀로 성당과 카사 보티네스와 레온 대성당 등의 중요한 건축물들이 모여 있다. 아침에 보는 건축물도 상당히 아름다우니 천천히 걸어가면서 같이 온 순례자와 같이 사진을 찍으면서 추억을 남기는 것도 좋은 방법이다.

카예레누에바를 따라 가면 파라도르와 산 마르코스 수도원이 있는 산 마르코스 광장에 도착한다. 스페인의 유명호텔인 파라도르는 고풍스러운 건물이 아름다워 호텔이라는 사실에 놀라기도 한다.

베르네스가 강^{Rio Bernesga}다리를 건너면 레온의 끝지점에 다가간다는 것을 생각하자. 아베니다 케베도에서 시작한 화살표가 기찻질 위로 인도교를 만나고 다시 직진하면 산티아고 성당이 나타난다. 왼쪽으로 돌아가면 사거리가 보이고 오르막길을 따라 걸어가면 된다. 점차 도로는 N-601의 큰 도로이므로 차량의 속도가 빠르다. 중간 중간 바^{Bar}가 나타나므로 자신이 쉬고 싶을 때 휴식을 취하고 걸어가자.

 라 비르헨 델 카미노 La Virgen del Camino
→ **산 미겔 델 카미노**San Miguel del Camino | 6.3km

N-120도로를 따라 가기 때문에 걷는 데 문제는 없지만 마을이 고풍스럽고 시골길
을 걷기 위해 유럽의 순례자들이 선호하는 루트이다. 시골길은 교차로 밑의 터널
을 지나간다. 터널에서 오른쪽으로 돌아가면 N-120도로가 보이고 산 미겔 델 카미
노에 도착한다.

산 미겔 델 카미노^{San Miguel del Camino}
➡ 비야당고스 델 파라모^{Villadangos del Paramo} | 7.4km

N-120도로 옆으로 난 작은 길은 아베니다 호텔을 지나 알베르게가 나타난다. 차량이 빨리 지나가는 구간이므로 교통 신호를 잘 지키도록 해야 한다.

 ## 비야당고스 델 파라모^{Villadangos del Paramo}
➡ 산 마르틴 델 카미노^{San Martin del Camino} | 4.4km

나무 사이로 난 작은 소로길은 N-120번 도로와 만나 알베르게를 만날 수 있다. 하지만 작은 마을이므로 도로와 마을이 만나는 지점에서 먹거리를 미리 준비하는 것도 중요하다. 알베르게는 국도 오른쪽에 보이기 시작한다.

2번 루트 : 라 비르헨 델 카미노^{La Virgen del Camino}

→ **초사스 데 아바호**^{Chozas de Abajo} **| 10.3km**

이곳은 비야르 데 마사리페와 비야당고스 델 파라모로 분리되는 도로가 나타나는 곳이다. A–71, A–66번 도로의 교차로를 건너 프레스노 델 카미노에서 휴식을 취한다.

 초사스 데 아바호^{Chozas de Abajo}

→ **비야르 데 마사리페**^{Viyar de Masarife} **| 4.1km**

소로길을 따라 걸으면 얼마 지나지 않아 비야르 데 마사리페에 도착한다.

산 마르틴 델 카미노(San Martin del Camino) 알베르게

작은 마을의 알베르게는 입구에 있다. 공립 알베르게 같지만 사설 알베르게인데도 시설이 좋은 편은 아니다. 16명이 사용하는 공간은 커서 여유로울 거 같지만 다소 웅성웅성 번잡하다. 알베르게 건너편에 레스토랑이 있어 대부분의 순례자가 식사를 이곳에서 해결한다.

아침식사

순례길을 걸으면 아침식사는 상당히 부실하게 느끼는 대한민국의 순례자가 많다. 아침에는 간단하게 빵이나 크로아상, 커피, 오렌지 주스로 해결한다. 점심을 건너뛰고 늦은 점심을 먹는 경우가 많고 저녁식사를 하기 때문에 상대적으로 아침은 간단하게 먹고 짐을 싸서 걷기 시작한다. 아침을 꼭 먹고 출발하려고 한다면 미리 먹을 것을 마트에서 구입해 준비해 놓는 것이 좋다.

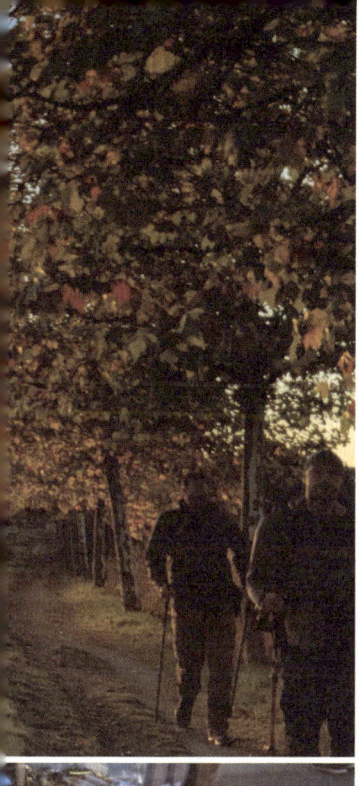

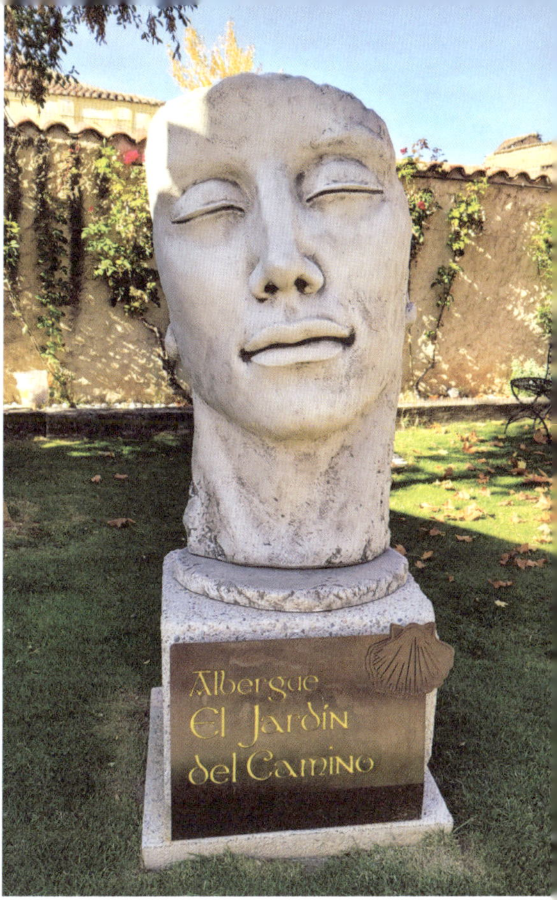
Albergue
El Jardín
del Camino

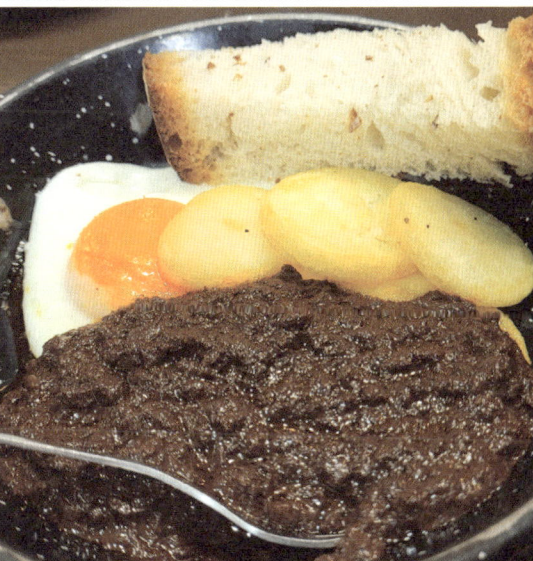

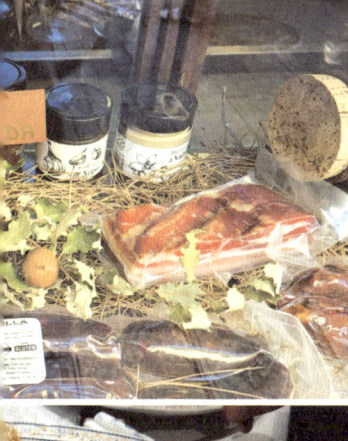

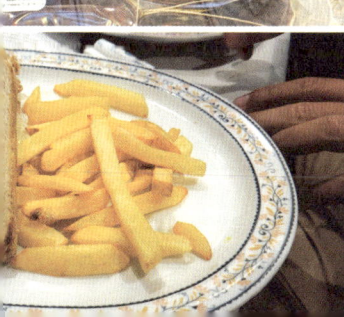

22일차 비야르 데 마사리페부터 아스토르가까지
– 30.1km

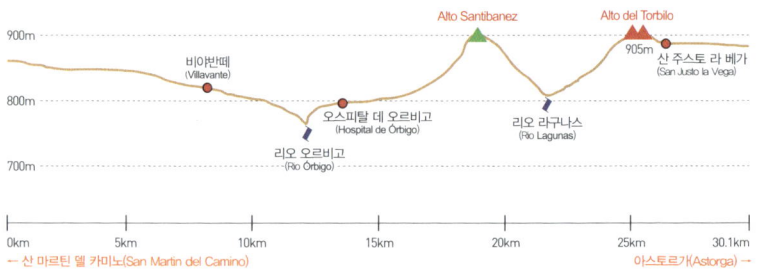

| | | Alto Santibanez | | Alto del Torbilo | |

900m

비야반떼
(Villavante)

Alto Santibanez

Alto del Torbilo

905m 산 주스토 라 베가
(San Justo la Vega)

800m

오스피탈 데 오르비고
(Hospital de Órbigo)

리오 라구나스
(Rio Lagunas)

리오 오르비고
(Rio Órbigo)

700m

0km   5km   10km   15km   20km   25km   30.1km

← 산 마르틴 델 카미노(San Martin del Camino)   아스토르가(Astorga) →

이동경로 / 30.1km

산 마르틴 델 카미노(San Martin del Camino) – 비야반테(Villavante) – 오스피탈 데 오르비고(Hospital de Orbigo) – 산티바네스 데 발데이글레시아(Santibanez de Valdeiglesia) – 산 후스토 데 라 베가(San Justo de la Vega) – 아스토르가(Astorga)

평지길

산티아고 순례길에서 마지막으로 남은 도시에 도착하게 된다. 대부분의 시골길을 평이하게 걷게 된다.
양쪽으로 경작지가 펼쳐지는 평야지대라서 평지가 대부분이다. 다만 그늘이 없으므로 여름에는 쉬면서 간식과 물이나 음료수를 준비해 걸어가야 한다.

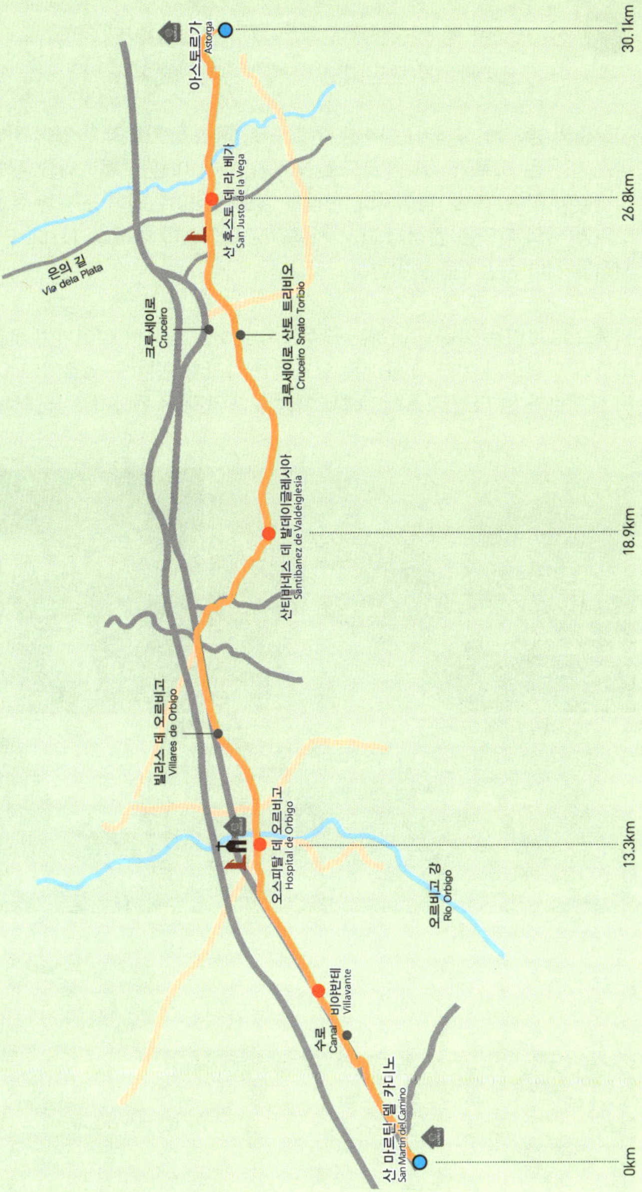

아스토르가
Astorga
30.1km

산 후스토 데 라 베가
San Justo de la Vega
26.8km

크루세이로
Cruceiro
운의 길
Vía dela Plata

크루세이로 산토 토리비오
Cruceiro Snato Toribio

산티바녜스 데 발데이글레시아
Santibañez de Valdeiglesia
18.9km

비야레스 데 오르비고
Villares de Orbigo

오스피탈 데 오르비고
Hospital de Orbigo
13.3km

오르비고 강
Rio Orbigo

수로
Canal
비야반테
Villavante

산 마르틴 델 카미노
San Martín del Camino
0km

263

산 마르틴 델 카미노^{San Martin del Camino} – 비야반테^{Villavante}
→ 오스피탈 데 오르비고^{Hospital de Orbigo} | 13.3km

시골길의 평지를 걸어가는 데 중간에 도로, 철로가 가로막고 있어 지나가게 된다. 작은 마을은 도로가 가로지르므로 도로를 따라 마을을 벗어나게 된다. 이후에는 시골길이 이어지므로 평이하다. 한참을 걸으면 비야반테에 도착할 수 있다. 철로가 보이면 위의 다리를 건너서 다시 시골길로 이어진다. A-71과 N-120도로가 겹치는 지점을 지나 시골길을 걸어간다.

왼쪽으로 보이는 물을 공급하는 급수탑이 보이고 조금만 걸어가면 푸엔테 데 오르비고에 도착하게 된다. 마을에는 오르비고 다리가 있는데, 세르반테스의 돈키호테의 모티브가 된 다리로 스페인에서 가장 오래된 중세 돌다리로 유명하다.

오스피탈 데 오르비고Hospital de Orbigo

➡ 산티바네스 데 발데이글레시아Santibanez de Valdeiglesia | 5.6km

마을을 벗어나면 이내 갈림길이 나온다. 대부분 풍경이 예쁜 시골길로 들어간다. 낮은 경사의 오르막길을 걸어가면 포장도로가 나오면 마을이 시작된다고 생각하면 된다. 이곳의 바Bar는 각자 먹고 싶은 과일이나 간단한 먹거리, 음료수를 선택하여 먹으면 되는데, 돈은 각자 알아서 저금통에 넣으면 된다. 이곳에서 쉬면서 앞으로 걸어갈 힘을 얻어가자.

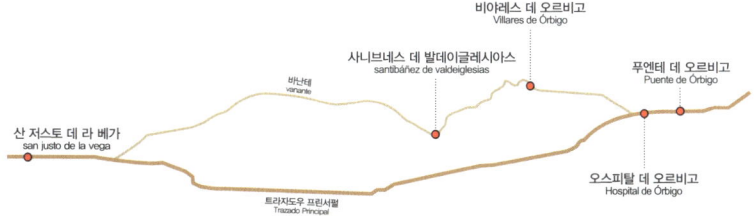

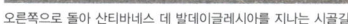

오른쪽으로 돌아 산티바네스 데 발데이글레시아를 지나는 시골길

직진해 빠르게 이동하는 도로 옆 소로길

산티바네스 데 발데이글레시아^{Santibanez de Valdeiglesia}
→ 산 후스토 데 라 베가^{San Justo de la Vega} | 7.9km

평지가 이어지는 시골길이다. 중간에 경작지가 계속 이어지고 조그만 마을이 있어서 화살표는 듬성듬성 있다. 구글맵을 켜서 위치를 확인하는 것도 좋은 방법이다. 산토 토리비오 십자가^{Cruceiro de Santo Toribio}가 나타나면 아스토르가에 근접한 것이다. 내리막길이 나오고 순례 기념상이 나오는데 내리막길이 있으니 무릎이 아플 수도 있어서 천천히 걸어가도록 하자.

산 후스토 데 라 베가(San Justo de la Vega)
➡ **아스토르가(Astorga) | 3.3km**

투에르토 강이 보이면 몰데라 다리가 나온다. 다리를 건너 오른쪽으로 돌아가면 시골길이다. 다리를 건너 왼쪽으로 걸어가면 철로가 있다. 사고가 많이 난 이후로 철로 위에 다리가 만들어져 있는데 꾸불꾸불 만들어서 걷는 거리는 짧지 않다. 아스토르가 시내로 들어가기 위해 교차로를 건너 걸어가면 멀리 도시가 보인다. 왼쪽으로 돌아 짧게 걸으면 다시 오른쪽으로 경사길이 나오는 데 마지막으로 조금 심한 경사길이다. 경사길만 올라가면 순례자 철제상이 있고 알베르게가 보인다. 이곳에서 정면에 아스토르가 광장과 시내가 펼쳐진다.

아스토르가(Astorga)

아스토르가Astorga는 산티아고 순례길의 마지막 250㎞지점 정도에 있는 도시로, 2000년 전에 로마인들에 의해 세워진 유서 깊은 도시이다. 로마시대의 유적지도 유명하지만 가우디가 디자인한 네오 고딕 양식의 주교관 건물이 더 보고 싶을 수 있다. 현재 순례자 박물관으로 사용하고 있는데, 가우디의 초창기 건축물이라 가우디의 특징이 나타나지는 않아 유명하지는 않다.

마요르 광장

광장은 아스토르가 시민들이 매일 보고 사람들을 만나는 장소이다. 고대 로마 시대에 포룸이 있던 곳으로 중세부터 현재의 광장 모습으로 변화하기 시작했다. 광장의 한편에는 17세기 바로크 양식으로 지어진 시청이 있다.

시청 ▶

아스토르가 대성당

로마네스크 양식으로 지어진 성당은 15세기에 증축을 시작해 18세기에 완공하였다. 고딕, 르네상스, 바로크 양식이 섞여 있는 데, 약 300년 동안 지어진 흔적을 볼 수 있다. 18세기에 마지막으로 완성된 파사드는 은 세공 양식이 섬세하게 녹여 아름다움을 더했다는 평가를 받고 있다.

지에르바스 데 마리아(Siervas de Maria) 알베르게

아스토르가 입구에 알베르게가 있어서 쉽게 찾을 수 있다. 입구부터 온도를 체크하고 입장할 수 있다. 1층에 방은 4명과 8명 방 나누어져 있고, 식사와 세탁은 지하에 있다. 순례자 누구나 찾는 알베르게로 화장실이나 샤워실은 상당히 깨끗하고 관리가 잘 되어 있다. 다만 식사는 밖에서 해결해야 한다.

23일차 아스토르가부터 폰세바돈까지 - 27.2km

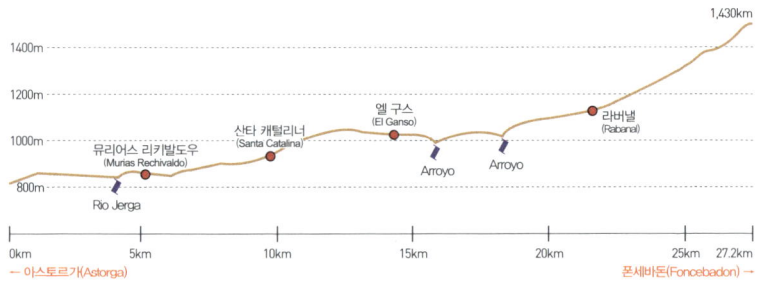

이동경로 / 27.2km

아스토르가(Astorga) – 무리아스 데 레치발도(Murias de Rechivaldo) – 산타 카탈리나 데 소모사(Santa Catalina de Somoza) – 엘 간소(El Ganso) – 라바날 델 카미노(Rabanal del Camino) – 폰세바돈(Foncebadon)

산 정상으로 올라가는 길

평지길부터 시작해 엘 간소El Ganso부터 산으로 올라가야 한다. 폰세바돈과 2일 후에 걸을 오세브로이로는 산을 올라가는 길이다. 산에서는 바람이 많이 불어서 날씨가

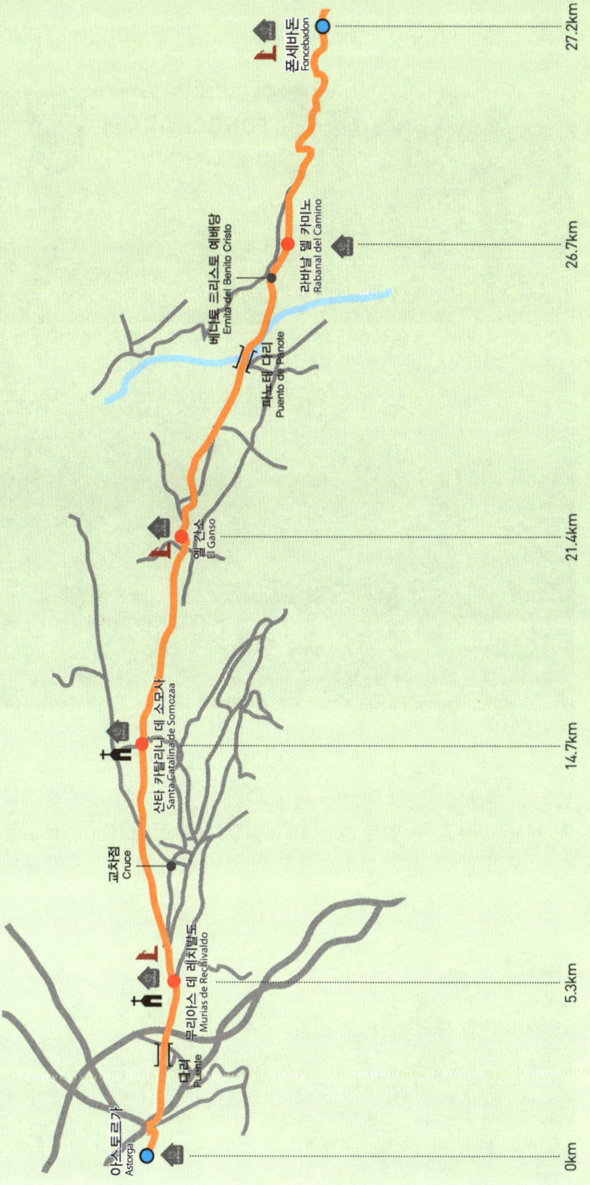

폰세바돈
Foncebadon — 27.2km

라바날 델 카미노
Rabanal del Camino — 26.7km

베니토 크리스토 예배당
Ermita del Benito Cristo

판도 다리
Puente de Plande

엘 간소
El Ganso — 21.4km

산타 카탈리나 데 소모사
Santa Catalina de Somoza — 14.7km

교차점
Cruce

무리아스 데 레치발도
Murias de Rechivaldo — 5.3km

다리
Puente

아스토르가
Astorga — 0km

273

좋아도 추울 수 있기 때문에 몸을 따뜻하게 만들어 주어야 한다. 비가 온다면 우의
와 물을 막아줄 수 있는 등산화도 필요하다. 산에서는 음료수를 구할 곳도 없고 간
식도 구입할 수 없다. 그러므로 미리 준비해서 하루를 시작해야 한다.

 Tip

폰세바돈과 오세브로이로 준비

산티아고 순례길에서 산을 올라가는 지점은 첫날의 생장피드포트, 폰세바돈과 오세브로이로이
다. 폰세바돈을 올라가기 전 마지막 도시는 아스토르가(Astorga)이므로 여기에서 부족한 물품
을 구입해 출발하는 것이 좋다. 아스토르가(Astorga)에는 큰 마트나 등산용품 상점이 있다. 아
스토르가에서 사전에 날씨 예보를 보고 준비를 할 수 있는 도시라는 점을 인식하도록 하자.

아스토르가^{Astorga} ➡ 무리아스 데 레치발도^{Murias de Rechivaldo}
➡ 산타 카탈리나 데 소모사^{Santa Catalina de Somoza} | 14.7km

알베르게를 나와 앞으로 직진해 가면 된다. 아스토르가 대성당이 나타나면 주교의
문이 보이고 카예 산 페드로에 도착하도록 되어 있다. 평지길을 걷지만 교차로를
지나면서 포장도로 옆의 인도를 따라 간다.

A-6도로를 건너 고가다리를 건너서 걸어가면 헤르가 강을 볼 수 있다. 이 곳이 무
리아스 데 레치발도이다. 이후에 카예 아^{Calle} A에서 나오면 시골길이 나타난다. 교
차로가 보이고 도로 옆으로 걸어가면 산타 카딜리나 데 소모시에 도착한다.

275

산타 카탈리나 데 소모사^{Santa Catalina de Somoza} → **엘 간소**^{El Ganso}
→ **라바날 델 카미노**^{Rabanal del Camino} | 12km

이어지는 평지길은 도로 옆으로 이어지는 소로길이다. 성당을 지나면 오른쪽에 물건만 놓아서 산티아고 순례길 물품을 파는 상점이 보인다. 엘 간소^{El Ganso}에서 파노테 다리^{Puente de Panote}가 보이면 오르막길이 나타난다.

라바날에는 18세기의 베니토크리스토 예배당이 왼쪽에 보이고 오르막길로 이어지는 마을이 1,150m의 라바날 델 카미노이다. 이제부터 본격적인 산으로 올라가는 오르막길이 나오므로 바^{Bar}에서 쉬어가도록 하자.

예배당

라바날 델 카미노^{Rabanal del Camino} ➔ 폰세바돈^{Foncebadon} | 5.8km

본격적으로 산을 올라가게 된다. 잠시 포장도로도 있지만 대부분은 산을 올라가는 등산로이다. 투리엔소 계곡을 따라 엘 텔레노 산을 올라가면 카미노 표지판이 나오고, 길을 따라 가면 1,430m의 폰세바돈 산 마을이 아름답게 펼쳐진다.

Tip

폰세바돈(Foncebadon)

1,430m의 폰세바돈 산 마을은 철 십자가로 유명하지만 해지는 일몰과 해뜨는 일출이 아름답다. 또한 알베르게와 호스텔이 모여 있어서 같이 걷던 순례자들을 모두 볼 수 있다. 알베르게에서 바(Bar)를 같이 운영하기 때문에 늦은 밤까지 순례자들이 즐길 수 있도록 해준다.

드루이다(Druida) 알배르게

6명의 방, 3개를 운영하고 있다. 레스토랑을 운영하는 데 상당히 맛이 좋아서 유럽의 순례자들이 미리 예약을 하는 곳이다. 빠에야가 특히 맛있어서 점심 식사로 크게 만들어진 것을 볼 수 있다. 프런트나 레스토랑의 직원이나 주인은 모두 상당히 친절하다.

24일차 폰세바돈부터 폰페라다까지 - 27.4km

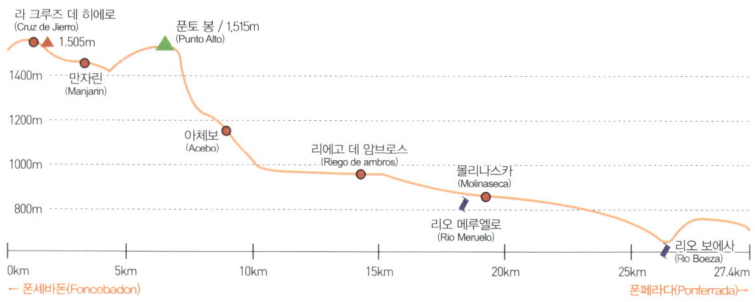

이동경로 / 27.4km

폰세바돈(Foncebadon) - 라 크루즈 데 히에로(La Cruz de Jierro) - 만하린(Manjarin) - 푼토 봉(Punto Alto) - 아세보(Acebo) - 리에고 데 암브로스(Riego de Ambros) - 몰리나세카(Molinaseca) - 폰페라다(Ponferrada)

산 정상에서 내려가는 길

산 정상에서 서서히 걸어서 폰페라다 Ponferrada까지 내려가는 구간이다. 산의 날씨는 변화가 심하므로 보온유지에 신경을 써야 한다. 갑자기 비가 오는 경우도 많은데, 폰페라다까지 상당히 걷는 시간도 다른 구간보다 오래 소요된다.

내려올 때 자갈과 돌로만 이루어진 내리막길도 많아서 천천히 내려오는 것이 중요하다. 잘못 발을 헛디디면 다칠 수 있기 때문이다. 그러므로 미리 준비해서 하루를 시작해야 한다.

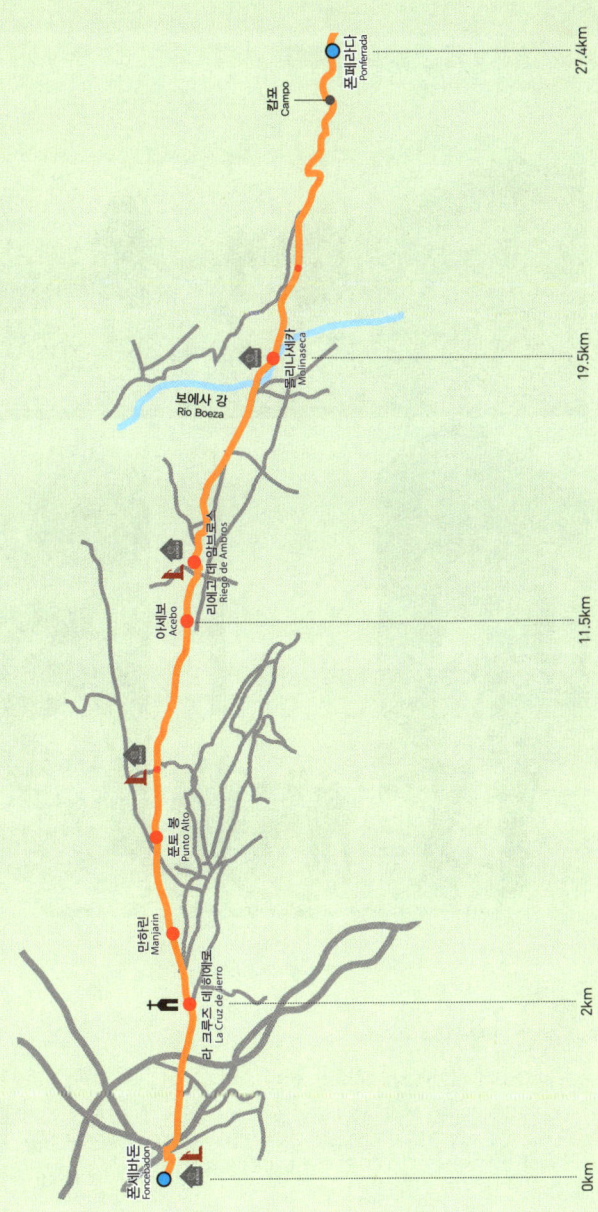

폰페라다
Ponferrada — 27.4km

캄포
Campo

몰리나세카
Molinaseca — 19.5km

보에사 강
Rio Boeza

리에고 데 암브로스
Riego de Ambros

아세보
Acebo — 11.5km

푼토 봉
Punto Alto

만하린
Manjarin

라 크루즈 데 히에로
La Cruz de Jierro — 2km

폰세바돈
Foncebadon — 0km

 Tip

폰세바돈의 정상에서 내려오는 준비

바람이 많이 불어서 날씨가 좋아도 추울 수 있기 때문에 몸을 따뜻하게 만들어 주어야 한다. 산에서는 음료수를 구할 곳도 없고 간식도 구입할 수 없다. 비가 온다면 더욱 우의와 등산화가 필요하다. 비가 오면 자갈이나 돌로 된 길이 상당히 미끄럽다.

폰세바돈^{Foncebadon} ➡ **라 크루즈 데 히에로**^{La Cruz de Jierro} | **2km**

폰세바돈^{Foncebadon}을 나오면 약간 오르막길을 올
랐다가 내리막길로 이어진다. 순례자 철 십자가
가 나오는 거리는 약 2km로 짧지만 내리막길이
본격적으로 시작되지는 않고 완만하게 내려간다.

1,505m의 십지기는 산티아고 순례길을 상징하는
징소로 순례자들은 기도도 드리고 묵념으로 돌이
가신 순례자에게 예의를 취한다. 십자가 뒤로 산
티아고 예배당도 있어서 일찍 폰세바돈을 출발
해 기도까지 드리고 이동하는 순례자들도 많다.

 Tip

라 크루즈 데 히에로(La Cruz de Jierro/순례자 철 십자가)
순례자 철 십자가는 오래전부터 순례자가 고향에서 가져온 돌을 던져 마음의 짐을 내려놓았던
곳이다. 1,505m의 철 십자가는 산티아고 순례길에 있는 십자가 중에서 가장 높이가 높은 십자
가로 돌이 무덤처럼 쌓여 있는 곳 위에 있다. 십자가 주위에는 소원이나 다짐, 기도를 드리는
내용을 종이나 자갈에 적어 올려놓거나 묵주하고 같이 놓은 것들도 있다.
해가 뜨기 전에 십자가에 도착해 해가 뜨는 일출을 보는 것도 기억에 남을 것이다. 해 뜨는 장
면이 상당히 아름답기 때문이다.

 라 크루즈 데 히에로^{La Cruz de Jierro} ➡ **만하린**^{Manjarin}
➡ **푼토 봉**^{Punto Alto} ➡ **아세보**^{Acebo} | **9.5km**

십자가 이후부터 내리막길이 산등성이를 따라 시작된다. 또한 소로길로 이어지는
데 알베르게가 있는 작은 마을인 만하린^{Manjarin}까지 쉽게 도착한다. 통신탑이 있는
푼토 봉까지 완만한 오르막길이 나오는 지점에서는 저 멀리 폰페라다가 보인다.
하지만 폰페라다가 가까울 것이라는 생각을 가지고 있다가 이동거리가 생각보다
길다는 것에 실망하는 순례자들도 많다.
푼토 봉^{Punto Alto}부터 내리막길이 본격적으로 시작된다. 중간 중간 협곡이 있어 짧은
오르막길이 있지만 대부분은 내리막길이다. 그러나 돌로된 길은 날씨가 좋아도 이

슬이 생기면 미끄러우므로 조심해야 한다. 내리막길을 다 내려오면 전방에 마을이 보인다. 이곳에서 대부분의 순례자가 점심식사를 한다. 마을 입구에 있는 바Bar외에도 음식을 먹을 수 있는 곳이 많아서 입구만 고집할 필요는 없다.

 Tip

아세보에서 피로 풀기

점심식사를 하면서 피로까지 풀어야 한다. 비가 오면 상당히 체력이 소모되어 다시 걷는 것도 쉽지 않다. 아세보는 평지까지 내려왔다는 것을 알려주는 마을이므로 앞으로 약간의 내리막길은 있지만 대부분은 평지길이다. 이후에 순례자들이 걷는 속도가 느려지는 경향이 있다.

아세보^{Acebo} → 리에고 데 암브로스^{Riego de Ambros} → 몰리나세카^{Molinaseca} | 8km

2차선 도로 옆으로 걷는 데, 꾸불꾸불한 도로라서 인도로 걷는 것이 안전하다. 약 2 km 이후에 시골길이 나오면 리에고 데 암브로스^{Riego de Ambros}이다. 소로길과 오르막 길로 이루어져 있는 2차선 도로를 걷다가 계곡 사이로 마을이 보이면 몰리나세카 에 근접한 것이다.

입구에 안구스티아스 성당이 우뚝 서 있다. 메루엘로 강 위로 중세의 다리가 있고 그 위로 걸어가면서 잠시 사진을 찍고 이동하는 순례자가 많다. 마을을 가로지르 는 돌길이 마을사람들이 생활을 하는 장소이다.

 몰리나세카^{Molinaseca} → **폰페라다**^{Ponferrada} | 7.9km

마지막으로 폰페라다^{Ponferrada}로 들어가는 인도를 걷는다. 그런데 앞에는 폰페라다 ^{Ponferrada}의 전경을 펼쳐져 가까울 것이라는 착각에 빠지게 된다. 또한 이곳에서 산 티아고 순례길 표시가 된 구간과 소로길로 이어지는 구간으로 나누어진다.

 Tip

고민의 시간

이곳에 이르면 전 세계의 순례자들은 다들 어디로 가야할지 고민을 시작한다. 의외로 시간이 많이 소요되는 오늘의 걷는 구간은 순례자들이 고민하게 만들어버린다. 그런데 안전하게 표시가 된 구간으로 걷는 것이 분쟁이 발생하지 않는 방법이다. 표시가 없는 구간을 걸으면 불안한 심리에 서로 책임을 묻고 다시 돌아 나오는 순례자들도 있다. 구글맵이 있어도 도로가 막히기도 하므로 조심히 걸어가야 한다. 그래서 결국 거리를 짧게 걷지만 도착하는 시간은 비슷하게 된다.

① 포장도로 왼쪽으로 걸으면 시골길과 포장도로가 이어지면서 폰페라다를 돌아가게 된다.
② 시골길로 이루어진 지름길(약 1.5km 짧음)이지만 표시가 없어서 헤맬 수 있다.

보에사 강Rio Boeza위로 마스카론 다리Puente Mascaron를 건너 철로를 건너면 카스티요에 도착한다. 시내로 들어가시 전 오른쪽에 산 니콜라스 데 플루에 알베르게를 볼 수 있다.

산 니콜라스 데 플루에(San Nicholras de Flue) 알베르게

공립 알베르게로 기부로 운영이 되는 알베르게이다. 그런데 항상 운영이 힘들어서 기부금을 반드시 걷기 위해 강압적으로 기부를 요구하기도 한다. 차라리 공립 알베르게 숙박비인 5€를 기부하면 편한 마음으로 지낼 수 있다.

8~12명의 방을 운영하고 있는데 조리실이 있지만 코로나 바이러스로 인해 사용은 금지되어 있다. 알베르게 오른쪽으로 주유소 안에 큰 마트가 있어서 필요한 물품 이나 식사는 다 구입이 가능하다.

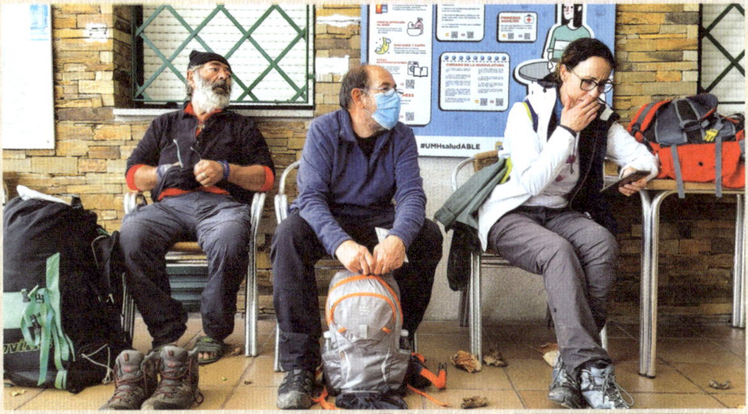

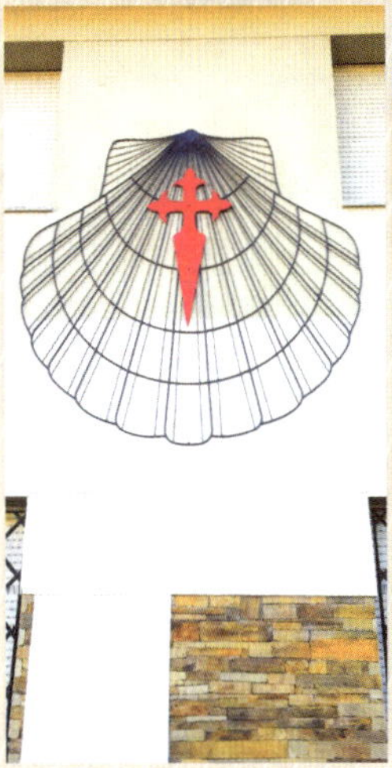

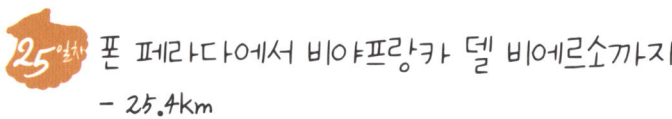

25일차 폰 페라다에서 비야프랑카 델 비에르소까지
- 25.4km

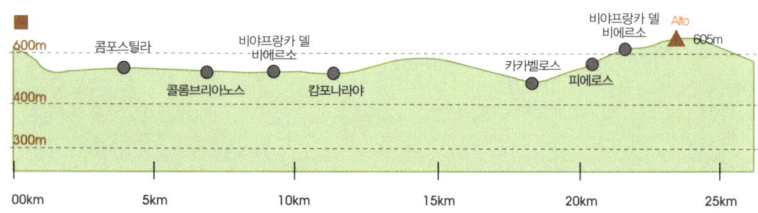

이동경로 / 25.4km

폰 페라다(Ponferrada) – 콜롬브리아노스(Columbrianos) – 캄포나라야 (Camponaraya) – 카카벨로스(Cacabelos) – 피에로스(Pieros) – 비야프랑카 델 비에르소(Villafranca del Bierzo)

평지 (오르막길 거의 없음)

폰 페라다에서 산티아고 데 콤포스텔라 까지는 약 220km가 남아 있다. 거리가 짧 아질수록 무리하게 걷는 일이 발생하므 로 자신의 페이스대로 걷는 것이 중요하 다. 다행히 폰 페라다에서 카카벨로스 Cacabelos까지는 거의 평지길이어서 걷기는 어렵지 않지만 마지막 비야프랑카 델 비 에르소Villafranca del Bierzo까지 남은 5km가 오르막이라 힘들다.

폰 페라다에서 처음 시작하는 순례자들 은 도시를 가로질러 가기 때문에 길을 잘

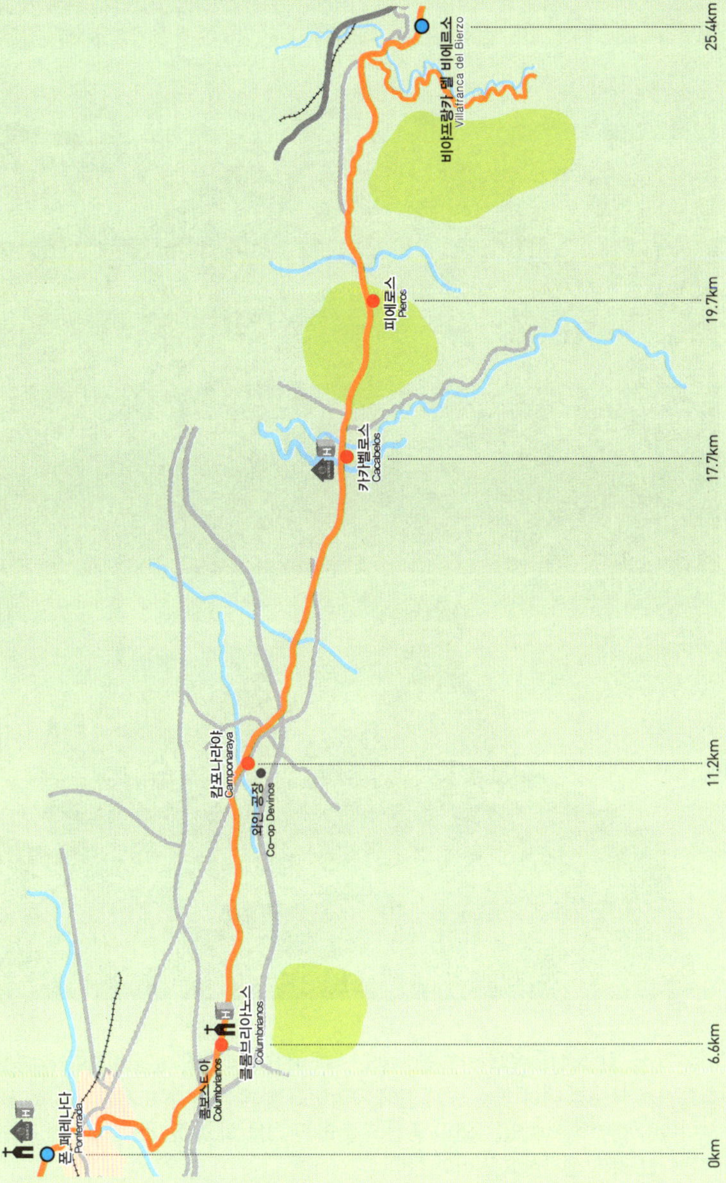

25.4km

비야프랑카 델 비에르소
Villafranca del Bierzo

19.7km

피에로스
Pieros

17.7km

카카벨로스
Cacabelos

11.2km

캄포나라야
Camponaraya

와인 공장
Co-op Devinos

6.6km

콜룸브리아노스
Columbrianos

0km

콤포스티야
Compostilla

콜룸브리아노스
Columbrianos

폰페라다
Ponferrada

295

따라 가는 지 확인하면서 이동해야 한다. 폰 페라다는 작은 도시이지만 순례길을 걸으면서 앞으로 남아 있는 도시 중에 사리아와 함께 가장 큰 도시이기도 하다. 캄포니라야Camponaraya에 있는 와인 공장에 들러 구경을 하고 싶다면 1시간 정도는 지체된다는 것도 생각하고 걸어야 한다.

폰 페라다^{Ponferrada} ➡ **콜롬브리아노스**^{Columbrianos} | 6.6km

알베르게를 나와 걸으면 산 안드레스 성당이 있고 이어서 템플기사단 성을 지나게 된다. 12세기에 지어진 큰 성으로 보수작업을 거쳐 볼만하다. 성의 입구에서 보면 신시가지가 보이는 데 상당히 큰 길을 따라 노란색 표시를 보면서 걸으면 어렵지 않게 도시를 나갈 수 있다.

다만 노보 호텔을 따라 걷다가 N-VI의 밑 티널을 지니 길을 걸어야 산 블라스 성당이 나오므로 조심하자. 골롬브리아노스 마을까지 포장도로를 걷기 때문에 지루할 수도 있지만 조그만 마을을 보면서 재미를 찾아보는 것도 좋다. 콜롬브리아노스 마을의 산 로케 예배당은 작은 상당이다.

콜롬브리아노스^{Columbrianos} ➡ **캄포나라야**^{Camponaraya}
➡ **카카벨로스**^{Cacabelos} | **11.1km**

포장 도로를 따라 걷다가 성 그리스도 예배당이 나오는데 푸엔테스 누에바스^{Fuentes Nuevas}이다. 캄포나라야^{Camponaraya}에 있는 와인 공장은 저렴하게 와인을 즐길 수 있지만 와인을 구입하는 것은 신중해야 한다. 병과 함께 액체의 와인은 순례자의 짐무게만 증가시킬 수 있기 때문이다. 점심 식사도 이곳에서 조금의 와인과 함께 먹고 출발하는 것이 좋다. 카카벨로스^{Cacabelos}까지 먹을 곳이 의외로 많지 않다.

고가다리는 A-6의 길로 이어지고 내리막길을 따라 길을 걸어간다. 쿠아^{Rio Cua} 강을 건너면 성당에 있는 알베르게만 보인다.

카카벨로스^{Cacabelos} ➡ 피에로스^{Pieros}
➡ 비야프랑카 델 비에르소^{Villafranca del Bierzo} | 7.7km

평지만 이어지는 피에로스^{Pieros} 마을을 지나면 언덕에 다다른다. 포장도로를 따라 왼쪽으로 돌아가면 포도밭이 보인다. 의외로 돌길이어서 걷는 것이 쉽지는 않다. 언덕을 오르내리기를 반복하면 이제 오르막길이 이어지는 비야프랑카 델 비에르소^{Villafranca del Bierzo}로 이어진다.

마을에 도착하면 공립 알베르게가 있고 산티아고 성당과 델 비에르소 성이 보인다. 공립 알베르게의 시설은 낡지만 운치는 있는 알베르게이다. 마을 중심으로 이동하면 카르푸가 있으니 필요한 먹거리나 물품을 구입하면 된다.

비야프랑카 델 비에르소(Villafranca del Bierzo) 공립 알베르게

마을의 초입에 있는 알베르게는 반갑게 느껴진다. 하지만 다음날 출발하여 걷는 거리가 늘어나기 때문에 그리 반가워만 할 일은 아니다.

오래된 건물에 있는 알베르게는 조금씩 수리만 하지 전면적인 보수는 없었기 때문에 다른 알베르게 보다는 시설이 좋지 않다. 겨울에는 특히 난방이 잘 안되기 때문에 침낭이 필요할 수도 있다. 그러나 오래된 시설이 지니는 낭만적인 분위기는 상당히 마음에 든다.

PUERTA
DEL
PERDÓN
IGLESIA
DE
SANTIAGO

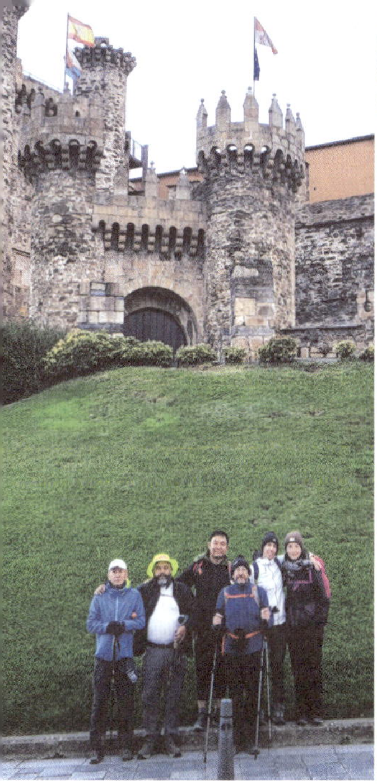

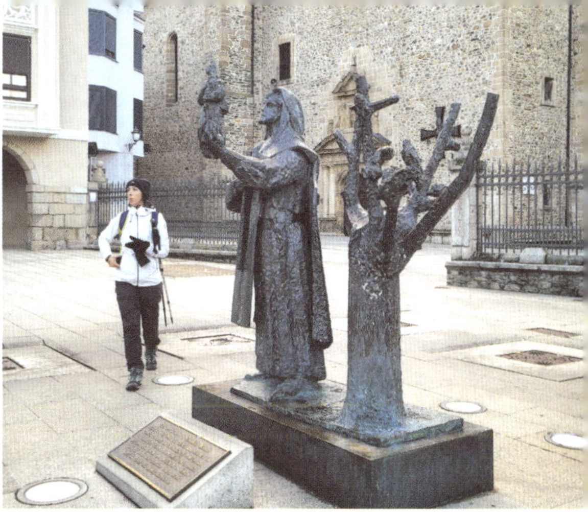

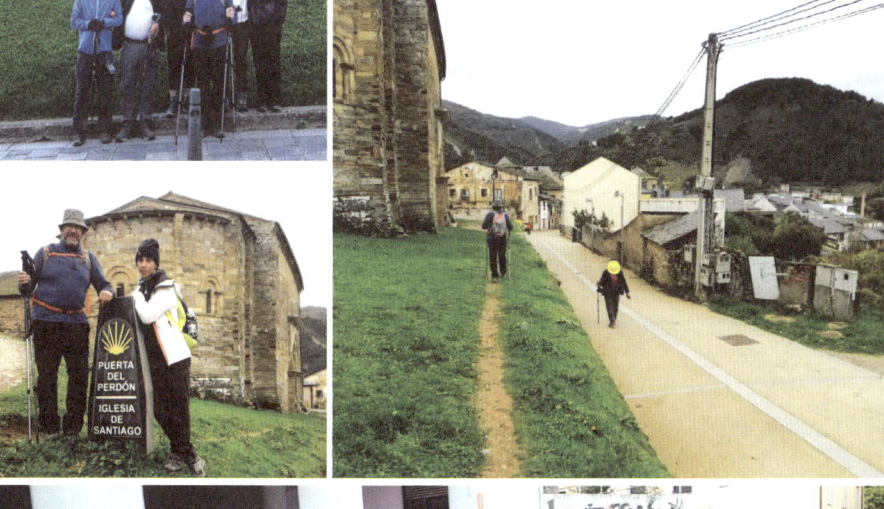

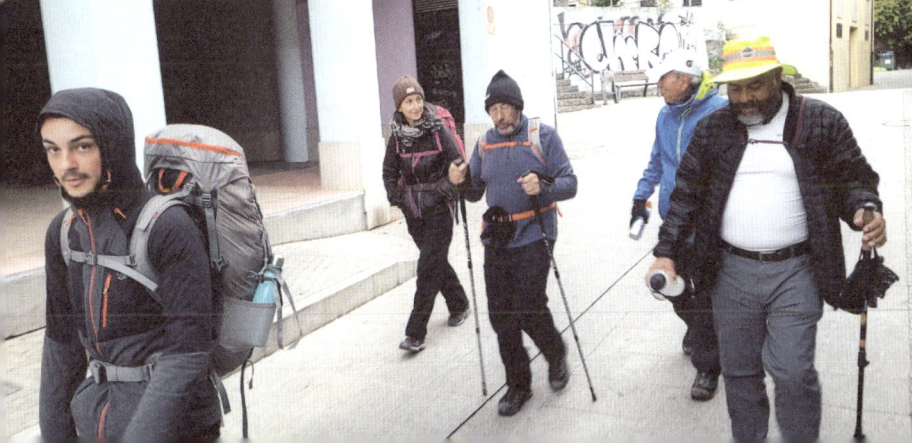

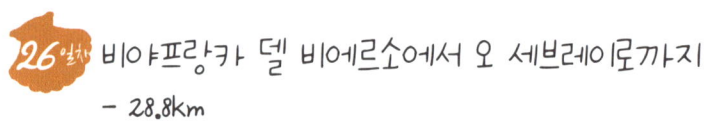

26일차 비야프랑카 델 비에르소에서 오 세브레이로까지 – 28.8km

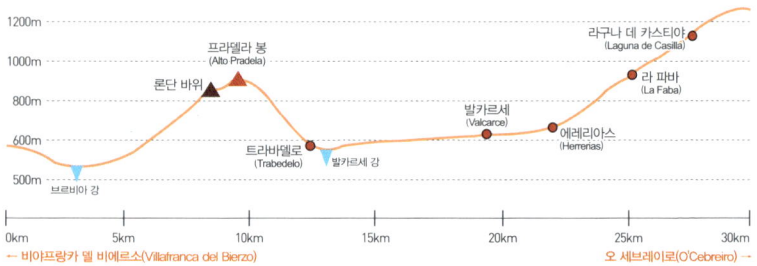

이동경로 / 28.8km

비야프랑카 델 비에르소(Villafranca del Bierzo) – 부르비아 다리(Puente de rio Burbia) – 트라바델로(Trabadelo) – 베가 데 빌카르세(Vega de Valcarce) – 루이텔란(Ruitelan) – 에레리아스(Herrerias) – 라 파바(La Faba) – 라구나 데 카스티야(Laguna de Castilla) – 오 세브레이로(O'Cebreiro)

오르막길 (지속적인 오르막길)

200km의 남은 길 중에 가장 힘든 길일 것이다. 길도 N–VI 도로를 걸으면서 A–6고속도로가 완공되면서 통행량이 줄어들기는 했지만 빠르게 이동하는 차량도 조심해야 한다. 오르막길도 단순한 오르막길이 아니라 1,330m의 산을 올라가야 하기 때문에 걷는 시간도 오래 걸린다.

 Tip

미리 판단하자!

걷는 거리도 28.8km가 넘기 때문에 이동하는 시간도 상당히 오래 걸린다. 아침 일찍 출발해 걸어야 밤늦게 산을 넘어가는 상황을 막을 수 있다. 늦게 출발을 했다면 25km 지점에 있는 라 파바(La Faba) 알베르게에서 하룻밤을 보내고 다음날 일찍 오 세브로이로(O'Cebreiro)로 출발하는 것을 추천한다.

28.8km — 오 세브레이로 O'Cebreiro

26.2km — 라구나 데 카스티야 Laguna de Castilla

23.7km — 라 파바 La Faba

20.1km — 에레리아스 Herrerías

16.6km — 루이텔란 Ruitelán

베가 데 발카르세 Vega de Valcarce

10km — 트라바델로 Trabadelo

피에나 데 롤단 Fiena de Roldán

0km — 비야프랑카 델 비에르소 Villafranca del Bierzo

갈리시아 지방으로 넘어갔다는 표지석

비야프랑카 델 비에르소^{Villafranca del Bierzo}
→ 부르비아 다리^{Puente de rio Burbia} → 트라바델로^{Trabadelo} | 10km

발카르세^{Valcarce} 강을 건너면 교차로가 나오는 데 인도를 따라 페레헤로 걸어간다.
N-VI를 건너서 트라바델로 마을에 도착하게 된다. 다만 도로가 평지이지만 포장도
로라서 무릎에 무리가 될 수 있으므로 조절을 하면서 걸어가도록 하자.

 트라바델로^{Trabadelo} → 베가 데 빌카르세^{Vega de Valcarce} → 루이텔란^{Ruitelan}
→ 에레리아스^{Herrerias} | 10.1km

대체 루트 2번을 따라 가면 순례자들이 만나게 된다. 카페와 호스텔이 있는 트라바
델로에서 지내는 순례자도 있다. 하지만 주도로인 N-VI과 만났다 헤어졌다를 반
복한다. 왼쪽 산등성이를 따라 길을 걸어가면 산 후안 성당이 나온다. 베가 데 빌카
르세^{Vega de Valcarce}에서부터 오르막길이다. 에레리아스는 705m로 언덕길로 올라가고
있다면 이제부터 힘든 길이 시작되었다고 판단하면 된다.

 에레리아스^{Herrerias} → 라 파바La Faba
→ 라구나 데 카스티아^{Laguna de Castilla} | 6.1?km

마을을 지나가면 아스팔트로 된 오르막길을 걷는다. 계곡을 지나 920m까지는 첫 번째 가파른 오르막길이 힘이 든다. 각자 힘을 비축하면서 천천히 걸어가야 한다. 앞으로 더 힘든 길을 걸어가는 데 이른 시점부터 무리를 할 필요가 없다.
라 파바La Faba를 지나면 본격적인 숲길이다. 날씨가 맑다면 걷기가 쉽고 풍경도 아름답지만 비가 온다면 풍경을 볼 시간도 없이 걷기만 집중해야 한다. 라구나 데 카스티아Laguna de Castilla는 1,150m의 높이에 있다.

 라구나 데 카스티야 Laguna de Castilla ➡ **오 세브레이로**O'Cebreiro | 2.6km

갈리시아 지방의 시작은 오 세브레이로O'Cebreiro이다. 산티아고 순례길의 마지막 지방으로 들어가는 곳이지만 가파른 길이 이어지기 때문에 힘에 부칠 수 있다. 되도록 휴식을 많이 취하면서 마지막 지점인 성당으로 걸어가야 한다. 알베르게는 서쪽에 있는 공립 알베르게가 유일하다.

오 세브레이로(O'Cebreiro)

오 세브레이로O'Cebreiro는 고지대에 있는 아름다운 마을이다. 하지만 대부분은 힘들게 도착하여 피곤한 몸은 잠으로 이끌게 된다. 9세기에 만들어진 산타 마리아 성당과 노란색 화살표를 처음으로 사용한 삼페드로의 흉상이 있는 박물관이 볼만하다.

공립 알베르게
오 세브레이로O'Cebreiro 공립 알베르게는 유일한 알베르게라서 일행과 함께 순례길을 걷는다면 대신 예약을 해주고 싶기도 하다. 하지만 다른 일행을 대신 예약하기도 힘들고 개인마다 직접 가서 숙박해야 한다. 가끔씩 여름에는 알베르게에서 숙박을 못하는 경우도 발생한다. 따뜻한 물로 샤워를 할 수 있고 규모도 제법 크기 때문에 순례자들은 이곳에서 만날 수 있다.

 Tip

날씨를 반드시 확인하자.
오 세브로이로에 올라가는 시골길을 진흙으로 뒤덮이는 경우가 많다. 특히 봄이나 겨울에는 비가 자주 내리기 때문에 걷기가 상당히 불편하고 미끄러지는 경우가 허다하다. 사전에 날씨를 확인하고 비가 온다면, 비가 내린 이후라면 가지고 있는 짐을 서비스로 다음 알베르게로 옮기고 걷는 것도 하나의 방법이다.

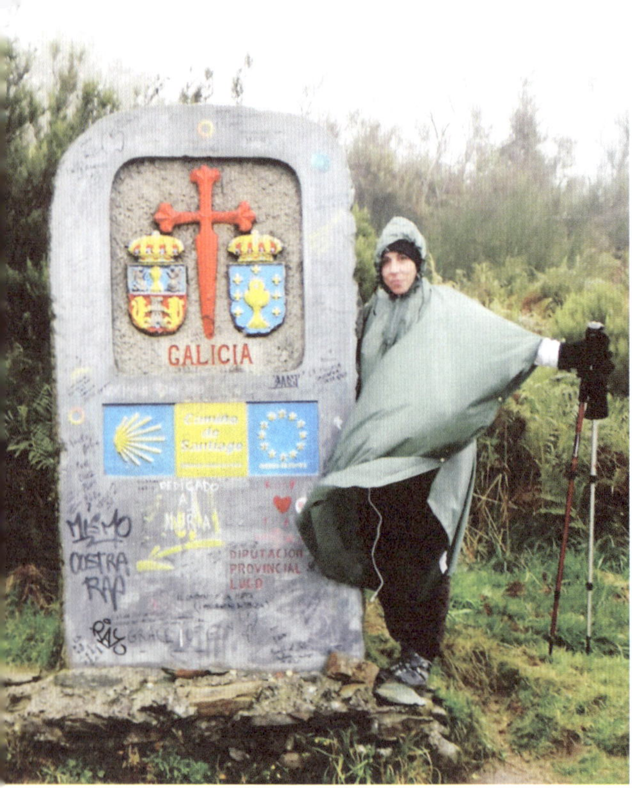
GALICIA
DIPUTACION
PROVINCIAL
LUGO

60

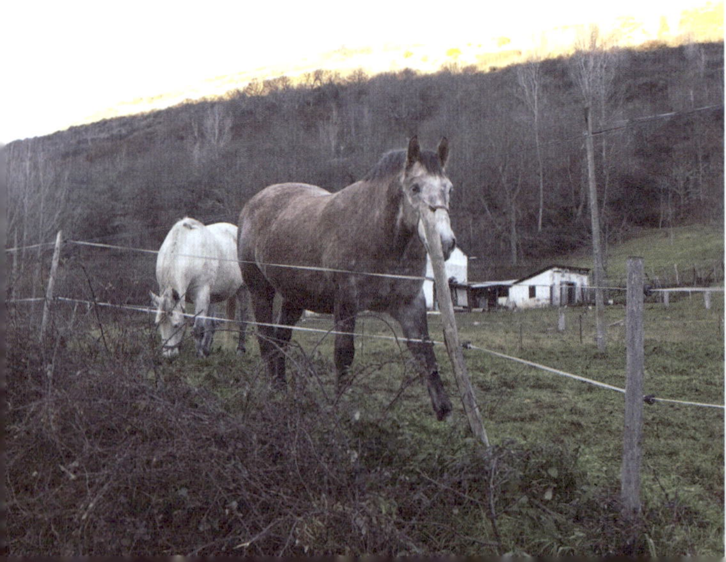

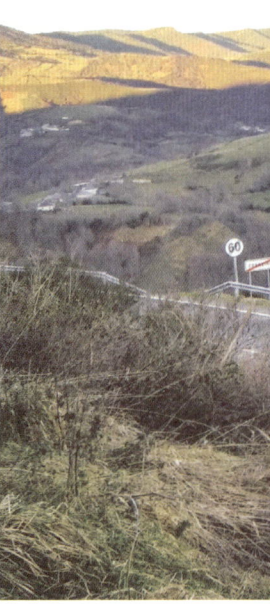

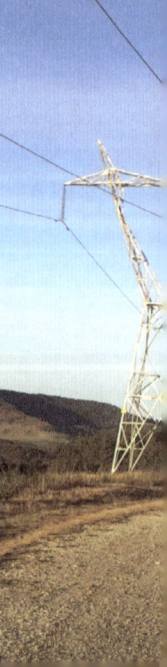

27일차 오 세브로이로에서 트라야카스텔라까지 - 20.7km

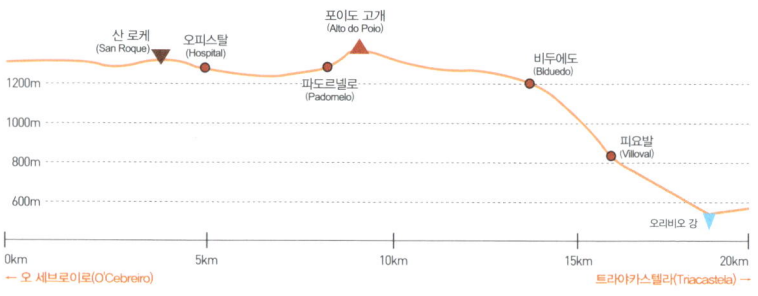

이동경로 / 20.7km

오 세브로이로(O'Cebreiro) - 포요 고개(Alto de Poio) - 비두에도(Biduedo) - 트라야카스텔라(Triacastela)

평지 길 (내리막길에서 더 다칠 수 있다.)

오 세브로이로까지 왔다면 이제 산을 오르는 오르막길이 없다. 그런데 포요 고개 Alto de Poio를 오르는 언덕은 힘들다. 더군다나 길을 걸은 지 얼마 안 되는 시간에 고개가 나오기 때문에 더 힘들게 느껴진다. 고개 정상에 있는 바Bar에서 잠시 쉬었다가 내리막길을 걸으면 된다. 어제보다 거리도 짧기 때문에 급하게 걷지 말고 천천히 풍경을 감상하면서 걷는 것이 좋다.

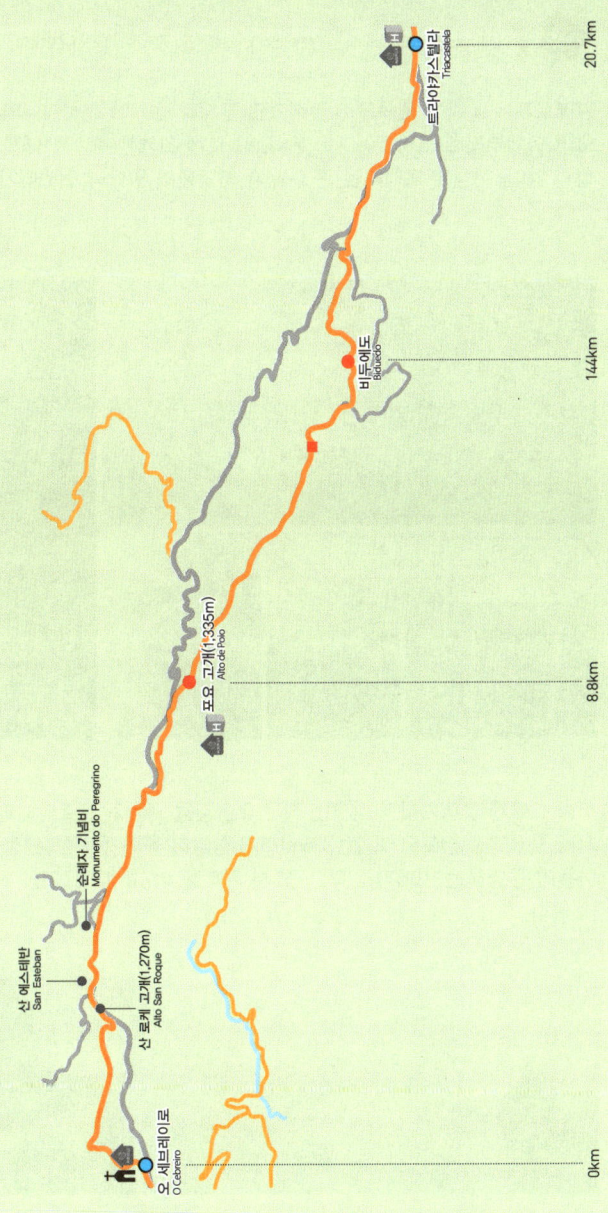

트라야스텔라
Triacastela — 20.7km

비두에도
Biduedo — 144km

포요 고개(1,335m)
Alto do Poio — 8.8km

순례자 기념비
Monumento do Peregrino

산 에스테반
San Esteban

산 로케 고개(1,270m)
Alto San Roque

오 세브레이로
O Cebreiro — 0km

오 세브로이로O'Cebreiro ➡ 포요 고개Alto de Poio | 8.8km

알베르게에서 나와 왼쪽으로 걸어가면 평지라 걷기에 편하다. 리나레스 마을이 나오면 이제부터 오르막길이 시작된다. 산 로케 고개Alto San Roque에까지 오르막길인데 쉽지 않다. 정상에 도착하면 큰 순례자 기념물이 있으니 쉬었다가 가는 것을 추천한다.

지방 도로를 걸어가다가 나오는 작은 오솔길을 걷다가 오르막길이 나오면 이제 마지막 오르막길인 포요 고개(1,335m)까지 쉼없이 올라가야 한다. 정상에는 노부부와 아들이 운영하는 카페가 있다. 쉬면서 커피를 마시거나 요기를 하고 출발하는 것이 좋다.

 Tip

푸에르토(Puerto 카페)

노부부와 아들이 운영하는 카페로 심하게 오르막길을 걷기가 쉽지 않은 데 정상에 카페가 있어 너무 반갑다. 카페에서 쉬면서 커피를 마시거나 간단하게 요기를 하고 출발하는 것이 좋다. 할머니는 사람들을 좋아하고 이야기를 나누고 싶어 한다.

 포요 고개^{Alto de Poio} ➡ 비두에도^{Biduedo} | 5.8km

이제부터 평지와 내리막길이 시작된다. 체력적으로 힘든 길이 아니어서 편하게 걷다가 내리막길에서 발목을 다치는 경우도 발생하므로 조심히 걸어야 한다. 포장도로가 아닌 시골의 흙길을 걸으면 '차가운 샘물'이라는 뜻의 폰프리아 마을로 들어서는 데 이곳이나 비두에도^{Biduedo}에서 점심을 먹고 이동하는 것도 좋은 방법이다. 점심을 먹고 천천히 이동하면 작은 성당이 나오는 데 이곳이 비두에도^{Biduedo}이다. 아직은 고도가 1,200m이기 때문에 내리막길을 계속 걸어가야 한다.

비두에도^{Biduedo} ➡ 트라야카스텔라^{Triacastela} | 6.3km

목가적인 평지나 내리막의 시골길을 걸어간다. 1,200m의 높은 곳에서 보는 전망도 아름답다. 평지는 그나마 괜찮지만 내리막길은 돌이 많아서 자칫 발목의 부상도 발생하니 조심히 걸어가야 한다.

아이라 도 카미노 바^{Bar Aria de Camino}가 나오면 휴식을 취하면 지방 국도가 보인다. 양쪽의 나무들이 줄지어 서 있는 모습은 시골길의 낭만을 선사한다. 18세기 3개의 성당이 있는 트라야카스텔라^{Triacastela}는 석회석이 풍부해 채석장으로 사용하기도 했다.

알베르게

트라야카스텔라^{Triacastela}에는 3개의 알베르게가 있다. 마을의 입구에 있는 알베르게는 작은 마트와 함께 있어 편리한 장점이 있고 다른 2개의 알베르게는 시설이 조금 더 좋다는 장점이 있다. 여름에는 알베르게를 구하는 것이 쉽지 않지만 10월 말부터는 알베르게에 순례자들이 없으므로 쉽게 숙박할 수 있다.

315

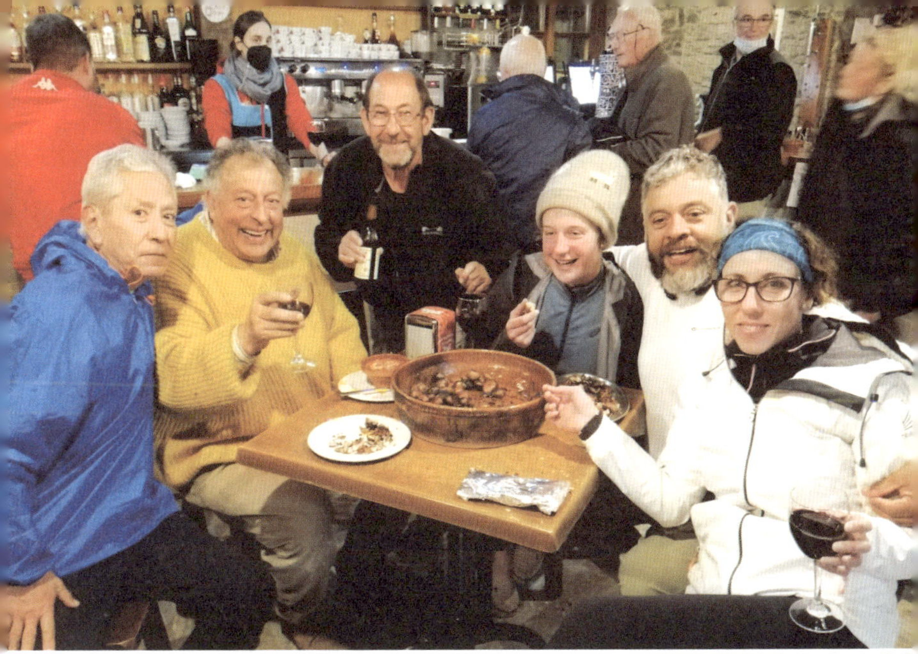

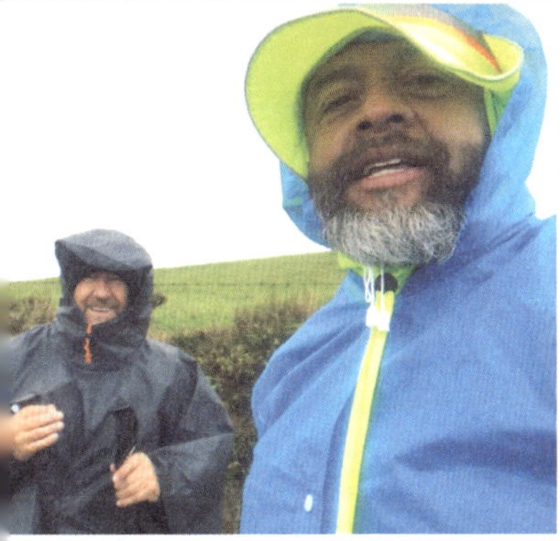

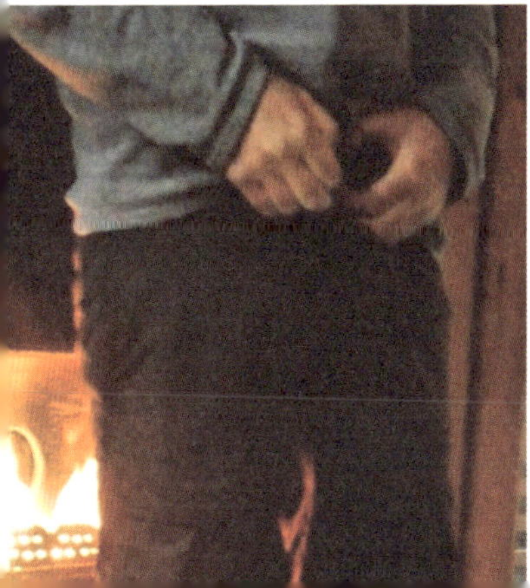

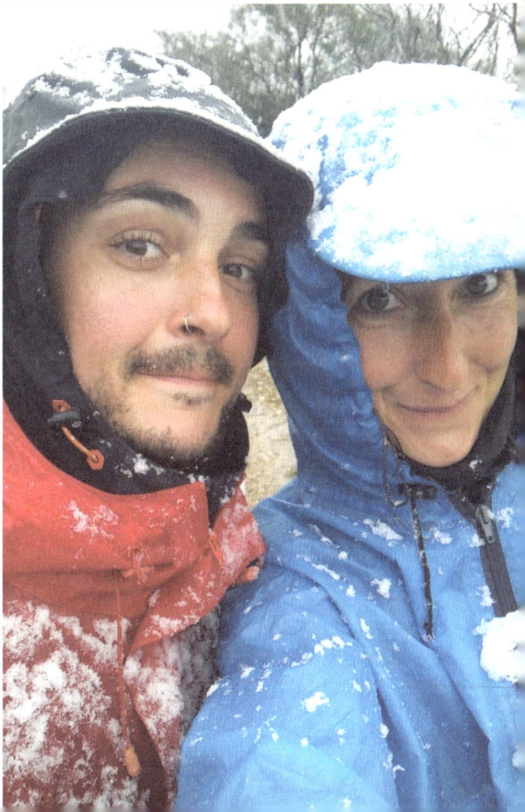

28일차 트리아카스텔라에서 사리아까지 – 25km

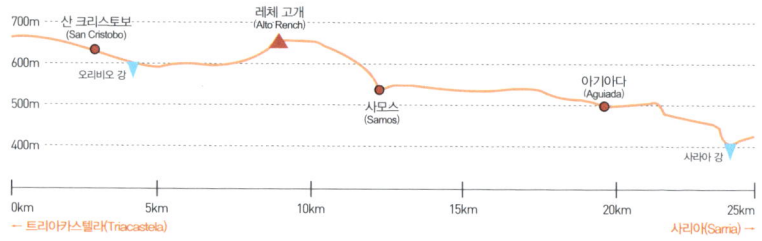

이동경로 / 25km

트리아카스텔라(Triacastela) – 산 크리스토보(San Cristobo) – 사모스(Samos)
– 다리(Puente) – 아기아다(Aguiada) – 사리아(Sarria)

평지 길 (전체적으로 평이한 길)

트리아카스텔라Triacastela에서 사모스Samos로 이동하는 루트는 2가지(남쪽 루트 / 산실을 경유하는 북쪽 루트)이다. 대부분의 순례자들은 남쪽 루트를 따라 이동한다. 북쪽 루트는 거리는 6.km가 더 짧지만 험난하다. 그래서 포장도로인 남쪽 루트를 따라 길을 걸어간다.

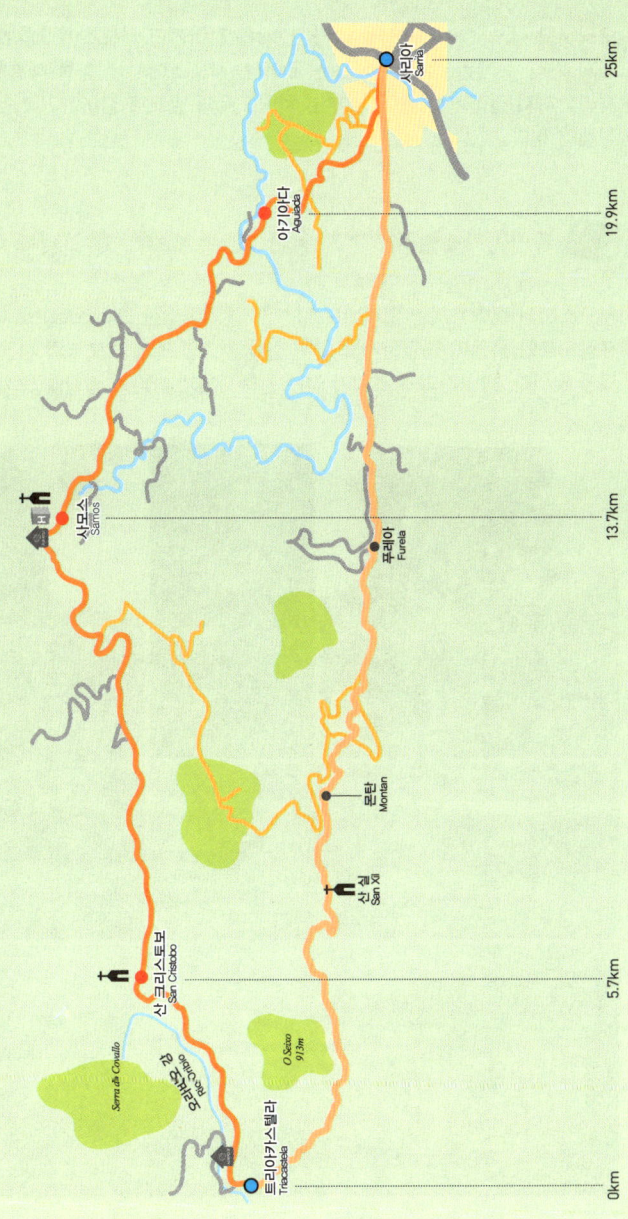

25km

사리아
Sarria

19.9km

아기아다
Aguiada

13.7km

사모스
Samos

푸레아
Furela

몬탄
Montan

산 실
San Xil

5.7km

산 크리스토보
San Cristobo

Serra de Corullo

O Seixo
913m

호스피탈
Hospital

트리아카스텔라
Triacastela

0km

오리비오 강^{Rio Oribio}의 숲길을 따라 11.7㎞를 걸어가면 사모스에 도착하는 데 스페인에서 가장 오래된 수도원이 있는 곳이다. 사모스에서 점심을 해결하고 쉬었다가 사리아까지 걸어가면 된다. 대부분 차량도로의 옆으로 걸어가기 때문에 차량을 조심해야 한다.

트리아카스텔라^{Triacastela} ➡ 산 크리스토보^{San Cristobo}(남쪽 루트) | 5.7km

사모스까지 걸어가려면 오리비오 강^{Rio Oribio}을 따라 산 크리스토보로 이동해야 한다. 포장도로와 흙길이 적절하게 조화된 길을 걸으면 스페인 북부의 시골 풍경을 알 수 있을 것이다. 방앗간과 물소리가 걷는 순례자에게 마음의 평화를 느끼게 한다.

 산 크리스토보^{San Cristobo} ➡ **사모스**^{Samos} | 6km

시골길과 강줄기가 이어지는 데, 풍경은 아름답다. 특히 오전에는 안개가 자주 끼기 때문에 도로가 미끄러울 수도 있다. 오르막길을 올라가다보면 도로 아래로 작은 터널이 있고 시골길이 나온다. 사모스 마을에 도착하면 수도원이 중앙에 있어 어디서나 수도원을 둘러볼 수 있다. 수도원 옆으로 카페와 바^{Bar}가 있어서 그중에서 선택해 점심 식사를 하면 된다.

사모스 바(Samos Bar)

사모스 전에는 먹을 곳이 별로 없으므로 출발하기 전에 간단한 초콜릿이나 요기거리를 준비하는 것이 필요하다. 수도원 옆으로 카페(Cafe)나 바(Bar)들이 이어저 있다. 대부분 같은 메뉴와 커피 맛도 비슷하여 어느 곳이든 가까운 곳으로 선택하면 될 것이다.

사모스^{Samos} ➡ **다리**^{Puente} ➡ **아기아다**^{Aguiada} | 8.2km

도로를 벗어나면 짧은 오르막길이 나
온다. 강 옆으로 이어진 길을 따라 아
비호^{Aldea de Abaja}로 도착하면 다리가 나
온다. 아기아다^{Aguiada}에 도착하면 북쪽
루트(산실 루트)로 이동한 순례자와 만
나게 된다. 이 길은 평지가 이어지는
지루한 길이기 때문에 동반자가 있으
면 걷는 데 도움이 된다.

 Tip

북쪽 루트(산실 루트)
최근에는 순례자들이 가지 않는 루트이지만 원래 있는 루트이고 흙길로 이루어진 시골길이라
선택하는 순례자들도 있었다. 트라야카스텔라(Triacastela)에서 오른쪽으로 걸어가면 발사(3㎞)
를 거쳐 산실(4.5㎞)를 따라 오르막길이라 평지로 이루어진 남쪽 루트를 선호하는 순례자들이
대부분이었다. 점차 흙길이 포장도로로 바뀌면서 흙길이라는 이미지도 사라지고 있다. 아기아
다(Aguiada)에서 남쪽 루트와 만나게 된다.

 아기아다^{Aguiada} ➡ 사리아^{Sarria} | 5.1km

마지막 남은 5.1㎞이지만 나름 큰 도시인 사리아^{Sarria}로 들어가려면 시간이 소요된다. 한 동안 시골길이 이어지지만 산 페드로 데 카미노^{San Pedro de Camino}, 카르바얄^{Carballal}의 포장도로를 지나면 사리아^{Sarria}로 들어가게 된다. 사리아^{Sarria}는 마을이 아니라 도시 정도의 규모이므로 화살표와 표지판을 보며 이동해야 길을 잘못 들어가지 않는다.

 Tip

마지막 110km의 도시, 사리아(Sarria)

사리아부터 산티아고 순례길의 마지막 도시인 산티아고 데 콤포스텔라까지 110km이다. 마지막 110㎞를 걸어가 순례자 완주증을 받을 수 있기 때문에 가장 많은 순례자가 머물게 된다. 현실적으로 성인들이 오랜 시간동안 순례길을 걷기 힘들기 때문에 폰 페라나나 사리아로 들어온다. 기차나 버스를 타고 사리아에 도착하여 4~5일 동안 걸으면 된다.
알베르게는 4개 정도가 있지만 다음날 이동을 위해서는 사리아의 마지막 부분에 있는 알베르게에서 숙박을 하는 것이 편리하다.

알베르게

사리아 알베르게는 규모는 크지 않다. 시설도 중급정도이다. 그래서 6개의 사립알베르게가 공립알베르게가 수용하지 못하는 순례자들을 도와주고 있다.

1층에 세탁기와 식탁들이 있고 입구에는 알베르게를 관리하는 인상이 좋은 할아버지가 순례자들을 도와주고 있다. 2층에 30개의 침대로 이루어진 룸이 있다. 간혹 겨울에 난방이 안 되니 미리 난방을 요청해야 한다.

Sarria
Turismo
BENVIDOS
BIENVENIDOS
WELCOME
BIENVENUS
BENVENUTI
WILLKOMMEN
BEM-VINDOS

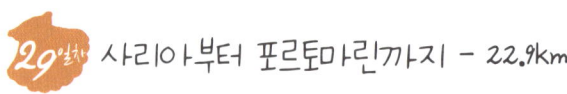 사리아부터 포르토마린까지 - 22.9km

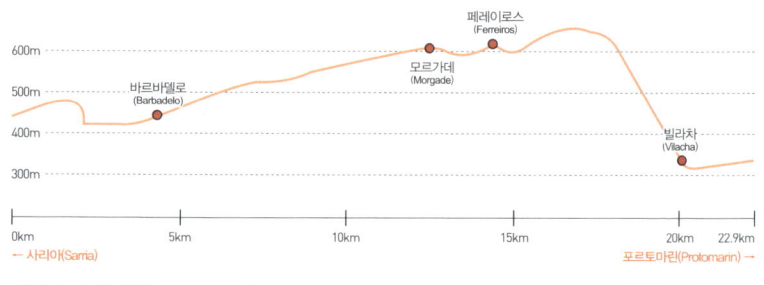

이동경로 / 22.9km

사리아(Sarria) – 바르바델로(Barbadelo) – 모르가데(Morgade) – 빌라차
(Vilacha) – 포르토마린(Portomarin)

처음 오르막길을 빼면 평지 길 (전체적으로 평이)

사리아 성당에서 직진으로 가면 순례자의 길이 시작된다. 도시를 벗어날 때 어두
운 아침이라면 길을 혼동할 수 있다. 오른쪽으로 돌아가는 작은 다리를 건너야 한

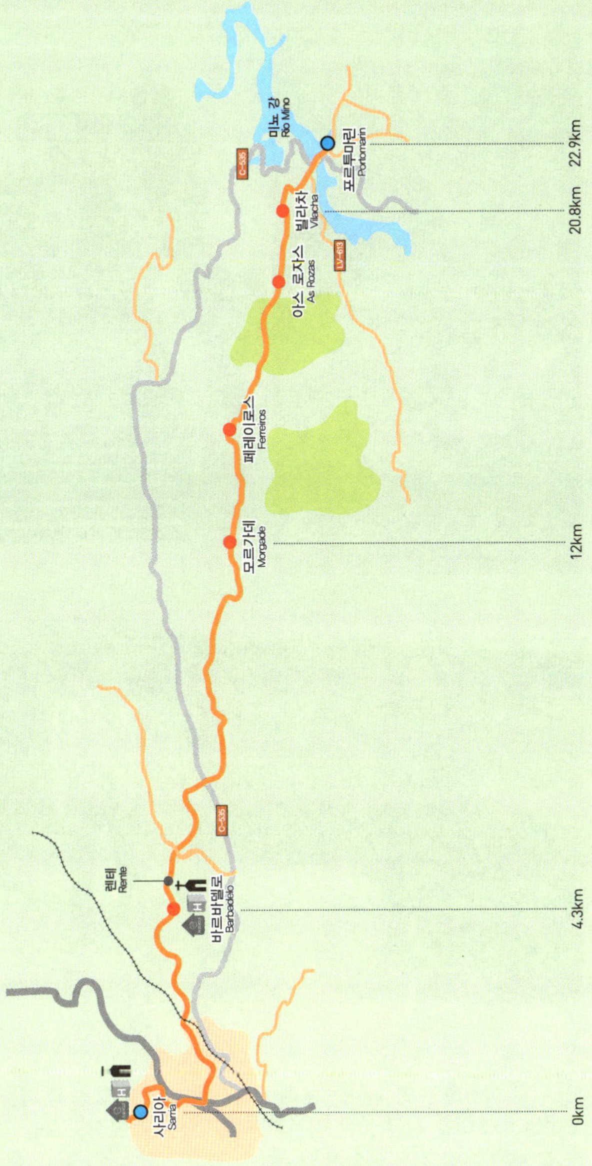

미뇨 강
Río Miño

C-535

포르토마린
Portomarín
22.9km

빌라차
Vilachá
20.8km

아스 로자스
As Rozas

LV-nn

페레이로스
Ferreiros

모르가데
Morgade
12km

C-535

렌테
Rente

바르바델로
Barbadelo
4.3km

사리아
Sarria
0km

다. 위로 직진하면 안 되니 처음에 노란색 화살표를 잘 보고 이동하도록 하자. 포르
토마린까지 미로 같은 좁은 길, 내리막길, 오솔길, 포장도로를 지나며 노란 화살표
를 잘 보고 가야 길을 놓치지 않는다.

 **Tip**

110km 순례자를 위한 조언

사이아(Sarria)에는 중심가인 "루아 마이오르"가 있다. 작지만 산티아고를 가는 110㎞안에서는 작지 않은 도시라는 사실을 알게 된다. 기차역에서 나오면 택시들이 서 있고 오른쪽으로 걸어 올라가면 성당과 예배당, 알베르게가 모여 있다. 겨울을 제외하고는 버스와 기차를 타고 순례 자들이 많이 들어오기 때문에 사리아(Sarria)에 있는 알베르게는 상당히 북적인다.

마드리드(Madrid)에서 사리아(Sarria)로 이동해 걷는 110㎞ 순례자들은 약 4~5일 정도 걸어서 산티아고 데 콤포스텔라로 들어간다. 짧은 시간에 110㎞를 걷기 때문에 부족한 물품들은 사리 아Sarria에 도착하면 사서 이용하면 된다.

사리아에 저녁에 도착하면 알베르게로 이동하여 알베르게에서 크레덴시알, 즉 순례자여권을 만들어 지나가는 곳마다 도장을 받아야 한다. 110㎞부터 걷는 순례자들은 하루에 도장을 최소 2개 이상씩 받아야 한다. 너무 도장의 개수가 적으면 그래서 아침, 점심, 저녁 식사를 하기위해 바(BAR)나 카페에 간다면 도장을 받도록 하자. 그래야 산티아고 순례자 사무소에서 순례자 완 주를 했다고 인정해 준다.

 사리아^{Sarria} ➡ **바르바델로**^{Barbadelo} | 4.3km

사리아Sarria에서 벗어나 시골길로 들어가는 지점은 노란색 화살표를 잘 보고 이동 해야 한다. 왼쪽으로 돌아가면 노란색 화살표가 없어지므로 이동지점을 확인하고 이동하자. 110㎞시작시점은 오른쪽으로 돌아가는 작은 다리를 건너야 한다. 위로 직진하면 안 되니 처음에 노란색 화살표를 잘 보고 이동하도록 하자. 오른쪽 다리 옆으로 110㎞ 표지석이 서 있다.

시골길로 잘 이동했다면 이번에는 오르막길이 꽤나 이어진다. 오르막길이 끝나면 길 옆으로 쉬었다가 이동하는 것이 좋다. 셀레이로 강$^{Rio\ Celeiro}$을 건너 강과 철길 사이로 난길을 따라 걸으면 철길이 보일 것이다. 개천을 지나 다시 오르막길이 나오는 데 이 오르막길을 올라가면 바르바델로에 도착하게 된다.

시작하는 위치

시골로 들어가는 지점

바르바델로^{Barbadelo} → 모르가데^{Morgade} | 7.7km

시골길을 지나가면 메르카도 데 세라^{Mercado de Serra}에 도착하고 2차선 도로를 따라 걸으면 레이만, 페냐에 도착한다. 100km의 표시석이 있는 곳은, 오래된 표지석이 운치가 있었는데, 지금은 그 옆으로 99km 표지석이 있다.

 Tip

100km 표지석의 의미

프랑스길을 멀리서부터 걸어온 순례자들은 100km의 의미가 남다르다. 이제는 4일이면 산티아고 데 콤포스텔라에 도착할 수 있다는 희망이 실현될 수 있다고 믿게 되기 때문이다.

 **모르가데**^{Morgade} ➡ **빌라차**^{Vilacha} | 5.5km

계속 시골길과 페레이로스^{Pereiros} 개천을 화강암으로 만든 작은 다리를 건너가면 페레이로스^{Pereiros}이다. 성당 이후에는 미라요스를 지나가게 된다. 660m의 모미엔토스 고개를 올라갔다 내려가면 메르카도이로 마을에 도착한다. 특히 오전에는 안개가 자주 끼기 때문에 도로가 미끄러울 수도 있다. 마을을 지나 조금만 더 걸어가면 빌라차^{Vilacha}에 도착할 수 있다.

 빌라차^{Vilacha} ➔ 포르토마린^{Portomarin} | 2.1km

포장된 도로를 벗어나면 돌로 이루어진 내리막길이 미끄럽다. 조심하면서 천천히 내려가야 한다. 포르토마린^{Portomarin}으로 이어지는 2차선 도로가 나오고 미뇨 강^{Rio Mino}강을 보면 포르토마린^{Portomarin}이 얼마 남지 않았다. 꽤 긴 다리를 건너 경사가 급한 돌계단이 나오는 데, 올라가 아치문을 지나가 보자. 이제부터 포르토마린^{Portomarin}이다.

 Tip

다리를 건너기 전 종을 쳐 보자!

포르토마린에 도착하려면 다리를 건너야 한다. 상당히 피곤한 순례자들은 빨리 다리를 건너가기 바쁘다. 그러나 다리를 건너기 전에 다리 왼쪽에 하트 모양 안에 있는 종이 있다. 종을 치면서 순례자들이 겪은 고통을 종소리와 함께 날려 보낼 수 있다.

포르토마린(Portomarin)

원래 있던 도시가 침수된 후 현재의 위치로 다시 바뀌었다고 한다. 포르토마린 다리를 건너면 마을이 나오는데 규모가 크지는 않다. 성당은 로마네스크와 고딕양식이 교차하는 지점의 정면에 있는 창을 통해 들어오는 빛과 톱니모양의 지붕이 특징이 있다. 푸에블로 근처에 있는 시립 알베르게 주변에 다양한 상점과 카페가 밀집되어 있으니 여기서 모든 것을 해결하면 된다.

시립 알베르게

산 니콜라스 성당 뒤에 있는 현대적인 건물로 바뀌었다. 약 110명이 이용할 수 있는 알베르게는 6€(시트 1€)이고 정원에 주방, 식당, 세탁기 등이 있다. 여름에는 맞은 편 학교와 시립체육관에 100명이 더 머물 수 있다고 한다.

사설 알베르게

두 블록 아래 루아 도 미노^{Rua do Mino}거리 위에 있다. 3개의 방에 7개의 침대 이용료는 10유로이다.

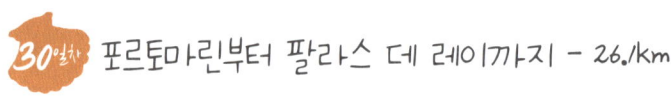

30일차 포르토마린부터 팔라스 데 레이까지 – 26.1km

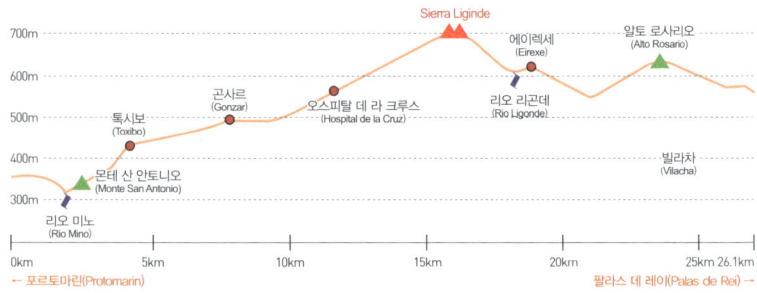

Sierra Liginde

알토 로사리오
(Alto Rosario)

에이렉세
(Eirexe)

곤사르
(Gonzar)

오스피탈 데 라 크루스
(Hospital de la Cruz)

리오 리곤데
(Rio Ligonde)

톡시보
(Toxibo)

몬테 산 안토니오
(Monte San Antonio)

빌라차
(Vilacha)

리오 미노
(Rio Mino)

700m 600m 500m 400m 300m

0km   5km   10km   15km   20km   25km 26.1km

← 포르토마린(Protomarin)

팔라스 데 레이(Palas de Rei) →

이동경로 / 26.1km

포르토마린(Portomarin) – 곤사르(Gonzar) – 오스피탈 데 라 크루스(Hospital de la Cruz) – 에이렉세(Eirexe) – 아 브레아(A Brea) – 팔라스 데 레이(Palas de Rei)

완만한 오르막길

지도를 보면 오스피탈 데 라 크루스까지 오르막길로 이어진다. 2차선 도로의 좌우로 걸어가도록 되었는데, 차가 꽤 지나다니는 국도이다. 가끔 도로 옆 소로길이 없어져 도로를 걷기도 하지만 조심해야 한다.

팔라스 데 레이
Palas de Rei
26.1km

포르토스
Portos

아베노스트레
Avenostre
18.4km

에이룩세
Airexe

벤타스 데 나론
Ventas de Naron

12.7km

오스피탈 데 크루즈
Hospital de la Cruz

8.2km

곤사르
Gonzar

탁시보
Taxibo

공장
Fabrio

포르토마린
Portomarin
0km

N-547도로의 옆으로 소로길이 계속 이어지고 작은 마을들이 나오는 전형적인 스페인 시골마을이다. 리곤데 산맥과 로사리오 고래를 올라가야 해 피곤이 빨리 찾아온다. 팔라스 데 레이는 S자 형태의 구부러진 도로가 마을을 통과해 알베르게 까지 이어진다. 중세에 이 마을은 순례의 마지막 단계에서 순례자들이 쉬거나 함께 가는 그룹을 만들었던 곳이다.

 Tip

멜리데까지 가려는 순례자를 위한 조언
포르토마린에서 팔라스 데 레이까지는 조금 오르막길이 많은 편이다. 그 이후 멜리데까지는 40km인데. 팔라스 데 레이 이후에는 평탄한 길이라 멜리데까지 가는 경우도 있다. 멜리데까지 가겠다고 생각한다면 포르토마린에서는 일찍 출발하는 것이 좋다.

포르토마린^{Portomarin} ➜ 곤사르^{Gonzar} | 8.2km

다리의 오른쪽으로 걸어가 도로를 건너면 본격적인 시골길이 나타난다. 오르막길을 다 올라가면 산 안토니오 언덕^{Alto San Antonio} 숲길을 지나가야 한다. 이곳은 상당히 안개가 자주 끼는 곳인데, 운치가 있다. 포장도로를 걸어가면 공장이 나오고 도로를 건너가면 도로 옆의 소로길을 걸어가면 된다. 길이 끝나는 지점에 바^{Bar}가 있어서 대부분 이곳에서 휴식을 취한다.

 ### 곤사르^{Gonzar} ➜ 오스피탈 데 라 크루스^{Hospital de la Cruz} | 4.5km

곤사르를 지나가면 왼쪽으로 돌아 시골길을 지나가면 오른쪽으로 돌아가야 한다. 산타 마리아 성당은 카스트로 마이오르 마을을 지나간다. 저 멀리 오스피탈 데 라 크루스에 도착하는 데 2차선 도로가 지나가는 마을이므로 차량을 조심해야 한다.

오스피탈 데 라 크루스^{Hospital de la Cruz} ➡ 에이렉세^{Eirexe} | 5.7km

N-540번 도로를 지나는 2차선 도로는 벤타스 데 나론으로 이동한다. 720m의 리곤데 산을 올라갔다 내려가면 라곤데^{Ligonde}에 도착하고 강을 건너 에이렉세 마을에 도착한다. 작은 언덕같은 산을 넘어가야 하므로 체력 소모가 크다. 마을 끝에 있는 바^{Bar}에서 쉬었다가 이동하도록 하자.

 에이렉세^{Eirexe} ➡ 아 브레아^{A Brea} ➡ 팔라스 데 레이^{Palas de Rei} | 7.7km

소로길은 오르막길로 변하고 마무리아를 지나가면서 아 브레아^{A Brea}에 도착한다. 로사리오 언덕을 넘기 위해 오르막길을 걸어올라가야 한다. N–547번 도로가 나오는 지점에 바^{Bar}가 있는데, 쉬어가는 것도 좋다. 왼쪽으로 오스 차코테스 알베르게와 큰 아울렛 같은 건물을 지나가는데, 상당히 지루하다. 빨리 걷기보다 옆에 있는 동행자와 이야기를 나누면서 지나가는 것도 좋은 방법이다.

팔라스 데 레이는 S자 형태의 구부러진 도로가 마을을 통과해 알베르게 까지 이어진다. 중세에 이 마을은 순례의 마지막 단계에서 순례자들이 쉬거나 함께 가는 그룹을 만들었던 곳이다.

라브라도르

1년내내 운영하는 레스토랑으로 모녀가 운영하고 있다. 들어가는 입구부터 아기자기한 소품들이 예쁘게 장식되어 있다. 음식은 전체적으로 약간 짜지만 맛이 일품이다.

짭쪼름한 맛이 빵사이의 치즈의 간을 맞춰주고 있다. 스페인 북부 특유의 음식인 칼Callos는 꼭 우리나라의 대구탕같은 맛이 난다. 문제는 밥과 김치를 같이 먹으면 좋겠지만 순례길에서는 칼도만 먹어야한다. 다 먹고 나면 느끼하기 때문에 탄산음료를 마시게 되는 단점이 있다.

팔라스 데 레이(Palas de Rei)

콘세요 광장과 주도로가 만나는 지점에 공립 알베르게가 있다. 순례길의 통로에 있어 찾기가 쉽다. 알베르게 바로 앞에 가게가 있어 좋지만 크지않아 먹을만할 것들이 포르투마린에 비해 적다. 알베르게 정면 건너편에는 마을회관이 있고 옆쪽으로 바BAR가 있다. 이 곳에서 아침을 먹고 스탬프를 찍고 난 후에 출발해도 좋은 방법이다. 그러니 빨리 저녁을 먹고 쉬는 편이 더 좋은 방법이다.

시립 알베르게

1년내내 운영하고 6개의 방에 110개의 침대가 있다. 마을 초입 산 니콜라스 성당 뒤에 2007년에 문을 연 새 알베르게로 110명이 머물 수 있는 현대적인 건물로 바뀌었다.
침대와 세탁기, 건조기, 주방과 식당이 있으며 이용료는 6€(시트비용 1€ 포함)이다. 예전의 알베르게는 시청 앞에 있는 마을 속에 있다. 60개의 침대와 거실이 있고 이용료는 5€이다. 다들 새로운 알베르게를 이용하려고 한다.

사립 알베르게 | Buen 까미노

시청 광장에 있으며 42명이 사용할 수 있는 이층침대가 있다. 인터넷을 제공하며 세탁기, 건조기를 유료로 사용하실 수 있다.

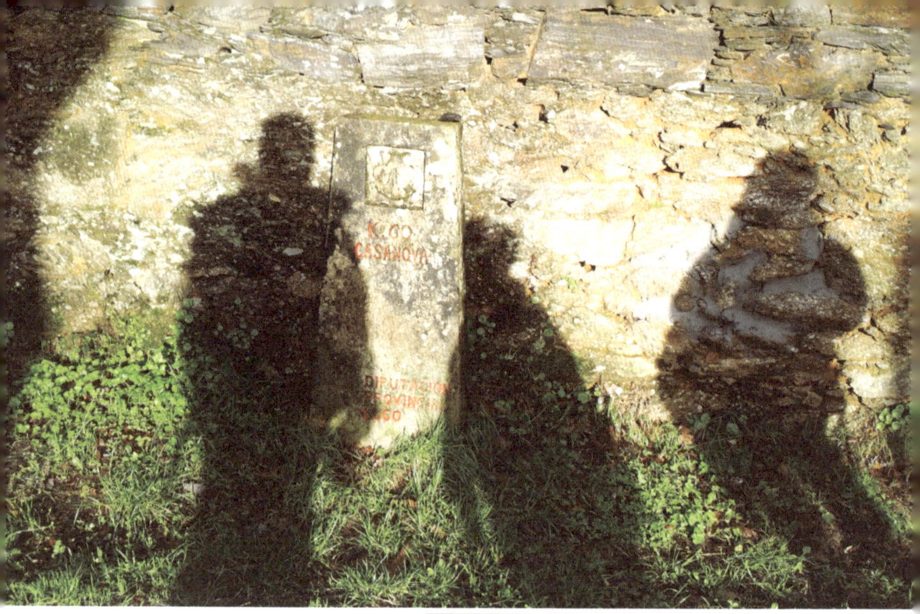
K.60
CASANOVA
DIPUTACION

J.A.Nov

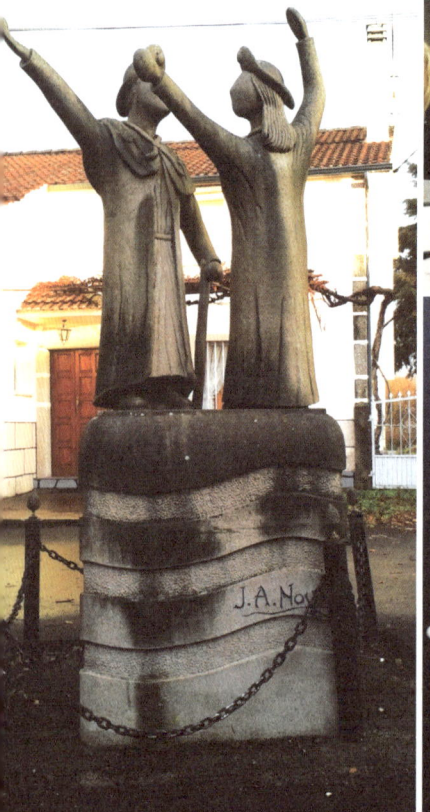

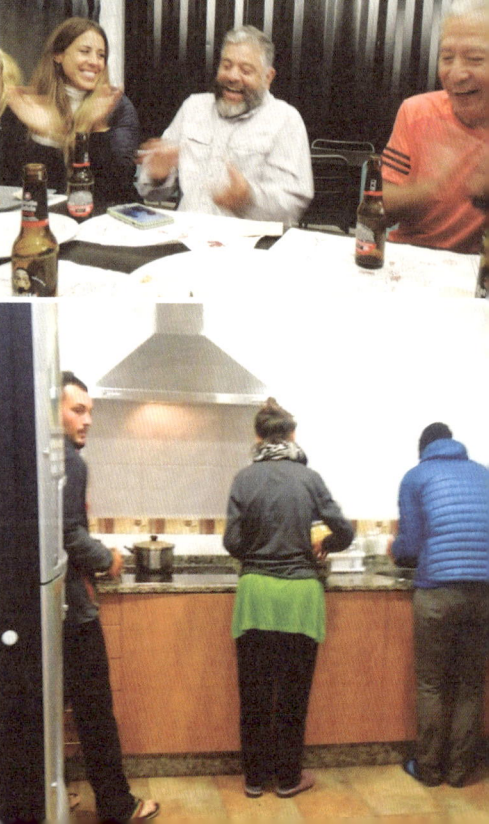

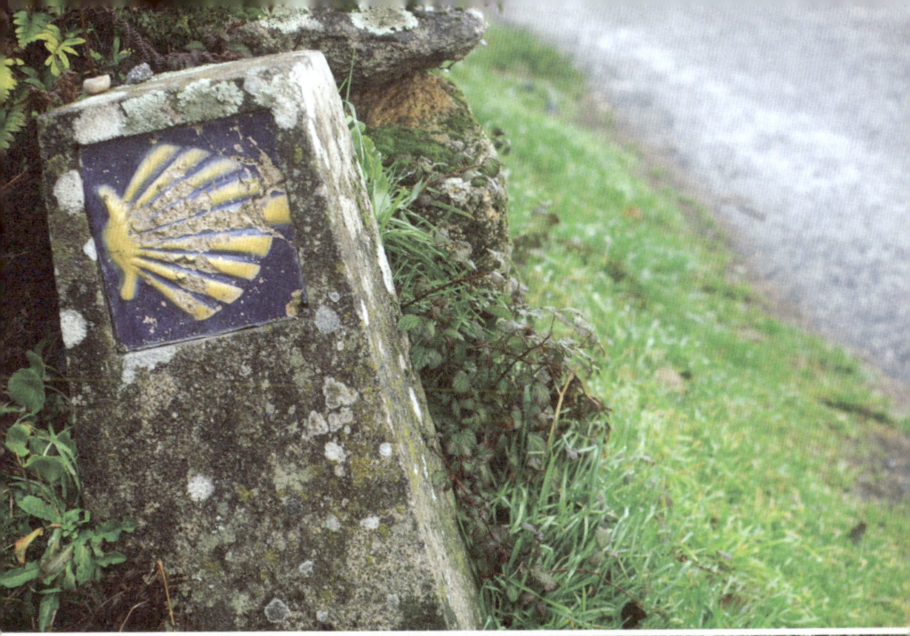
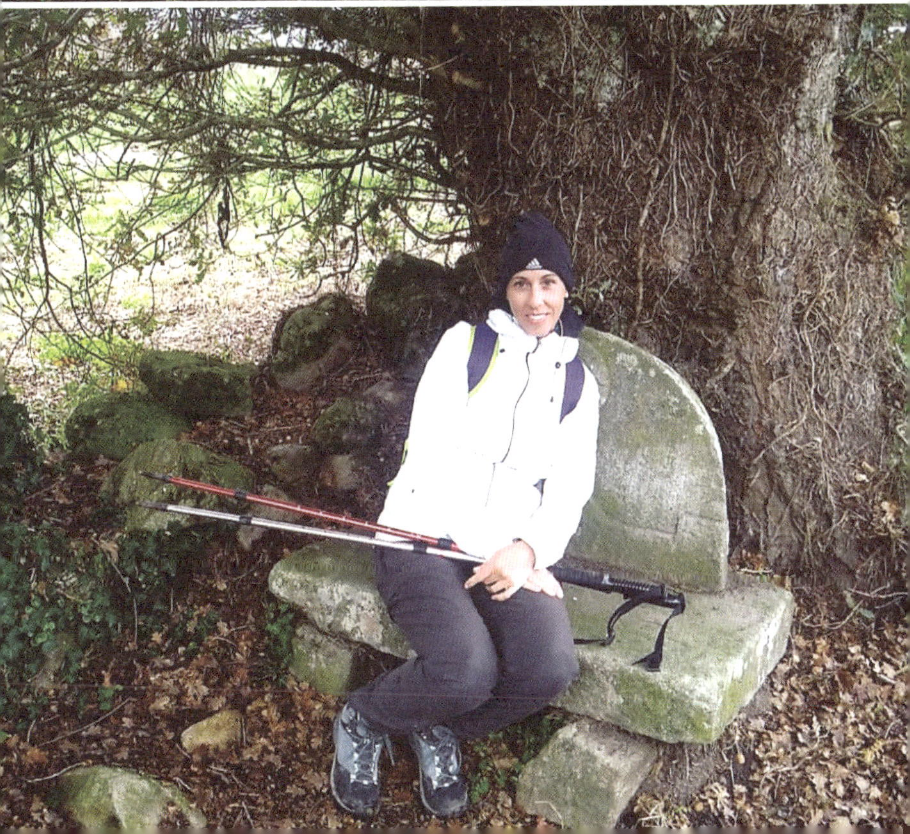

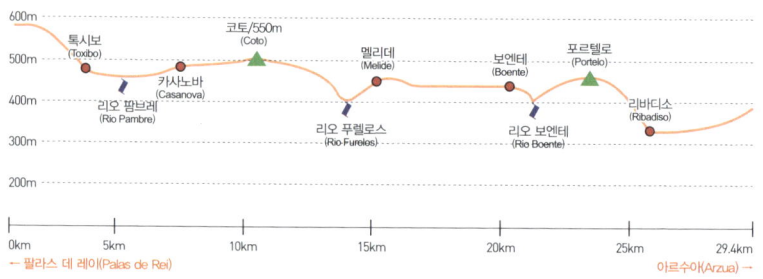

이동경로 / 29.4km

팔라스 데 레이(Palas de Rei) – 레보레이로(Leboreiro) – 멜리데(Melide) – 보엔테(Boente) – 리바디소(Ribadiso) – 아르수아(Arzua)

평지길

오늘은 마지막으로 약 30km 정도 걷는 힘든 하루가 될 것이다. 되도록 일찍 출발하는 것이 어두운 저녁에 들어가지 않는 방법이다. 팔라스 데 레이에서 멜리데까지는 평지에 아스팔트가 많다. N–547번 도로를 따라 가기도 하고 터널도  지나가기도 한다. 나머지 구간은 숲으로 이루어진 길인데 평지여서 어렵지는 않다. 멜리데는 스페인 북부의 해안에서 잡히는 문어로 만드는 매콤한 뽈뽀Polpo가 유명하다. 26km걷고 나서 마주하는 리바디소에서 걷는 약 3km의 오르막길은 의외로 힘이 든다. 천천히 걸어가도록 하자.

이소 강
Rio Iso

아르수아
Arzua

29.4km

산 라사로 개천
San Lazaro

리바디소 다 바이소
Ribadiso da Baxo

카스타네다
Castañeda

보엔테
Boente

21km

N-547

렐리네
Melide

15.3km

푸렐로스
Furelos

팜브레 강
Rio Pambre

레보레이로
Leboreiro

9.7km

산 슐리안
San Xulian

N-547

멜리데 데 레이
Palas de Rei

0km

349

Tip

자신의 체력에 따라 걷는 일자를 조정하자.

멜리데까지 오면 약 50㎞를 남겨 놓았다고 생각하면 된다. 이제 하루를 온전히 걷고 다음날 산티아고로 들어갈 수도 있고 나누어서 2일을 더 걸어 들어갈 수도 있다. 리바디소는 작은 마을로 이소 강가에 자리하고 있다. 아르수아(Arzua)까지 가벼운 오르막으로 약 3㎞정도 가면 도착할 수 있다.

팔라스 데 레이^{Palas de Rei} ➡ 레보레이로^{Leboreiro} | 9.7km

N–547번 도로는 인도가 좁아서 주의해서 걸어야 한다. 도로가 끝나면 마을로 들어가 시골길을 따라가면 길의 끝에 산 홀리안^{San Xulian}에 도착한다. 전반적으로 평지길이므로 힘들지는 않다. 내리막길이 나오고 팜브레 강^{Rio Pambre}이 나오면 포장 도로를 보고 계속 걸어가면 성당이 끝 지점에 있다.

 레보레이로^{Leboreiro} ➡ 멜리데^{Melide} | 5.6km

세코 강^{Rio Seco}은 디세카보^{Cisecabo}, N–547도로 옆의 산업공단을 지나간다. 이곳을 지나면 숲길이 나오고 중세의 돌다리인 산 후안 다리를 건너면 푸렐로스^{Furelods}가 나타난다. 멜리데^{Melide}는 도시 중앙을 가로지르는 도로가 길게 이어졌고 산 로케 공원을 지나 도록 나타나면 올드 타운^{Old Town}에 도착하게 될 것이다.

멜리데Melide는 삶은 문어에 고춧가루와 올리브유를 뿌려 매콤한 뽈뽀Polpo가 유명하여 맛집으로 알려진 에세길Ezsquiel에서 먹는 경우가 많다. 하지만 이곳이 아니어도 멜리데의 다른 곳에서 맛집을 찾아낼 수도 있을 것이다.

멜리데^{Melide} → **보엔테**^{Boente} | 5.7km

멜리데 이후에는 한동안 숲길이 나타난다. 이 숲길은 여름에는 그늘을 만들어주고, 겨울에는 바람을 막아준다. 카르바얄^{Carballal}, 폰테 데 페냐스^{Ponte de Penas}를 지나가면 보엔테^{Boente}에 도착하게 된다.

보엔테^{Boente} ➜ 리바디소^{Ribadiso} ➜ 아르수아^{Arzua} | 8.4km

소로길은 계곡을 따라가면서 보엔테 강이 보인다. 이 강을 건너면 오르막길이 나오는데 마지막 지점에 있는 오르막길이라 의외로 힘들다. 언덕을 넘어가면 N–547을 마주하고 이어서 이소 강^{Rio Iso}을 건너면 리바디소에 도착한다.

여기까지 26.4㎞라서 이곳에서 머무는 순례자들도 있다. 아르수아까지 약 3㎞를 더 걸어가야 한다. 오르막길이 이어지는 데 N–547도로를 가로지르기 때문에 터널도 되어 있기도 하고 옆길도 이어지기도 한다. 마지막 오르막길을 넘어 가로지르는 도로가 의외로 길다.

리바디소 (Ribadiso) 알바르게

작을 마을 안의 이소강가에 있는 주택가에 자리잡고 있다. 가벼운 오르막길로 약 2㎞정도 가면 찾을 수 있다. 캠핑장이 갖춰져 있으며 62명이 이용 가능하고 이용료는 6유로이다.

아르주아 알바르게

아르주아는 작은 마을로 도로 양쪽으로 길게 되어 있는 마을이다. 특별히 볼 것들이 많은 마을은 아니므로 시간이 없다면 그냥 지나쳐도 된다.

마을을 가로질러 도로 왼쪽에 있는 큰 건물이 알베르게이다. 도로를 가다보면 살 보이지 않으니 잘 보시고 모르면 물어보세요. 120명이 이용가능하며 이용료는 6유로이다.

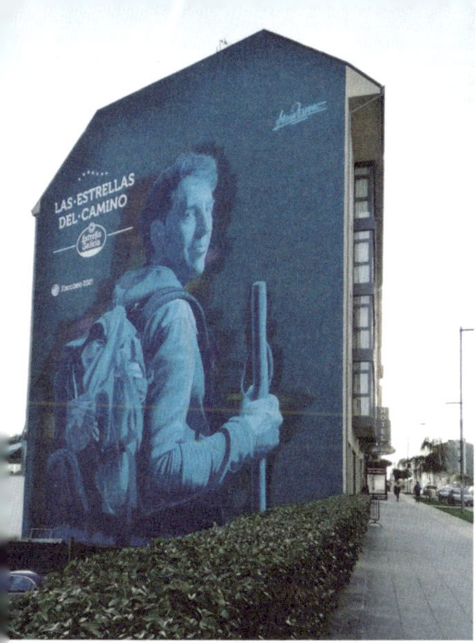
LAS·ESTRELLAS
DEL·CAMINO

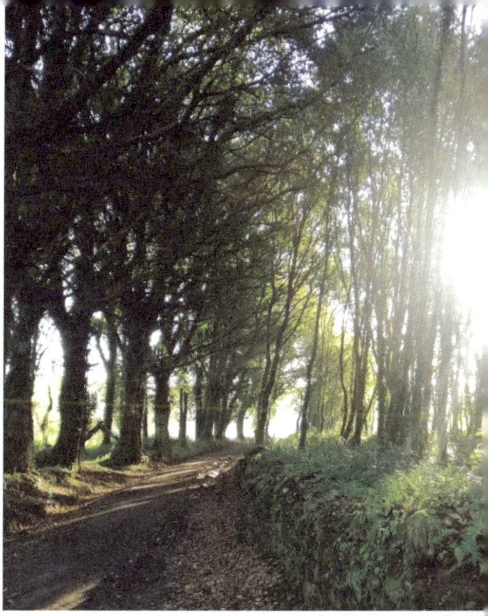

DE LOS SOMOZA
TURISMO RURAL
BITACIONES

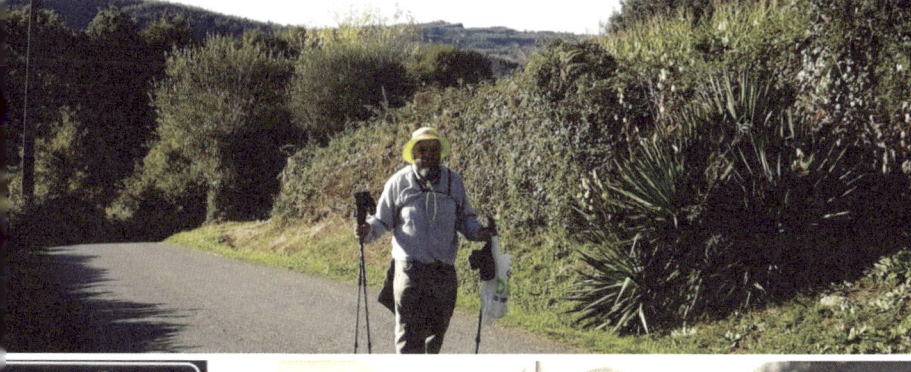

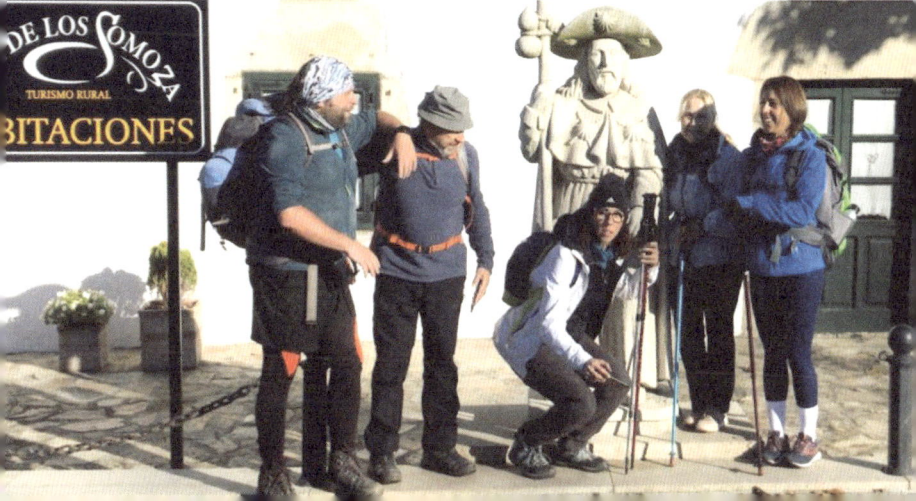

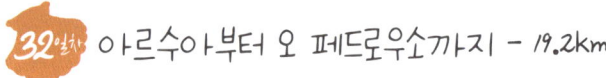

32일차 아르수아부터 오 페드로우소까지 - 19.2km

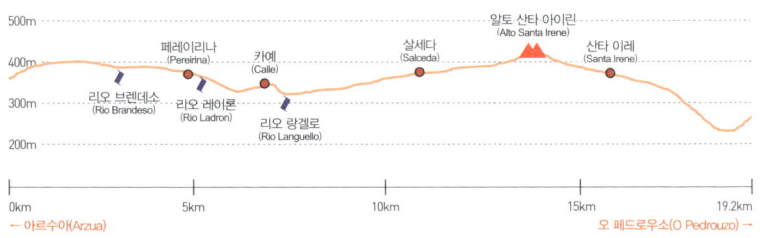

500m
400m
300m
200m

알토 산타 아이린
(Alto Santa Irene)

페레이리나
(Pereirina)

카예
(Calle)

살세다
(Salceda)

산타 이레
(Santa Irene)

리오 브렌데소
(Rio Brandeso)

리오 레아론
(Rio Ladron)

리오 랑겔로
(Rio Languello)

0km 5km 10km 15km 19.2km

← 아르수아(Arzua)   오 페드로우소(O Pedrouzo) →

이동경로 / 19.2km

아르수아(Arzua) – 카예(Calle) – 산타 이레네(Santa Irene) – 오 페드로우소(O Pedrouzo)

평지길

본격적으로 산티아고 데 콤포스텔라 근처로 진입하는 날이다. N–547번 도로를 여러 번 만나게 된다.

N–547번 도로를 갈리시아 지방에서 가장 중요한 도로로 모든 차량이 이 도로를 이용하므로 상당히 차량의 통행이 많다. 그런데 도로 옆으로 걷거나 통과하고 터널을 통과하기도 하기 때문에 조심해야 한다.

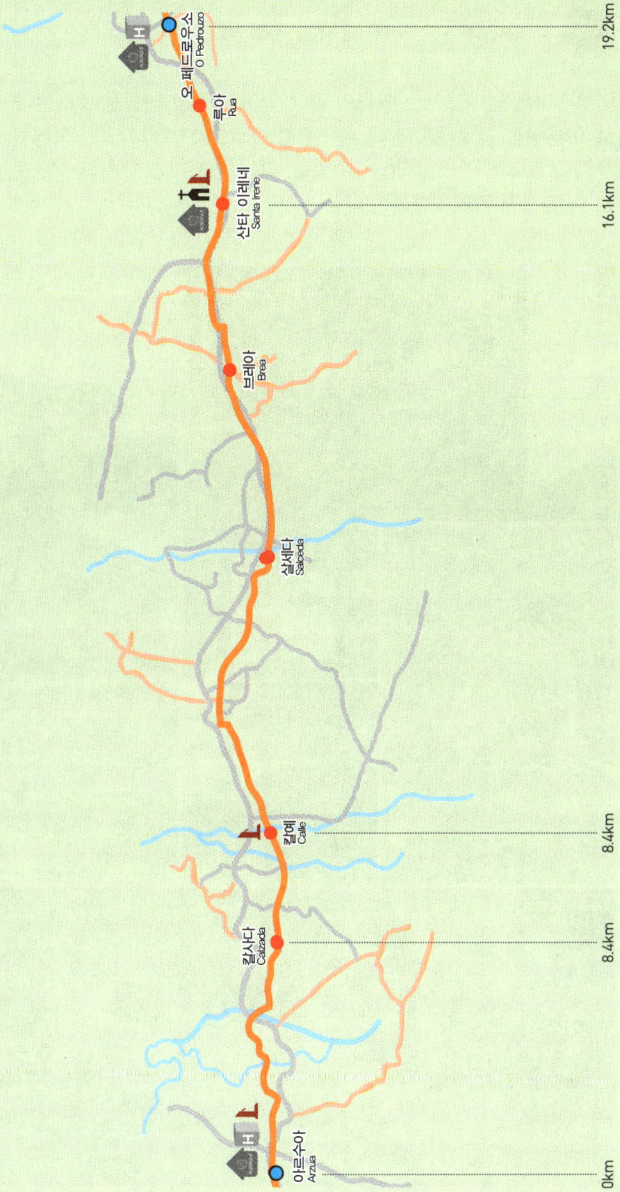

19.2km

16.1km

8.4km

8.4km

0km

오페드로우소
O Pedrouzo

루아
Rua

산타이레네
Santa Irene

브레아
Brea

살세다
Salceda

칼예
Calle

칼사다
Calzada

아르수아
Arzúa

아르수아^{Arzua} ➡ 카예^{Calle} | 8.4km

아르수아의 알베르게는 마을의 끝에 있어서 금방 마을을 벗어난다. 이후에는 숲으로 이루어진 길로 들어선다. N–547번 도로 밑으로 나 있는 터널을 건너서 라이도 ^{Raido}, 코르토베^{Cortobe}를 만날 수 있다. 교각을 지나면 칼사다^{Calzada}로 들어서고 조금만 더 걸으면 카예에 도착한다.

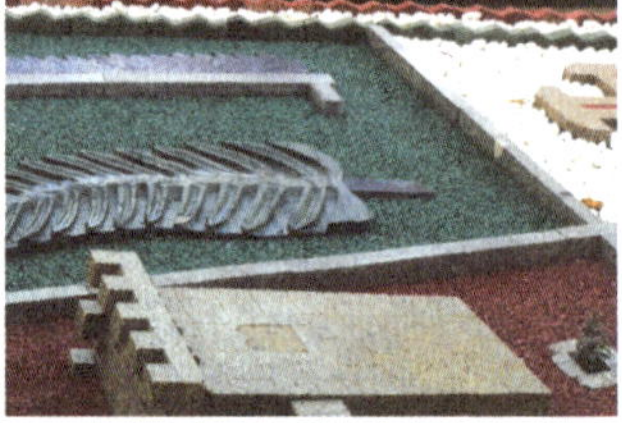

 카예^{Calle} ➡ 산타 이레네^{Santa Irene} | 7.7km

언덕을 올라가야 N–547번 도로 위로 올라갈 수 있다. 도로 옆으로 있는 인도가 좁지만 크게 위험하지는 않다. 포장도로가 끝나면 바로 숲으로 들어가 시골길을 걷게 된다. 화살표 표시가 애매하기 때문에 욕센^{Oxen}, 라스^{Ras}외 지면을 기억해 두면서 걸으면 좋다. 아니면 구글맵을 켜서 확인하면서 걸어가자.

다음 마을인 브레아^{Brea}에 도착하려면 N–547번 도로를 건너야 한다. 한참을 걸어가면 길가 옆에 있는 바^{Bar}가 보이고 이곳에서 쉬면서 마지막을 향해 가면 좋다.

산타 이레네^{Santa Irene} ➔ **오 페드로우소**^{O Pedrouzo} | 3.1km

N–547번 도로를 지나가야 하기 때문에 터널을 지나서 걸어가면 루아^{Rua}에 도착한다. 부르고 강^{Rio Burgo}를 건너 숲길이 다시 걸어가면 오 페드로우소^{O Pedrouzo}를 만날 수 있다. 작지만 하루를 묶어 가는 데 편하게 쉴 수 있다.

33일차 오 페드로우소부터 산티아고 데 콤포스텔라까지 - 20.5km

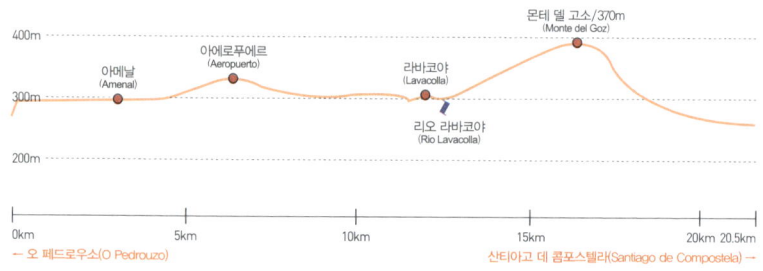

이동경로 / 20.5km

오 페드로우소(O Pedrouzo) - 아메날(Amenal) - 라바코야(Lavacolla) - 몬테 델 고소(Monte del Gozo) - 산티아고 데 콤포스텔라(Santiago de Compostela)

평지길

드디어 산티아고 순례길, 프랑스 길의 마지막 지점인 산티아고 데 콤포스텔라Santiago de Compostela에 도착하는 날이다. 기쁜 마음으로 출발하지만 의외로 도착하는 구간이 오르막길이 있어서 쉽지는 않다. 유칼립투스 숲길은 오르막이 조금 있지만 이내 평지로 바뀐다.

숲은 산티아고 공항까지 이어지지만 본격적으로 포장도로가 나타난다. 포장도로로 상당 구간이 오르막길로 몬테 델 고소까지 이어져 마지

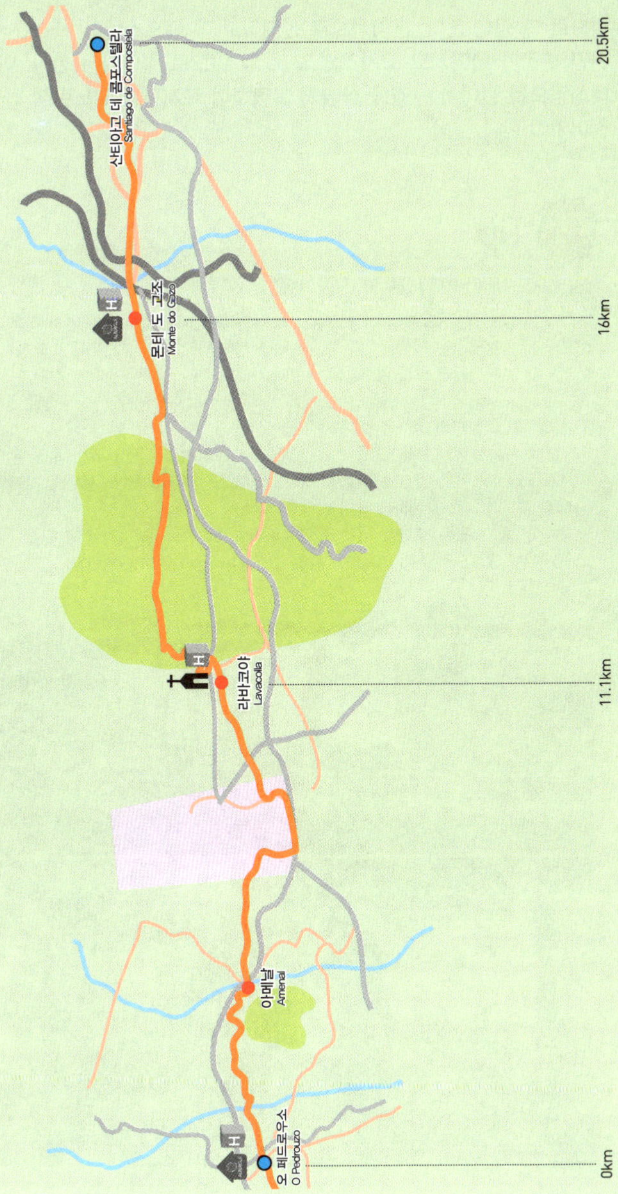

드디어 떠나는 산티아고 순례길 가이드북

산티아고 데 콤포스텔라
Santiago de Compostela — 20.5km

몬테 도 고조
Monte do Gozo — 16km

라바코야
Lavacolla — 11.1km

아메날
Amenal

오 페드로우소
O Pedrouzo — 0km

365

막으로 꽤 힘이 든다. 본격적으로 산티아고 데 콤포스텔라^{Santiago de Compostela}로 진입하면 도로가 넓어지고 교차로와 도로 옆 인도로 걸어가야 한다. 마지막 산티아고 대성당으로 걸어가는 길을 상당히 복잡하여 표지판이나 노란색 화살표를 잘 보고 걸어가야 한다.

Tip

산티아고 대성당 미사를 보고 싶다면?

유럽의 순례자들은 중세부터 라바코야(Lavacolla)에서 순례자들이 걸으면서 더러워진 자신의 몸을 씻고 다음날 출발하는 의식이 있어 도착하는 지점이 다르기도 하다. 아니면 끝까지 도착한 후 다음날 산티아고 대성당만 보고 완주증을 받으러 가기도 한다. 선택은 순례자 각자가 정하게 된다.

[1] 산티아고 대성당의 미사를 보려고 최대한 산티아고 데 콤포스텔라(Santiago de Compostela)에 접근해 11시까지 도착하려고 하는 순례자들도 있다. 그들은 전날에 9.4km만 남아 있는 라바코야(Lavacolla)나 몬테 델 고소(Monte del Gozo)에 도착해 마지막 날 출발을 하기도 한다. 전날 30㎞를 걸어야 하는 강행군을 해야 한다.

[2] 아니면 오 페드로우소에서 몬테 델 고소(Monte del Gozo)까지만 걷고 다음날 4.5km만 걸어가는 경우도 있다. 조금 더 여유롭게 걸을 수 있기 때문에 많이 선택한다.

오 페드로우소^{O Pedrouzo} ➡ 아메날^{Amenal} ➡ 라바코야^{Lavacolla} | 11.1km

마을을 출발하면 왼쪽에 스포츠 센터가 보인다. 이후에는 유칼립투스 숲길이 이어지는 데 산 안톤^{San Anton}을 지나가면 아메날에 도착한다. 숲길의 마지막은 시마데빌라^{Cimadevida}에서부터 시작되는 데, 상당히 오르막길이어서 힘이 든다. 다 걸어서 올라가면 오른쪽에 중세 순례자들이 산티아고에 들어서기 전 몸을 씻었던 라바코야 마을이 보일 것이다.

라바코야^{Lavacolla} → 몬테 델 고소^{Monte del Gozo} | 4.9km

국도를 지나서 오르막길을 올라가면 비야마이오르^{Villamaior}에 도착한다. 언덕을 올라가야 보이는 산 마르코스 마을 지나면 370m의 몬테 델 고소에 있는 산 마르코스 예배당을 볼 수 있다. 이곳에서 멀리 있는 산티아고 대성당의 윗부분이 보이기 때문에 '기쁨의 산'이라고 불리기도 했다. 교황 요한 바오로 2세의 방문 기념탑과 예배당, 순례자 공원 등이 보인다.

 몬테 델 고소^{Monte del Gozo} ➜ **산티아고 데 콤포스텔라**^{Santiago de Compostela}
| 4.5km

N-647번 도로를 따라 걸어가는 곳으로 철도 아래로 건너가 산 라사로 성당 방향으로 따라 걸어간다. 루아 도 발리뇨^{Rua do Valino} 방향으로 직진하다. 교차로를 건너면 루아 도시 콘체이로스에 도착한다. 이어서 산 페드로 광장에 도착할 수 있다. 이어서 세르반테스 광장에 도착하고 카미노 화살표를 따라 가면 카사스 레아이스에 있는 세르반테스 광장에 도착해 쉬어갈 수 있다. 인마클라다 광장과 오브라도이로 광장에 도착하여 기쁨의 포옹을 나누게 된다.

순례자들마다 기쁨의 강도는 다르지만 대부분의 순례자는 감동을 받는다. 자신이 완주했다는 기쁨에서 그동안의 힘들었던 순간이 순식간에 지나간다. 다들 오브라도이로 광장에서 사진을 찍고 한참을 둘러본다.

369

산티아고 데 콤포스텔라(Santiago de Compostela)

산티아고 순례길의 종착지로 기독교 3대 성지이기도 하다. '산티아고'란 스페인어로 성 야곱을, '데 콤포스텔라'는 별이 내리는 들판을 뜻하는 말이다. 주교 테오드미로가 수도사들과 하마께 성 야곱의 무덤을 발견한 것을 계기로 성 야곱을 기리기 위한 성당을 건축하기 시작했고 이 성당이 지금의 카테드랄의 기초가 되었다. 카테드랄 옆에 있는 오브라도이로 광장을 비롯해 구시가 주변에는 순례자의 모습을 볼 수 있다.

성당 안에 들어가면 '영광의 문' 중앙에 앉아 있는 성 야곱을 볼 수 있다. 수 많은 순례자들이 돌기둥에 손을 대며 기도를 드려서 기둥에는 닳아서 반질반질해지고 파여 있는 다섯 손가락의 흔적이 남아 있다.
성당에서 미사를 드리고 나면, 알라메다 공원으로 가자. 공원 안의 페라두라 산책

로에서 카테드랄의 첨탑과 거리를 볼 수 있다. 또한 도시에서 5km떨어진 곳에 '환희의 언덕'인 몬테 도 고소가 있는데 순례자들이 처음으로 카테드랄의 모습을 볼 수 있는 곳이다. 알라메다 공원에서 내려오면 오브라도이 광장에서 구시가 주변을 도는 관광열차(6유로)를 타는 것도 색다른 산티아고를 볼 수 있는 방법이다.

카테드랄 뒤쪽으로 가면 '싱스러운 문'이 있는데 '면죄의 문'으로 불리우는 문이다. 상 야곱의 날인 7월 25일이 일요일에 해당하는 해에만 개방한다고 한다. '성스러운 문'에 접한 광장은 칸타나 광장이다. 구시가를 다 보았다면 프랑코거리와 비야르거리로 가서 기념품 등을 둘러보고 갈리시아 광장으로 이동하면 산티아고를 다 볼 수 있다.

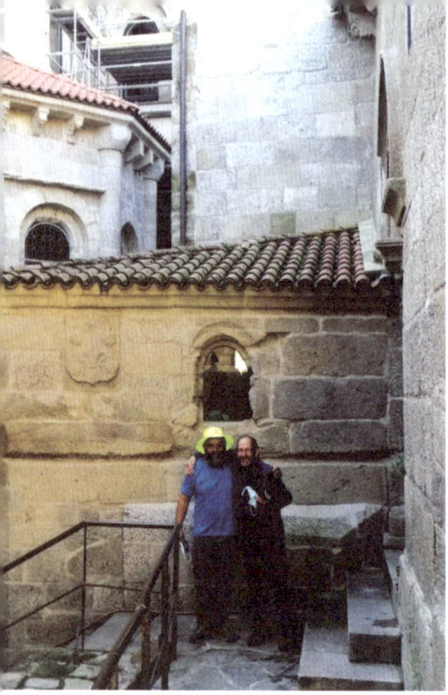
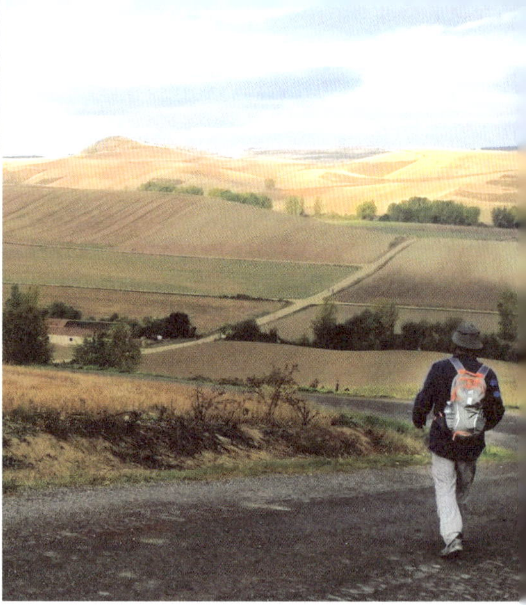
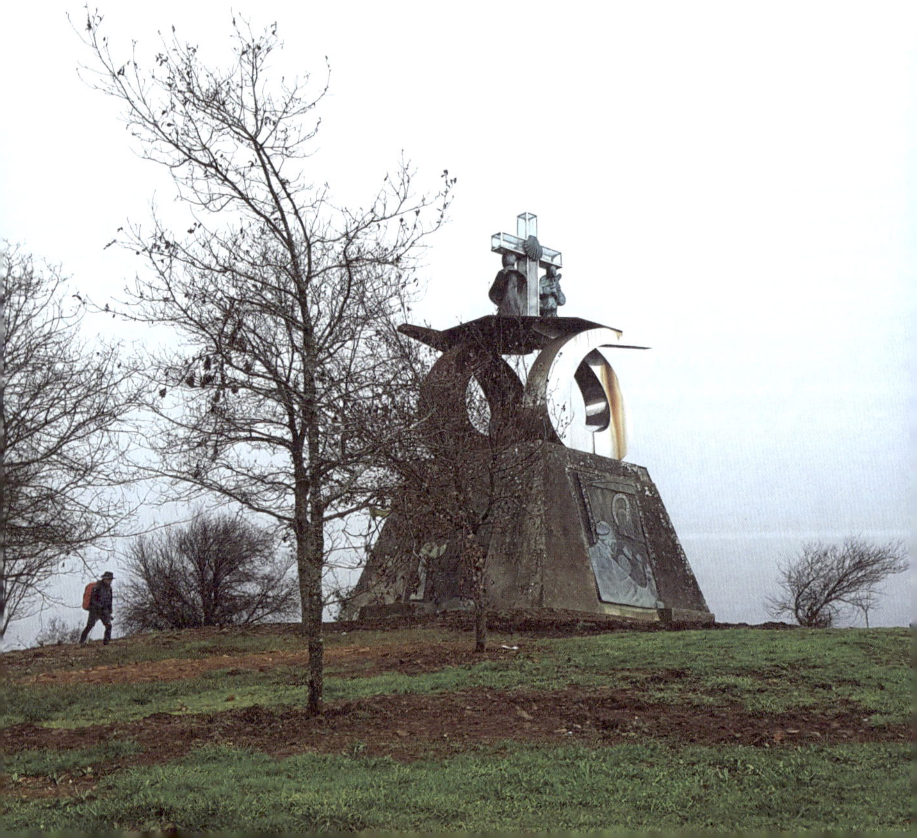

스페인어

[기본표현]

Hola. [올라] ⋯➤ 안녕하세요?
Buenos días. [부에노스 디아스] ⋯➤ 안녕하세요? (아침 인사)
Buenas tardes. [부에노스 따르세스] ⋯➤ 안녕하세요? (오후 인사)
Buenas noches. [부에노스 노체스] ⋯➤ 안녕하세요? (저녁 인사)
Gracias. [그라시아스] ⋯➤ 감사합니다.
Está bien. [에스타 비엔] ⋯➤ 괜찮습니다.
Bien, gracias. [비엔 그라시아스] ⋯➤ 네, 잘 지냅니다.
Cómo? [꼬모] ⋯➤ 다시 한 번 말씀해 주세요.
Por supuesto. [뽀르 수푸에스토] ⋯➤ 물론입니다.
Entiendo. [엔띠엔도] ⋯➤ 알겠습니다.

buen viaje [부엔 비아헤]
⋯➤ 좋은 여행 되세요. (공항에서 작별할 때 얘기하면 좋아요)
buenas noches [부에나스 노체스] ⋯➤ 좋은 밤 되세요.
adios [아디오스] ⋯➤ 안녕히 가세요 / 안녕히 계세요 / 안녕 (헤어질 때)
A dónde quiere ir usted? [아 돈데 끼에레 이르 우스뗏]
⋯➤ 어디 가고 싶으신가요?
Qué deseas comer? [께 데세아스 꼬메르] ⋯➤ 무엇을 드시고 싶으신가요?
Qué tal la comida? [깨 딸 라 꼬미다] ⋯➤ 음식이 어떤가요?
Qué tal el dormitorio? [깨 딸 엘 도르미또리오] ⋯➤ 침실은 어떤가요?
Qué tal Corea? [깨 딸 꼬레아] ⋯➤ 한국은 어떤가요?

[지시 대명사]

allá [알랴] ⋯➤ (방향) 저기 (손으로 가르키며 말하면 듣는 사람도 쉽겠죠? ㅎㅎ)
aquí [아끼] ⋯➤ (방향) 여기
este [에스때] ⋯➤ (사물) 이것
aquel [아깰] ⋯➤ (사물) 저것

ven aquí [벤 아끼] ⋯➤ 이리로 오세요.

[장소]

baño [바뇨] ⋯⋯ 화장실
dormitorio [도르미또리오] ⋯⋯ 방(침실)
restaurante [레스따우란떼] ⋯⋯ 레스토랑
recepción [레셉시온] ⋯⋯ 리셉션

[형용사]

frío [후리오] ⋯⋯ 춥다
caliente [깔리엔떼] ⋯⋯ 뜨겁다 (덥다 아닙니다)
picante [삐깐떼] ⋯⋯ 맵다
lindo [린도] ⋯⋯ 멋있다
bueno [부에노] ⋯⋯ 좋다/착하다
alto [알또] ⋯⋯ 높다, (키가)크다

[일상 대화]

De dónde es? 어디에서 오셨습니까?
Aquí tiene. 여기 있습니다.
Cuál es el propósito de su viaje? 여행의 목적이 무엇입니까?
Cómo está? 요즘 어떻게 지내세요?
Un momento, por favor. 잠시만 기다려 주세요.
Me llamo James Dean. 저는 제임스 딘입니다.
Es culpa mía. 제 잘못입니다.
Hace un poquito de frío. 좀 추워요.
Vale. 좋아요.
Tenga un buen día! 좋은 하루 보내세요.
Lo siento. 죄송합니다.
Mucho gusto! 처음 뵙겠습니다.
De nada. 천만에요.
Necesito ir al aseo. 화장실 다녀올게요.
Dónde esta el aseo? 화장실이 어디에 있죠?

[숫자]

uno 하나	**nueve** 아홉	**diecisiete** 열일곱
dos 둘	**diez** 열	**dieciocho** 열여덟
tres 셋	**once** 열하나	**diecinueve** 열아홉
cuatro 넷	**doce** 열둘	**veinte** 스물
cinco 다섯	**trece** 열셋	**cincuenta** 오십
seis 여섯	**catorce** 열넷	**cien** 백
siete 일곱	**quince** 열다섯	**mil** 천
ocho 여덟	**dieciséis** 열여섯	**un millón** 백만

[카페 / 레스토랑]

La cuenta, por favor. 계산서 주세요.
Una mesa para no fumadores, por favor? 금연석으로 주세요.
Una servilleta, por favor. 냅킨 좀 주세요.
Para cuántas personas? 몇 분이 오셨어요?
Un vaso de agua, por favor. 물 한 잔 주세요.
Sólo azúcar, por favor. 설탕만 넣어 주세요.
Un protector gástrico, por favor. 소화제 좀 주세요.
Carne de vaca, por favor. 쇠고기 요리로 주세요.
Se me ha caído una cuchara. 수저를 떨어뜨렸습니다.

Para tomar aquí o para llevar? 여기서 드시겠어요? 포장해 가시겠어요?
Cuál es la especialidad del día? 오늘의 특선메뉴는 뭐죠?
No quiero nada de comer. 음식은 필요 없습니다.
Me temo que este filete está demasiado hecho.
이 스테이크는 너무 익힌 것 같아요.
Está libre este asiento? 이 자리는 비어 있나요?
A qué se debe este coste adicional? 이 추가 요금은 무엇입니까?
Invita la casa. 이것은 서비스로 제공하는 것입니다.
Qué hay para cenar? 저녁 식사는 무엇인가요?
Yo invito. 제가 계산할게요.

376

Qué va a pedir? 주문 하시겠어요?
Podría cambiar mi pedido? 주문을 변경해도 될까요?
Me gustaría sentarme junto a la ventana. 창가 자리로 주세요.
Me da un café. 커피로 주세요.
Quería un chuletón. 티본 스테이크로 주세요.
Otro tenedor, por favor. 포크 하나 새로 가져다 주세요.

[교통]

Quiero irme lo antes posible. 가능한 한 빨리 떠나고 싶습니다.
Dónde está la boca de metro más cercana? 가장 가까운 지하철역은 어디입니까?
Deme uno para el que salga más temprano. 가장 빨리 출발하는 표를 주세요.
Al aeropuerto, por favor. 공항으로 가주세요.
Un billete para el express, por favor. 급행표로 주세요.
Cuál es la siguiente estación? 다음 역은 어디입니까?
Gire a la izquierda en el segundo semáforo. 두 번째 신호등에서 좌회전 하세요.
A qué hora sale el último autobús del día? 버스 막차 시간이 몇 시죠?
Dónde está la parada del autobús? 버스 타는 곳이 어디에 있습니까?
Con qué frecuencia sale el autobús? 버스가 얼마나 자주 출발하나요?
Dónde puedo hacer transbordo? 어디에서 환승할 수 있나요?

Déjeme aquí. 여기서 내려 주세요.
Pare aquí, por favor. 여기에 세워 주세요.
Un billete de ida y vuelta, por favor. 왕복표 한 장 주세요.
Dónde se paga el billete? 요금은 어디에서 냅니까?
Cuánto cuesta? 요금이 얼마입니까?
Hay algún autobús por aquí que vaya hasta el centro?
이 근처에 시내로 가는 버스가 있나요?
Hay alguna gasolinera cerca de aquí? 이 근처에 주유소 있어요?
Este tren va a Madrid? 이 기차가 마드리드행인가요?
Puedo cambiar de asiento? 자리를 바꿔도 될까요?
Puede quedarse con el cambio. 잔돈은 가지세요.
A qué hora salimos? 저희는 언제 출발하나요?
Dónde está la parada de taxis? 택시 타는 곳이 어디인가요?

조대현

스페인에 현재 거주하면서 스페인을 직접 체험하면서 글을 쓰고 있다.
63개국, 298개 도시 이상을 여행하면서 강의와 여행 컨설팅, 잡지 등의
칼럼을 쓰고 있다. KBC 토크 콘서트 화통, MBC TV 특강 2회 출연(새로
운 나를 찾아가는 여행, 자녀와 함께 하는 여행)과 꽃보다 청춘 아이슬
란드에 아이슬란드 링로드가 나오면서 인기를 얻었고, 다양한 여행 강
의로 인기를 높이고 있으며 "해시태그" 여행시리즈를 집필하고 있다. 저
서로 블라디보스토크, 크로아티아, 모로코, 베트남, 푸꾸옥, 아이슬란드,
가고시마, 몰타, 오스트리아, 스페인 등이 출간되었고 북유럽, 독일, 이
탈리아 등이 발간될 예정이다.

폴라 http://naver.me/xPEdID2t

드디어 떠나는 산티아고 순례길 가이드북

인쇄 ┃ 2024년 7월 17일
발행 ┃ 2024년 7월 31일

글 ┃ 조대현
사진 ┃ 조대현, 파울로 카르도네^Paolo Cardone (이탈리아 사진작가)
펴낸곳 ┃ 해시태그출판사
편집 · 교정 ┃ 박수미
디자인 ┃ 서희정

주소 ┃ 서울시 강서구 허준로 175
이메일 ┃ mlove9@naver.com

979-11-93839-56-0(03920)

※ 일러두기 : 본 도서의 지명은 현지인의 발음에 의거하여 표기하였습니다.